전율통보 형전 공전

일러두기

1. 이 책의 번역 대본은 서울대학교 규장각한국학연구원 소장 《전율통보(典律通補)》(奎貴1377)를 저본(底本)으로 한 《교감표점(校勘標點) 전율통보(典律通補)》(한국고전번역원, 2022)이다.
2. 이 책에서 조문(條文)을 구분한 조, 항, 호, ❶, ❷, ❸…, ➀, ➁, ➂… 등은 대본에는 없다. 대본에서는 별행 혹은 권점(○), 글자 크기 등으로 구분된 조문을 이해를 돕기 위하여 현대 법조문의 체계를 참고하여 표기하였다.
3. 대본의 대문(大文)은 색이 있는 대자(大字)로, 소주(小註)는 대문보다 작은 글자로 표기하고 ❶, ❷, ❸ 등으로 구분하며, 그보다 더 작은 소소주(小小註)는 소주보다 더 작은 글자로 표기하고 ➀, ➁, ➂ 등으로 구분하였다.
4. 모든 간주(間註) 및 각주는 역주(譯註)이다.
5. 각 조문이 속한 조(條)가 그 출전에서와 다를 경우 각주로 밝혔다.
   예: 《전율통보》에는 〈이전〉의 〈천거(薦擧)〉 조에 있지만 《속대전》에는 〈이전〉의 〈제수(除授)〉 조에 있는 경우 "《속대전》 〈이전 제수(除授)〉에 있다."라고 각주에 적었다.
6. 각주 내용에 대한 출전은 《 》 안에 표기하였다.

典律通補

전율통보
형전 공전

구윤명 엮음
조윤선 소진희 옮김

한국고전번역원

차례

형전

전율통보 제5권

공전
전율통보 제6권

曲律通補

전율통보 형전

제5권

형전 목록(刑典目錄)

형전(刑典)

1 속아문은 전옥서(典獄署)이다.〈경〉

2 형률 적용은 《경국대전》에 따라 《대명률》을 적용하되, 《경국대전》과 《속대전》에 해당 율이 있으면 《경국대전》과 《속대전》을 따른다.〈속〉

제 1 조 옥구도(獄具圖)

옥구도(獄具圖)	
태(笞)	굵은 부분의 지름은 2푼 7리, 가는 부분의 지름은 1푼 7리, 길이는 3자 5치이다.〈율〉 –**1** 영조척(營造尺) 기준이다. 아래도 같다.〈흠휼〉– 작은 싸릿대로 만들며, 마디나 옹이를 깎아 낸다. 관에서 내려 준 교판(較板)을 사용하여 법대로 대조하고 잘못된 부분을 바로잡는다. 힘줄이나 아교로 여러 가지 물건을 덧붙여 장식하지 못하게 한다. 태를 칠 때는 지름이 가는 부분으로 볼기를 친다.1
장(杖)	굵은 부분의 지름은 3푼 2리, 가는 부분의 지름은 2푼 2리, 길이는 3자 5치이다. 큰 싸릿대로 만들며, 마디나 옹이를 깎아 낸다. 이하 규정은 태의 경우와 같다.2〈율〉

1 굵은……친다 : 《대명률》 권수(卷首) 〈옥구지도(獄具之圖)〉에 있다.

2 굵은……같다 : 《대명률》 권수(卷首) 〈옥구지도(獄具之圖)〉에 있다.

신장(訊杖)	무거운 죄를 범하고 그 범죄의 증거가 명백한데도 승복하여 자백하지 않으면 문안(文案)을 분명하게 작성하여 법에 따라 고신(拷訊)한다.3 길이는 3자 5치인데, 윗부분 1자 5치는 원지름이 7푼이며, 아랫부분 2자는 너비 8푼, 두께 2푼이다. 버드나무로 만든다. 신장의 아랫부분으로 무릎 아래를 치되 정강이에 이르지 않도록 한다. 추국(推鞫)에 사용하는 신장은 너비 9푼, 두께 4푼이며, 삼성추국(三省推鞫)에 사용하는 신장은 너비 8푼, 두께 3푼이다.〈율〉〈경〉〈속〉〈증〉〈흠휼〉〈보〉
칼[枷]	길이는 5자 5치이며, 두활(頭闊 목을 넣는 부분)은 1자 2치이다. 건목(乾木)으로 만든다. 사죄(死罪)에는 무게 22근, 도죄(徒罪)·유죄(流罪)에는 18근, 장죄(杖罪)에는 14근이며, 길이와 무게를 그 위에 새겨 넣는다.4〈율〉〈흠휼〉
수갑[杻]	길이는 1자 6치, 두께는 1치이다. 건목(乾木)으로 만든다.5〈율〉
쇠줄[鐵索]	쇄항(鎖項)은 길이가 4자, 쇄족(鎖足)은 길이가 5자이다. 철로 만든다.6〈율〉〈흠휼〉

3 무거운……고신(拷訊)한다 : 《대명률》 권수(卷首) 〈옥구지도(獄具之圖)〉에 있다. '고(拷)'는 죄를 자백받기 위하여 형장으로 때리면서 고문하는 것이고, '신(訊)'은 고신할 때 사용하는 신장(訊杖)이다. 《大明律集解附例 1975쪽》

4 길이는……넣는다 : 《대명률》에는 두활이 1자 5치이고, 무게는 사죄 25근, 도죄·유죄 20근, 장죄 15근으로 되어 있다. 《大明律 卷首 獄具之圖》

5 길이는……만든다 : 《대명률》 권수(卷首) 〈옥구지도(獄具之圖)〉에 있다.

6 쇄항(鎖項)은……만든다 : 《대명률》 권수(卷首) 〈옥구지도(獄具之圖)〉에 있다. 《대명률》에는 쇠줄[鐵索], 족쇄[鐐]로 나누었다. 쇠줄은 길이가 1길이며 가벼운 죄를 범한 사람에게 사용하고, 족쇄는 무게 3근의 고리를 이은 것으로 도죄를 범하면 차고 일하게 한다고 되어 있다.

제2조 오형도(五刑圖)

오형도(五刑圖)7	
태형(笞刑) 5종	10대, 20대, 30대, 40대, 50대이다. 10대부터 50대까지 5등급으로 나누며, 10대씩을 한 등급으로 하여 가감(加減)한다.
장형(杖刑) 5종	60대, 70대, 80대, 90대, 100대이다. 60대부터 100대까지 5등급으로 나누며, 10대씩을 한 등급으로 하여 가감한다.
도형(徒刑) 5종	1년 장 60, 1년 반 장 70, 2년 장 80, 2년 반 장 90, 3년 장 100이다. 범한 죄가 조금 무거울 경우 관에 잡아 가두고 해당 기간 동안 힘들고 고생스러운 일을 하게 하는 것이다. 1년부터 3년까지 5등급으로 나누며, 장 10대와 반년씩을 한 등급으로 하여 가감한다.
유형(流刑) 3종	2000리 장 100, 2500리 장 100, 3000리 장 100이다. 범한 죄가 무거우나 차마 형살(刑殺)하지는 못할 경우 먼 곳으로 보내어 죽을 때까지 돌아올 수 없게 하는 것이다. 2000리부터 3000리까지 3등급으로 나누며, 500리씩을 한 등급으로 하여 가감한다.
사형(死刑) 2종	교형은 지체를 온전히 두는 것이고, 참형은 몸과 머리를 분리하는 것이다.〈율〉

천사(遷徙)	**고향으로부터 1000리 밖으로 이주시키는 것이다.** 도(徒) 2년에 준한다.8〈율〉

7 오형도(五刑圖) : 태형부터 사형까지 모두 《대명률》 권수(卷首) 〈오형명의(五刑名義)〉에 있다.

8 고향으로부터……준한다 : 《대명률》 권수(卷首) 〈오형명의(五刑名義)〉에 있다.

제3조 **추단(推斷)** 발배(發配) 항목을 붙임

제1항 **형조 및 유수, 관찰사는 유형(流刑) 이하의 죄를 직접 판결하며, 각 아문 및 수령은 태(笞) 50대까지 스스로 판결한다.**〈경〉〈속〉〈보〉 ❶ 절도사는 군무(軍務) 외 장죄(杖罪) 이상의 죄에 대해서는 관찰사에게 공문을 보내어 추단(推斷)하게 한다.〈경〉

제2항 **죄인의 죄명, 처음 수금한 날짜, 고신(拷訊) 및 형을 집행한 수(數)에 대해 각 해당 관사는 5일마다**〈경〉〈증〉 ❶ 지방은 계절의 마지막 달이다. **녹계(錄啓)한다.**

제3항 **옥사 판결의 경우 대사(大事)는** ❶ 사죄(死罪)이다. **30일 안에, 중사(中事)는** ❷ 도죄(徒罪)와 유죄(流罪)이다. **20일 안에, 소사(小事)는** ❸ 태죄(笞罪)와 장죄(杖罪)이다. **10일 안에 한다.** ❹ 문권이 일제히 제출되고 증좌(證佐)가 모두 도착한 날부터 계산한다. **사증(辭證)이 다른 곳에 있으면 원근에 따라 왕래한 날수를 제해 주되, 역시 기한 안에 판결한다.** ❺ 부득이 기한을 넘기게 되면 사유를 갖추어 계문한다. ❻ 사송(詞訟)도 같다.

제4항 **옥수(獄囚)의 정상(情狀)에 의심스러운 부분이 있으면 사유를 갖추어 올려 재가를 받는다.**〈경〉 ❶ 사죄(死罪)를 범한 자는 정상에 용서할 만한 점이 있더라도 반드시 계품해야 하며, 마음대로 판단하여 사형을 감할 수 없다.〈속〉

제5항 형조의 중죄수에 대해 완결(完決)할 때[9]는 삼당(三堂)이 합좌한다.

제6항 형조의 사수(死囚)에 대한 추문(推問) 일차(日次)는 매달 여섯 차례이다. ❶ 세 차례를 채우지 못하면 지방에서 동추(同推)를 걸렀을 때의 규례[10]에 의거하여 승정원이 살펴 조사하여 다스린다. ❷ 검험 후에 즉시 회추(會推)하지 않거나, 회추 후에 즉시 완결(完決)하지 않아 시일을 지체하면 해당 당상과 낭청을 제서유위율(制書有違律)[11]로 처벌한다.〈증〉

제7항 지방의 사수(死囚)에 대해서는 관찰사가 차사원(差使員)을 정하여 해당 읍의 수령과 함께 추문(推問)하게 하며, 매달 세 차례 행한다.〈경〉〈속〉 ❶ 순영으로부터의 거리가 6, 7일 노정(路程)이면 두 차례 행한다.〈속〉 **자복을 받아 낸 뒤에는 차사원 2명을 정하여 고복(考覆)하게 하고, 관찰사가 또 직접 추문하여 아뢴다.**〈경〉〈보〉 ❷ 제주 3읍(濟州三邑)[12]은 절제사가 직접 추문하여

9 완결(完決)할 때 : 《심리록》에 완결식(完決式)이 실려 있다. 회추(會推) 후에 옥정(獄情)에 의심할 만한 점이 없으면 즉시 문건을 작성하여 아뢰며, 만약 의심스러운 단서가 있으면 철저히 조사해서 비록 시일이 걸리더라도 반드시 귀결 지어 문건을 작성하여 아뢰도록 하였다. 《審理錄 應行格式 完決式》

10 지방에서……규례 : 본조 7항 소주 ❸ 참조.

11 제서유위율(制書有違律) : 제서를 받들어 시행할 때에 어기면 장 100이다. 황태자의 영지(令旨)를 어기면 같은 죄이다. 《大明律 吏律公式 制書有違》

12 제주 3읍(濟州三邑) : 제주목(濟州牧), 대정현(大靜縣), 정의현(旌義縣)이다.

관찰사에게 보고하고, 관찰사가 계문한다.〈경〉 **3** 동추(同推)를 한 차례 거르면 태(笞) 50이고, 두 차례나 세 차례 거르면 장(杖) 100이다. 모두 공죄(公罪)이다.〈증〉 **4** 국곡(國穀)을 도둑질한 경우 그 장(贓)을 헤아려 사죄(死罪)에 이르면 고복하고, 직접 추문하여 아뢴다.〈속〉

제8항 **각 도(道)의 녹계 죄인(錄啓罪人)은 신임 관찰사가 부임한 뒤 문안(文案)을 자세히 살펴보아 만일 살려 줄 단서가 있으면 고쳐 기록하여 장계(狀啓)로 보고한다.** **1** 없으면 또한 없다는 내용으로 장계로 보고한다. 기한이 지나도록 장계로 보고하지 않으면 해당 방(房)과 해당 조(曹)에서 논집(論執)하여 아뢴다.[13]〈증〉 **2** 지방의 살옥은 관찰사가 강명(剛明)한 수령과 함께 조사하여 다스리되, 판결하기 어려운 경우는 형조에 공문을 보내 보고하면 형조에서 임금의 뜻을 여쭈어 처리한다.〈속〉

제9항 **서울과 지방의 사죄(死罪)는 형조가 의정부에 보고하고, 의정부에서 상복(詳覆)한다.**〈경〉

제10항 **사죄(死罪)는 삼복(三覆)하여 임금에게 아뢰고, 형의 집행은 반드시 12월을 기다린다.**〈경〉〈속〉 **1** 계복(啓覆)은 추분이 지난 뒤에 승정원에서 즉시 임금에게 아뢰되, 9월과 10월 중에 날짜를 정한다.〈속〉 **2** 초복(初覆)과 삼복(三覆)은 전좌(殿坐)할 때

13 각 도의……아뢴다 : 《대전통편》 〈형전 잡령(雜令)〉에 있다.

원임 대신(原任大臣), 의정부의 서벽(西壁), 육조와 한성부의 장관, −❶ 사정이 있으면 차당(次堂)이 참석한다. 형조는 세 당상이 모두 참석한다.− 여러 상사(上司), −❷ 의빈시(儀賓寺)는 아니다.− 삼사(三司)가 참석한다. 재복(再覆)은 형조의 세 당상이 모여 참석한다.〈보〉 ❸ 계복한 뒤 입춘 전에 만일 추가로 죄수가 발생하면 임금의 뜻을 여쭈어 추가로 계복한다.〈속〉

제11항 **강도는 포도청에서 추핵(推覈)하여 승복을 받은 뒤에 형조에 이송(移送)하고, 형조에서 다시 자복을 받아 낸 다음 문건을 작성하여 임금에게 아뢴다.**〈보〉 ❶ 형조에 이송한 뒤에 말을 바꾸면 포도청으로 도로 돌려보내지 말고 정해진 추문(推問) 일차(日次)에 엄히 고신(拷訊)하여 자복을 받는다.

제12항 **지방의 도적은 해당 읍에서 자복을 받은 뒤 토포사(討捕使)에게 이송하고,** ❶ 어기면 제서유위율(制書有違律)로 논한다. ❷ 황해도와 평안도는 도적을 다스리는 것을 병영으로 하여금 주관하게 한다.〈속〉 **토포사는 죄목에 대해 승복을 받은 다음 관찰사에게 보고한다. 관찰사는 차사원(差使員) 2인을 정하여 고복(考覆)하게 하고 또 직접 심문하여 문건을 작성해서 임금에게 아뢴다.**〈속〉〈보〉

제13항 **입춘 이후부터 추분 전까지는 사형을 집행하지 못한다.** ❶ 어기면 장(杖) 80이다. **십악(十惡)이나** ❷ 모반(謀反), 모대역(謀大逆), 모반(謀叛), 악역(惡逆), 부도(不道), 대불경(大不敬), 불효(不

孝), 불목(不睦), 불의(不義), 내란(內亂)이다. **3** 모반(謀反)은 사직을 위태롭게 하려고 꾀하는 것을 말한다. 모대역(謀大逆)은 종묘, 산릉(山陵), 궁궐을 훼손하려고 꾀하는 것을 말한다. 모반(謀叛)은 본국(本國)을 배반하고 몰래 다른 나라를 따를 것을 꾀하는 것을 말한다. 악역(惡逆)은 조부모나 부모, 남편의 조부모나 부모를 때리거나 죽이려고 꾀하는 것, 백숙 부모, 고모, 형, 손위 누이, 외조부모 및 남편을 죽이는 것을 말한다. 부도(不道)는 한집안의 사죄(死罪)를 짓지 않은 세 사람을 죽이는 것, 타인의 사지(四肢)를 해체하는 것, 생기(生氣)를 채취하는 것,[14] 독충을 길러 독극물을 만드는 것, 염매(魘魅)[15]를 말한다. 대불경(大不敬)은 대사(大祀)에서 신에게 바치는 물건이나 임금[16]이 사용하는 물건을 훔치는 것, 어보(御寶)를 훔치거나 위조하는 것, 임금의 약을 조제하면서 착오로 본방(本方)대로 하지 않거나 봉제(封題)[17]에 착오가 있는 것, 임금에게 올리는 음

14 생기(生氣)를 채취하는 것 : 사람을 채생절할(採生折割)하는 것으로, 살아 있는 사람의 지체(肢體)·귀·눈 등을 베어 사신(邪神)에게 바치는 것, 몸을 갈라 오장의 생기를 도려내는 것 등 그 형태가 다양하다. 《大明律 刑律 人命 採生折割人》《大明律例諺解 卷22 21張》《大淸律輯註(下) 674쪽》

15 염매(魘魅) : 사람의 형상을 그리거나 인체를 조각하여 심장을 찌르거나, 눈에 못을 박거나, 손을 묶거나 다리를 묶는 등 사도·요술을 행하는 따위이다. 《大明律 刑律 人命 造畜蠱毒殺人》《大明律講解 360쪽》

16 임금 : 원문은 '승여(乘輿)'인데, 임금의 존호를 함부로 부를 수 없기에 군주(君主)가 천하를 가(家)로 삼아 수레를 타고 순행하는 데서 착안하여 임금을 '승여'에 가탁하여 말한 것이다. 《官版唐律疏議 6條 十惡》《大明律 禮律 儀制 乘輿服御物》

17 봉제(封題) : 약의 명칭이나 복용 방법 등을 지시한 설명서로, 약 이름,

식을 만들면서 착오로 식금(食禁)을 범하는 것, 임금이 타는 배를 건조하면서 착오로 견고하게 하지 못한 것을 말한다. 불효(不孝)는 조부모나 부모, 남편의 조부모나 부모를 고언(告言)하거나 – 1 장(狀)이 있는 것이 고(告)이고, 장이 없는 것이 언(言)이다.[18] – 저주하거나 욕하는 것, 조부모나 부모가 생존해 있는데 호적을 따로 하며 가산을 분할하거나 제대로 봉양하지 않는 것, 부모의 상중이면서 자신이 시집가거나 장가들거나 음악을 연주하거나 상복을 벗고 길복(吉服)을 입는 것, 조부모나 부모의 부음을 듣고도 숨기고 거애(擧哀)하지 않는 것, 조부모나 부모가 돌아가셨다고 사칭하는 것을 말한다. 불목(不睦)은 시마 이상의 친속을 모살(謀殺)하거나 팔아 버리는 것, 남편 및 대공 이상의 존장이나 소공의 존속(尊屬)을 구타하거나 고소하는 것을 말한다. 불의(不義)는 부민(部民)이 자신이 소속된 지부(知府)·지주(知州)·지현(知縣)을 죽이는 것, 군사가 자신을 관할하는 지휘(指揮)·천호(千戶)·백호(百戶)를 죽이는 것, 이졸(吏卒)이 소속 관서의 5품 이상 장관을 죽이는 것, 현재 가르침을 받고 있는 스승을 죽이는 것, 남편이 죽었다는 소식을 듣고도 숨기고 거애하지 않거나 음악을 연주하거나 상복을 벗고 길복을 입거나 개가하는 것을 말한다. 내란(內亂)은 소공 이상의 친속 혹은 아버지나 할아버지의 첩을 간음하거나 더불

약의 성질, 품미(品味), 분량(分兩) 등을 기록한 것이다. 《大明律講解 233쪽》《大明律集解附例 942쪽》《大明律 禮律 儀制 合和御藥》

18 장(狀)이……언(言)이다 : '고언(告言)'은 고발, 소송을 뜻한다. 장(狀)을 올려 고발하는 것이 '고(告)', 말로 고발하는 것이 '언(言)'이다.

어 화간한 경우를 말한다.[19] **강도죄를 지어 마땅히 사형에 처해야 하면 부대시(不待時)로 처결한다.** ❹ 비록 부대시라 하더라도 금형일(禁刑日)에 처결하면 태(笞) 40이다. ❺ 사수(死囚)를 복주(覆奏)의 회보(回報)를 기다리지 않고 처결하면 장 80이다. 복주의 회보를 받고서 처결해야 하면 3일이 지난 뒤에 형을 집행하되, 기한이 되기 전에 형을 집행하거나 기한이 지났는데도 형을 집행하지 않으면 장 60이다.[20] 〈율〉

제14항 군문(軍門)의 효시 죄인은 적과 대치하고 있을 때가 아니면 먼저 다짐(侤音)을 받고 그다음에 임금의 전지를 받는다. 〈증〉

제15항 어사의 서계(書啓)에서 탐장(貪贓)한 것으로 논핵을 받은 자는 관찰사가 직접 심문하고 사관(査官)에게 맡기지 않는다. ❶ 조사하여 보고한 계본에 비록 누락되었더라도 사리로 보아 죄가 무거우면 의금부에서 복계(覆啓)하여 다시 조사한다.

제16항 환자(還上)를 허위로 기록하거나 전결을 사사롭게 쓴 자가 의처(議處) 전에 사면을 만나 석방되면 실제 범한 내용을 추후에 조사한 뒤 금고(禁錮)[21] 한다. ❶ 금고의 연한은 도형(徒刑)의 연

19 십악(十惡)이나……말한다 : 《대명률》 〈명례율(名例律)〉 십악(十惡) 조에 있다.

20 입춘……60이다 : 《대명률》 〈형률 단옥(斷獄)〉 사수복주대보(死囚覆奏待報) 조에 있다.

21 금고(禁錮) : 죄과(罪過)가 있는 사람을 벼슬에 오르지 못하도록 하는

한이 끝난 후부터 계산한다.[22]

제17항 **의금부는 죄를 심의하고 바로 조율(照律)하기를 청해야 하며, 참작(參酌)하기를 청해서는 안 된다. 의율(擬律)한 것이 합당하지 않으면 승정원에서 조사하여 처리한다.** 〈속〉 ❶ 의금부에 내려 추고하도록 한 자는 원정(原情)을 받아 좌기(坐起) 때 바로 조율한다. 의금부로 잡아다 처리하도록 한 자도 원정을 받아서 의처(議處)하여 조율하되, 의금부 세 당상이 좌기를 열어 의처하고 좌기 때 조율하기를 청한다. 수교에 따라 조율하여 감죄(勘罪)하는 자도 원정을 받고 곧장 조율하기를 청한다. 〈보〉 ❷ 경재(卿宰)를 의금부에 내려 추고하는 경우에는 공초를 받고 임금의 뜻을 여쭈어 거행한다. 〈증〉 〈보〉 ❸ 좌기는 2원이 갖추어지면 행하나, 의처나 조율은 장관이 아니면 행할 수 없다. 〈보〉 ❹ 임금이 행재소(行在所)에 있을 때에는 유도 당상(留都堂上)이 좌기를 열어 공초를 받아 백문(白文)으로 아뢰고, 의처하라

것이다.

22 금고의……계산한다 : 《속대전》 이전에는 환자를 허록(虛錄)한 수령에 대한 벌이 금고 10년이었다. 그런데 《속대전》 초안에서 "도 3년, '또[又]' 금고 5년"으로 금고 연한을 5년으로 낮추었다가, 1744년(영조20) '또[又]' 자를 삭제함으로써 도 3년을 금고 5년 안에 합산하여 실제 금고 연한은 2년에 불과하게 되었다. 귀양에서 석방된 후 2년 동안만 금고하는 것은 너무 가볍다는 지적에 1745년 금고의 연한을 유배지에서 풀려난 이후부터 계산할지 아니면 유배지의 시기를 합산하여 계산할지 논의하였고, 그 결과 환자 허록을 장오(贓汚)에 비기어 무겁게 처벌하도록 하면서 허록한 수령이 도배에서 석방된 후부터 다시 5년을 금고하도록 하였으며 이것이 《속대전》에 조문화되었다.《承政院日記 英祖 21年 12月 21日》

는 명이 내리면 수가(隨駕)한 장관이 관인을 찍어서 들인다.〈속〉 5 산재(散齋)하는 날에는 비록 형은 집행하지 못하지만 의처나 조율은 예(例)대로 거행한다.〈증〉 6 수교에 따라 조율하여 감죄하는 자에 대해서는 아래의 〈용형(用刑)〉 조에 보인다.〈보〉

제18항 경관(京官)이나 외관(外官)의 추고는 각 담당 관사에서 직접 공함(公緘)을 받고 조율(照律)한 뒤에 임금에게 아뢴다. 〈속〉 1 담당 관사는 서울은 사헌부, 지방은 형조이다. 군무(軍務)와 관계된 일의 경우 절도사 이하는 병조가 담당한다. 종친은 종부시에서 감률(勘律)하고, 대관(臺官)은 양사(兩司)에서 서로 감률한다. 감찰도 같다.〈속〉〈보〉 2 함답(緘答)을 서울의 경관이 세 번 거부하면 그 뒤 직첩(職牒)을 거두고 소환하여 추고하며, 또 지만(遲晩)하지 않으면 형추(刑推)를 청한다. 수령은 세 번 거부한 뒤에 형추를 청한다. 모두 의금부로 옮긴다. 3 사헌부가 추고 함사(推考緘辭)에 대해 전지를 받들고 30일이 지나도록 감률하지 않으면 형조로 옮겨 조율하여 감죄하게 한다.〈속〉 4 2품 이상의 관원은 추고를 마친 뒤 임금의 재가를 받고,〈경〉 –1 직접 조율할 수 없고 임금의 재결을 청한다.〈보〉– 3품 이하의 관원은 비록 공신이나 의친(議親)이라도 조율하여 아뢴다.〈경〉 5 종친, 의빈(儀賓), 문관·무관·음관 정1품은 추고하기를 청할 수 없으며, 비록 특지(特旨)로 추고하는 경우라도 전지를 받들지 않고 함사 추고한다.〈증〉〈보〉 6 의금부에 내려 추고하게 할 경우는 수금(囚禁)하여 감률한다.〈보〉 7 전지를 받들어 추고하는 경우는 전지에 구애되지 않고 원정(原情)하게 하여 공초를

받는다.〈속〉

제19항 **죄를 의율(擬律)할 때 공(功)이나 의(議)가 있는 자는 각각 1등급을 줄인다.** ❶ 공신의 자손은 대수(代數)를 한정하지 않는다. 원종공신도 같다. 의친(議親)은 대왕(大王)의 동성(同姓) 십촌과 이성(異姓) 육촌 이상, 왕비의 동성 팔촌과 이성 사촌 이상이다. 선왕(先王)과 선후(先后)의 친족도 같다. -❶ 촌수는 대수로 계산한다.- 묘정(廟庭)에 배향된 신하는 공신과 같이 대우한다.〈보〉 ❷ 의친의 딸은 출가하였더라도 본복(本服)에 따른다. 〈속〉

제20항 **80세 이상, 10세 이하 및 독질(篤疾)[23]인 자가 모반(謀反)·모대역(謀大逆)이나 살인을 범하여 사죄(死罪)에 해당하면 임금에게 아뢰어 재결을 받고, 도둑질을 하였거나 타인을 상해하였으면 속전을 받는다. 나머지 죄에 대해서는 논하지 않는다.[24]**〈율〉

제21항 **죄인의 원정(原情)은 구전(口傳)으로 공초를 받고, 문자(文字)로 써서 내는 것을 허락하지 않는다.**〈속〉 ❶ 국문(鞫問)할 때 형

23 독질(篤疾) : 미치거나, 중풍에 걸리거나, 나병에 걸리거나, 두 눈이 멀거나, 사지 중 2개가 부러지거나, 양손에 모두 엄지손가락이 없거나, 사지 하나가 부러지고 눈 하나가 먼 것이다. 《大明律附例(上) 166쪽》

24 80세……않는다 : 《대명률》〈명례율(名例律)〉 노소폐질수속(老小癈疾收贖) 조에 있다.

명(刑名) 등의 항목을 이속(吏屬)이 타인을 위해 대신 작성하여 정절(情節)을 더하거나 줄여 죄를 가볍게 하거나 무겁게 하면 고의로 타인의 죄를 가볍게 하거나 무겁게 한 죄[25]로 논한다. 만약 범인이 글자를 알지 못하면 사건과 관련 없는 사람이 대신 쓰도록 허락한다.[26] **2** 옥관(獄官)과 이전(吏典), 옥졸(獄卒)이 수인(囚人)[27]을 교사하여 일의 정황을 번복하게 하거나, 수인에게 말을 전하도록 함으로써 죄를 더하거나 줄이면 고의로 타인의 죄를 가볍게 하거나 무겁게 한 죄로 논한다. 외부인이 감옥 안에 들어가는 것을 용인하여 내버려 두거나, 사정을 누설하였으나 죄에 증감이 없으면 태(笞) 50이다. 재물을 받으면 왕법(枉法)으로 보되 무거운 쪽으로 논한다. **3** 외부인이 범하면 1등급을 줄인다.[28]

25 고의로……죄 : 관사에서 고의로 타인의 죄를 가볍게 하거나 무겁게 하는 경우, 완전히 가볍게 하거나 완전히 무겁게 하면 전죄(全罪)로 논한다. 가벼운 죄를 늘려 무겁게 하거나 무거운 죄를 줄여 가볍게 하면 늘리거나 줄인 만큼의 죄로 논하며, 사죄(死罪)에 이르면 사죄로 처벌한다.《大明律 刑律 斷獄 官司出入人罪》

26 국문(鞫問)할……허락한다 :《대명률》〈형률 단옥(斷獄)〉 이전대사초초(吏典代寫招草) 조에 있다.

27 수인(囚人) : 죄수(罪囚)와 옥수(獄囚)를 아울러 칭하는데, 일반적으로 죄수는 자신의 죄를 아직 자복하지 않은 사람이고, 옥수는 자신의 죄를 자복하여 형구를 차고 구금된 사람이다. 범죄 혐의가 발각되어 추적하여 체포하려 하였으나 아직 체포하여 구금하지 못한 자는 '죄인(罪人)'이라 하였다.《大明律集解附例 1353쪽》

28 옥관(獄官)과……줄인다 :《대명률》〈형률 단옥(斷獄)〉 주수교수반이(主守教囚反異) 조에 있다.

제22항 **두 가지 죄가 함께 발각되면 그중 무거운 것으로 논한다. 죄가 서로 같으면 그중 하나의 죄로 과단(科斷)한다.** ❶ 한 가지 죄가 먼저 발각되어 이미 처결하였는데[29] 다른 죄가 나중에 발각될 경우 그 죄가 가볍거나 같으면 논하지 않고, 무거우면 다시 논하되 앞서 발각된 죄를 통틀어 계산하여 나중에 발각된 죄의 형량에 충당한다.[30]

제23항 **공동으로 죄를 범하면 조의(造意)[31]한 자를 수범으로 하고, 수종(隨從)한 자는 1등급을 줄인다.** ❶ 가인(家人)이 공동으로 죄를 범하면 존장만 처벌한다. 존장이 80세 이상이거나 독질(篤疾)이면 공동으로 죄를 범한 자 가운데 다음 차례의 존장을 처벌한다. 타인을 침손(侵損)하면 -❶ 침(侵)은 재물을 훔친 것을 말하며, 손(損)은 살상(殺傷) 따위를 말한다.- 일반인의 수범과 종범으로 논한다. ❷ 공동으로 죄를 범하였으나 수범과 종범의 본죄가 각기 다르면 각각 본율(本律)에 따라 수범과 종범으로 논한다. ❸ 황성(皇城), 궁(宮)이나 전(殿) 등의 문에 함부로 들어가

29 이미 처결하였는데 : 태죄와 장죄는 집행하였고, 도죄는 노역에 처하였으며, 유죄는 배소에 보낸 것이다. 《大明律集說附例 卷1 50張》

30 두……충당한다 : 《대명률》 〈명례율(名例律)〉 이죄구발이중론(二罪俱發以重論) 조에 있다.

31 조의(造意) : 마음에 두고 자꾸 생각하여 계책을 세우고 모의를 정해 살인할 뜻을 세우고 살인할 방법을 생각해 내는 것이다. 《大淸律輯註(下) 654쪽》 또는 자신이 계산하고 혼자 마음속으로 모의하거나, 혹 다른 사람과 상의하여 함께 모의하는 것이다. 《大淸律輯註(下) 651쪽》

거나, 관문(關門)을 사도(私渡)[32]·월도(越渡)[33]하거나, 역을 피하여 도망하거나, 간음죄를 범하면 수범과 종범을 나누지 않는다.[34]

제24항 **두 사람이 함께 죄를 범하였는데 한 사람은 도망하였고 잡힌 사람은 도망간 사람을 수범이라 일컫고 달리 증거가 없으면 잡힌 사람을 종범으로 처결한다.** ❶ 나중에 도망친 사람을 잡았는데 앞에 잡힌 자를 수범이라고 일컫고 그것이 사실이면 앞에 잡힌 자를 수범으로 논하되, 앞서 처결한 죄를 통틀어 계산하여 뒤의 형량에 충당한다.[35]

제25항 **증좌인(證佐人)이 실정(實情)을 말하지 않아 죄를 가볍게 하거나 무겁게 하면 죄인의 죄에서 2등급을 줄인다.**[36] 〈율〉

제26항 **옥송(獄訟)에서 아버지에 대해 아들에게, 형에 대해 동생에게, 남편에 대해 처첩에게, 주인에 대해 노비에게 물을 만한 점이**

32 사도(私渡) : 통행증 없이 다른 사람이 알아채지 못한 틈을 타 몰래 관(關)이나 진(津)을 통과하는 것이다.《大明律附例(下) 56쪽》

33 월도(越渡) : 통행증이 없으므로 관문이나 나루를 거치지 않고 몰래 다른 오솔길 또는 샛길을 따라 통과하는 것이다.《大明律釋義 卷15 1～2張》

34 공동으로 죄를 범하면……않는다 :《대명률》〈명례율(名例律)〉 공범죄분수종(共犯罪分首從) 조에 있다.

35 두……충당한다 :《대명률》〈명례율(名例律)〉 범죄사발재도(犯罪事發在逃) 조에 있다.

36 증좌인(證佐人)이……줄인다 :《대명률》〈형률 단옥(斷獄)〉 옥수무지평인(獄囚誣指平人) 조에 있다.

있더라도 이들은 증인으로 삼아 대질하지 않는다. ❶ 조부에 대해 손자에게도 마찬가지이다.〈속〉 ❷ 법률상 서로 용은(容隱)[37] 할 수 있는 사람이거나, 80세 이상 10세 이하 및 독질(篤疾)이면 증인으로 삼을 수 없다. 어기면 태(笞) 50이다.〈율〉 ❸ 법률상 서로 용은할 수 있는 사람은 아래의 〈도망(逃亡)〉 조에 보인다.〈보〉

제27항 **80세 이상이거나 10세 이하 및 독질(篤疾)이거나, 부녀자의 경우 모반(謀反)·모대역(謀大逆)·모반(謀叛)이거나, 자손이 불효하거나, 혹은 자신이나 동거하는 친속 중에서 타인에게 도둑이나 사기를 당하거나 재산을 침탈당하거나 살상(殺傷)을 당한 따위 외에는 모두 고발할 수 없다.** ❶ 관사에서 접수하여 처리하면 태(笞) 50이다.[38]

제28항 **대질 심문을 할 때 죄수가 다른 곳에 있으면 죄가 가벼운 죄수는 죄가 무거운 죄수가 있는 곳으로 보내고, 죄수의 인원이 적은 곳에서 죄수의 인원이 많은 곳으로 보낸다. 죄수의 수가 서로 같으면 나중에 발각된 죄수를 먼저 발각된 죄수가 있는 지역의 관사로 보낸다. 서로 거리가 300리 이상 떨어져 있으**

37 용은(容隱) : 실정을 알고도 숨겨 주면서 고발하지 않거나, 고의로 잡아떼고 보호해 주거나, 한통속이 되는 따위이다. 《大明律附例(上) 211쪽》《大明律集解附例 335쪽》

38 80세……50이다 : 《대명률》〈형률 소송(訴訟)〉 견수금부득고거타사(見囚禁不得告擧他事) 조에 있다.

면 사건이 발각된 지역에서 심리하여 판결한다. ❶ 어기면 태(笞) 50이다. ❷ 죄수가 다른 관사에 있는 경우 잡아오라는 문서가 도착한 뒤 3일 안으로 보내지 않으면 1일에 태 20이고, 1일마다 1등급을 더하되 장(杖) 60에 그친다.[39]

제29항 **사죄(私罪)로** ❶ 왕법(枉法)하여 고의로 죄를 가볍게 하거나 무겁게 하는 따위이다.〈율〉 **태(笞) 40 이하는 부과(附過)한 뒤 본직으로 돌려보내며, 태 50은 현재의 직임을 해임한 뒤 별도로 서용한다. 장(杖) 60은 고신(告身) 1등급을 빼앗고, 장 70은 2등급을, 장 30은 3등급을, 장 90은 4등급을 빼앗고, 장 100은 모두 추탈한다.**[40]〈율〉〈경〉 ❷ 《경국대전》 법에서는 품계마다 정(正)과 종(從)으로 나누어 등급을 삼았고, 수직(守職)을 거친 경우도 아울러 계산하도록 하였다.〈보〉

제30항 **공죄(公罪)는** ❶ 공무로 인하여 죄를 얻는 것, 실수로 타인의 죄를 가볍게 하거나 무겁게 하는 것, 문서 처리 기한을 넘기거나 착오가 있는 것 따위이다.[41]〈율〉 **속전을 받고 고신(告身)을 빼앗지 않는다.**〈경〉〈보〉 ❷ 수령이 환자(還上)를 허위로 기록한 것은

39 대질……그친다 : 《대명률》 〈형률 단옥(斷獄)〉 국옥정수대대(鞫獄停囚待對) 조에 있다.

40 사죄(私罪)로……추탈한다 : 《대명률》 〈명례율(名例律)〉 문무관범사죄(文武官犯私罪) 조에 있다.

41 공죄(公罪)는……따위이다 : 《대명률》 〈명례율(名例律)〉 상사소불원(常赦所不原) 조에 있다.

공죄로 조율하여 들이지 않는다. 창고와 군기(軍器)에 실화(失火)한 수령과 능상(陵上)에 실화한 능관(陵官)은 본율(本律)[42]로 감죄(勘罪)한 뒤 공죄로 현록(懸錄)하여 들인다.[43] 〈속〉

제31항 **타인에 연루되었는데** **1** 가령 타인이 죄를 범하였는데 각찰(覺察),[44] 관방(關防)[45]을 제대로 하지 못하였거나, 범인과 관련이 있거나, 지시에 따른 것 따위이다. **죄인이 죽으면[46] 본죄(本罪)[47]에서 2등급을 줄인다.** **2** 죄인이 만약 사면되었거나 죄인에게서 속전을 받았다면 또한 죄인에 준하여 처리한다.[48]

42 본율(本律) : 《대명률》 〈형률 잡범(雜犯)〉 실화(失火) 조의 율이다. 산릉(山陵)의 묘역 안에서 실화하면 장 80 도 2년이고, 불이 번져 숲의 나무를 태우면 장 100 유 2000리이다. 관부(官府)의 청사나 창고 안에서 실화하면 역시 장 80 도 2년이다.

43 창고와……들인다 : 군기에 실화한 수령은 고의가 아니라는 점에서 이전부터 공죄로 조율하였고, 도 2년을 적용하였다. 그런데 하리배가 수령을 원망하여 일부로 충화(衝火)하는 일이 생기자 뒷날의 폐단을 염려하여 창고와 군기에 실화한 수령과 능상에 실화한 능관에 대해 율은 본율로 조율하되 공죄로 속전을 받을 것을 수교로 현록하여 들여서 정식으로 삼도록 하였다. 《承政院日記 顯宗 7年 2月 11日》

44 각찰(覺察) : 경각심을 가지고 타인이 죄를 범하는 것을 알아내어 단속하고 살피는 것이다. 《大明律例諺解 卷11 1張》

45 관방(關防) : 사위(詐僞)를 방지하는 것이다. 《大明律例諺解 卷15 53張》

46 죄인이 죽으면 : 정범인 죄인이 관가의 형을 받아 죽은 것이 아니라 병이나 자살 등으로 죽는 것이다. 《大明律集說附例 卷1 52張》

47 본죄(本罪) : 연루된 사람이 받아야 할 본죄이다. 《大明律附例箋釋 卷1 68張》

48 타인에……처리한다 : 《대명률》 〈명례율〉 범죄공도(犯罪共逃) 조에 있다.

제32항 **고의로 타인의 죄를 가볍게 하거나 무겁게 하는 경우 완전히 가볍게 하거나 완전히 무겁게 하면[49] 전죄(全罪)로 논하고,[50] 가벼운 죄를 늘려 무겁게 하거나 무거운 죄를 줄여 가볍게 하면 늘리거나 줄인 만큼의 죄로 논하고, 사죄(死罪)에 이르면 사죄로 처벌한다. 실수로 무겁게 하면 각각 3등급을 줄이고, 실수로 가볍게 하면 각각 5등급을 줄인다.** 1 아울러 아직 처결하지 않았거나, 석방하지 않았거나, 석방하였다가 도로 잡아들였거나, 옥수가 죽으면 각각 1등급을 줄인다.[51] [52]

제33항 **교형에 처해야 하는데 참형에 처하거나 참형에 처해야 하는데 교형에 처하면 장(杖) 60이다. 실수이면 3등급을 줄인다.** 1 처결이 끝난 뒤 죽은 시신이 별도로 잔혹하게 훼손되면[53] 태

49 완전히 가볍게……하면 : 유죄(有罪)를 완전히 무죄(無罪)로 하거나, 무죄를 완전히 유죄로 하는 것이다.

50 전죄(全罪)로 논하고 : 무죄로 만들기 전의 원래의 죄 또는 무죄에서 유죄로 만들어 낸 죄의 형량대로 부가형을 포함하여 온전히 과죄한다는 뜻이다. 전죄로 논하면 도형을 장형으로 낮추거나 또는 유형을 도형으로 낮추는 절산을 하지 않는다.《大淸律輯註(下) 1013쪽》

51 아직……줄인다 : 옥수를 처결하지 않았거나 석방하지 않았으면 진술을 바꾸어 받을 수 있으므로 1등급을 줄이는 것이다.《大明律附例箋釋 卷28 17~18張》

52 고의로……줄인다 :《대명률》〈형률 단옥(斷獄)〉 관사출입인죄(官司出入人罪) 조에 있다.

53 죽은……훼손되면 : 관사에서 훼손한 것은 아니고 친속이 시신을 수습하지 않아서 원수나 가축에게 시신이 훼손당한 경우이다.《大淸律輯註(下) 1051쪽》

(笞) 50이다.[54]

제34항 **국옥(鞫獄)은 고소장에 따라 추문(推問)한다. 만약 별도로 다른 일을 찾아내어 타인의 죄를 들추어내면 고의로 타인의 죄를 무겁게 한 죄로 논한다.[55]**

제35항 **본래 해당하는 죄가 무거운데 범행 당시 알지 못하였으면 일반인으로 논한다.** ❶ 가령 숙부와 조카가 다른 곳에서 나고 자라 평소 서로 모르는 상태에서 조카가 숙부를 구타하면 일반인끼리 싸운 경우에 따라 논한다. 또 가령 다른 곳에서 신이 사용하는 물건[56]을 훔쳤는데 범행 당시 알지 못하였으면 일반적인 절도에 따라 논한다. **본래 해당하는 죄가 가벼우면 본법(本法)을 따른다.** ❷ 아버지가 아들인 줄 모르고 구타하면 아들을 때린 경우[打子]에 따른다.[57]

제36항 **죄를 범한 당시에는 늙거나 폐질(癈疾),[58] 독질(篤疾)이 아니었**

54 교형에……50이다 : 《대명률》 〈형률 단옥(斷獄)〉 단죄부당(斷罪不當) 조에 있다.

55 국옥(鞫獄)은……논한다 : 《대명률》 〈형률 단옥(斷獄)〉 의고장국옥(依告狀鞫獄) 조에 있다.

56 신이 사용하는 물건 : 대사(大祀)에서 천지 신령이 사용하는 제기(祭器)나 유장(帷帳) 등의 물건, 제사에 올리는 옥이나 비단, 제물로 바치는 짐승, 제물로 바치는 음식물 따위이다. 《大明律 刑律 盜大祀神御物》

57 본래 해당하는 죄가 무거운데……따른다 : 《대명률》 〈명례율(名例律)〉 본조별유죄명(本條別有罪名) 조에 있다.

58 폐질(癈疾) : 팔이나 다리 하나가 부러지거나, 허리나 척추가 부러지

으나 일이 발각되었을 때 늙거나 폐질, 독질이면 늙거나 폐질, 독질인 것으로 논한다. ❶ 도역(徒役) 연한 내에 늙거나 폐질, 독질이 되어도 이와 같다. **죄를 범할 때에는 어렸으나 일이 발각될 때 장성하였으면 어린 것으로 논한다.**[59]

제37항 **죄를 범한 뒤 발각되기 전에 자수하면 그 죄는 면해 주되 범죄로 얻은 장물은 그대로 추징한다.** ❶ 가벼운 죄가 비록 발각되었으나 이로 인하여 무거운 죄를 자수하면 그 무거운 죄를 면해 준다. 만약 고발된 사건에 대해 추문하던 중에 별도로 다른 죄를 말하면 역시 이와 같다. ❷ 타인을 보내 대신 자수하게 하거나, 법에서 용은(容隱)할 수 있는 자가 죄인을 위해 자수하면 죄인 자신이 자수했을 때의 법과 똑같이 처리한다. 만약 자수한 내용이 실정과 다르거나 다 말하지 않으면 부실(不實)·부진(不盡)[60]으로 처벌하고, 사죄(死罪)에 이르면 1등급을 줄인다. ❸ 타인에게 손상을 입히거나, 물건을 배상할 수 없거나, 일이 발각되어 도망하거나, 관문(關門)을 사도(私渡)·월도(越渡)하거

거나, 한 눈이 멀거나, 키가 평균보다 매우 작거나, 언어 장애가 있거나, 치매, 방광병, 치루, 문둥병, 다리를 저는 병 등에 걸린 것이다. 《大明律附例(上) 166쪽》

59 죄를 범한……논한다 : 《대명률》 〈명례율〉 범죄시미노질(犯罪時未老疾)조에 있다.

60 부실(不實)·부진(不盡) : 부실은 가령 강도질을 하여 장물을 취하였는데 자수하면서 절도에 의한 장물이라고 하는 등 실정을 다르게 말한 것이며, 부진은 15필의 재물을 취하고서 14필에 대해서만 자수하는 등 장물에 대해 다 말하지 않는 것이다. 《大明律集解附例 306쪽》《官版唐律疏議 37條 犯罪未發自首》

나, 간음하거나, 사사로이 천문(天文)을 익히면 자수의 율을 적용하지 않는다. 4 죄를 범하고 함께 도망하였다가 그중 가벼운 죄를 범한 죄인이 무거운 죄를 범한 죄인을 붙잡아 자수하거나, 죄의 경중이 서로 같은 죄인이 죄인의 반 이상을 붙잡아 자수하면 죄를 모두 면해 준다. 5 관리가 공무 수행 중의 실착을 스스로 각거(覺擧)[61]하면 죄를 면한다. 이미 논죄하여 처결하였으면 이 율(律)을 적용하지 않는다.[62]

제38항 **단죄(斷罪)할 때에는 반드시 율령(律令)을 온전히 갖추어 인용한다. 어기면 태(笞) 30이다.** 1 단죄할 때 규정된 법조문이 없으면 인율비부(引律比附)[63]하여 죄를 더할 것은 더하고 줄일 것은 줄여 죄명을 정한다.[64] 〈율〉 2 파직에 해당하는 자가 《대명률》로 조율하였을 때 고신을 빼앗는 것[奪告身]에 해당하더라도 《속대전》에 따라 시행한다.[65] 〈속〉

61 각거(覺擧) : 각찰검거(覺察檢擧)를 줄인 말로, 사죄(私罪)의 자수(自首)에 대응하는 개념이다. 《譯註日本律令 卷5 248쪽》

62 죄를 범한 뒤……않는다 : 《대명률》 〈명례율(名例律)〉 범죄자수(犯罪自首) 조에 있다.

63 인율비부(引律比附) : 어떤 죄에 대해 율문에 규정된 조문이 없을 때에는 사정을 고려하여 비슷한 조문에서 유추하여 적절히 가감하여 죄를 정하는 것이다.

64 단죄(斷罪)할 때에는……정한다 : 《대명률》 〈명례율(名例律)〉 단죄무정조(斷罪無正條) 조에 있다.

65 파직에……시행한다 : 《대명률》의 고신을 빼앗는 것에 해당되더라도 범죄를 저지른 것이 본의(本意)가 아닐 경우이다. 《續大典 刑典 推斷》

제39항 **특지**(特旨)**로 단죄하여 율을 정할 수 없는 것은 인율비부**(引律比附)**할 수 없다. 만약 인율비부하여 죄를 가볍게 하거나 무겁게 하면, 고의나 실수로 타인의 죄를 가볍게 하거나 무겁게 한 죄로 논한다.**[66] 〈율〉

제40항 **죄인을 참작하여 처리하고 아직 출옥하지 않았는데 대계**(臺啓)**가 쟁집**(爭執)**하면 배소로 보낼 수 없다. 이미 보냈으면 그대로 가게 한다.** 〈속〉 ❶ 의금부의 천극 죄인(栫棘罪人) 및 정2품 이상은 도사가, 종2품 이하는 서리가, 당하는 나장(羅將)이 압송해 간다. 형조의 도배(徒配) 이상에 해당하는 죄인은 경역(京驛)의 역자(驛子)가 차례로 배소에 넘겨준다. 〈속〉 〈보〉 ❷ 압송해 가는 도사가 싫어하여 회피하면 우선 파직한 뒤 추고한다. 〈속〉 ❸ 배소로 보내는 기한은 10일이다. 이유 없이 3일을 지체하면 태(笞) 20이고, 3일마다 1등급을 더하되 장(杖) 60에 그친다.[67] 〈율〉

제41항 **관수**(官守)**가 없는 절도**(絕島)**에는 정배**(定配)**하지 않는다.** ❶ 흑산도(黑山島) 등 지극히 열악한 곳에는 특교(特敎)가 내린 때 외에는 정배하지 않는다. 제주 3읍(濟州三邑)에는 죄명이 특히 중한 자 외에는 정배하지 않는다. ❷ 강화(江華)에는 정배하지 않는다. 〈속〉 ❸ 절도의 정배처는 다음과 같다. 경기는 자연도(紫

66 특지(特旨)로……논한다 : 《대명률》 〈형률 단옥(斷獄)〉 단죄인율령(斷罪引律令) 조에 있다.

67 배소로 보내는……그친다 : 《대명률》 〈형률 단옥(斷獄)〉 엄금(淹禁) 조에 있다.

燕島), –❶ 인천에 있다. – 주문도(注文島), 장봉도(長峯島), 교동(喬桐)이다. 해서는 백령도(白翎島), 초도(椒島)이다. 호남은 고금도(古今島), 신지도(薪智島), 가리포(加里浦), 흑산도, 지도(智島), 추자도(楸子島), –❷ 영암(靈巖)에 있다. – 고군산(古群山), 금갑도(金甲島), 남도포(南桃浦), 방답진(防踏鎭), 위도(蝟島), 임자도(荏子島), 나로도(羅老島), –❸ 강진(康津)에 있다. – 녹도(鹿島), 여도(呂島), 발포(鉢浦), 사도(蛇島), 진도(珍島), 제주, 대정(大靜), 정의(旌義)이다. 영남은 거제(巨濟), 남해(南海)이다.

제42항 **경기에는 섬이나 육지를 막론하고 특교(特敎)가 아니면 정배(定配)하지 않는다.**〈보〉 **제주 3읍(濟州三邑)의 사람으로 유배할 자는 3읍 안에서 상호 정배한다.** ❶ 서북의 죄인은 삼금(蔘禁)을 범한 자 외에는 도내 강변 읍에 상호 정배한다.〈속〉

제43항 **이미 도역을 지거나 유배되었는데 또 죄를 범하면 뒤에 범한 죄를 다시 과단한다.** ❶ 노역은 총 4년을 넘지 않는다.[68]〈율〉

제44항 **도형(徒刑), 유형(流刑), 부처(付處), 안치(安置), 정속(定屬)된 사람은 형조에서 장부에 기록해 둔다. 다른 관사 및 지방에 정배(定配)된 사람도 형조에 공문을 보내 장부에 기록해 두고 빙고(憑考)하여 단속한다.** ❶ 서울과 지방의 죄인이 배소에 도착한

68 이미……않는다 : 《대명률》 〈명례률(名例律)〉 도류인우범죄(徒流人又犯罪) 조에 있다.

뒤에 해당 관찰사는 죄명 및 배소에 도착한 날을 장계로 보고한다.〈속〉

제45항 **군인이 도죄(徒罪)를 범하여 충군(充軍)되면 도형의 연한을 다 채운 뒤에 석방한다.**〈경〉

제46항 **영조조에 전가사변율(全家徙邊律)을 폐지하였다.**〈속〉〈증〉 ❶ 장형(杖刑)이나 유형(流刑)으로 시행한다.

제47항 **정배(定配)된 사람이 부모상을 당하면** ❶ 승중(承重)한 경우도 마찬가지이다. **말미를 주어 본가(本家)에 돌아가 장례를 치르게 하고, 3개월이 지난 뒤 배소로 돌려보낸다.** ❷ 역옥(逆獄)의 간련인(干連人)이나 연좌되어 정배된 자에게는 말미를 줄 수 없다. 말미를 준 수령은 우선 파직하고 나중에 잡아들인다.〈속〉

제4조 수금(囚禁)

제1항 장(杖) 이상은 수금(囚禁)한다.〈경〉

제2항 의정은 악역(惡逆)을 범한 경우 외에는 잡아다 심문하지 않는다.〈속〉 ❶ 종친과 의빈(儀賓)으로서 품계가 현록대부나 수록대부이거나, 조관(朝官)으로서 품계가 보국숭록대부이거나, 문형(文衡)이나 이상(貳相)을 역임했거나, 기사(耆社)에 들어간 사람의 경우 경죄(輕罪)로는 감옥에 잡아 두지 않는다. ❷ 각신(閣臣)은 시임(時任)과 원임(原任)을 막론하고 항쇄(項鎖)를 채우지 않는다. 시임을 잡아다 추문할 때에는 먼저 규장각의 직임을 체차하라는 전지를 받들고, 잡아 가두지 말며, 개좌(開坐)하여 공초를 받은 다음 대명소(待命所)로 내보낸다. 원임은 그렇게 하지 않는다.〈증〉

제3항 70세 이상과 15세 이하는 강도죄나 살인죄가 아니면 수금하지 않는다.〈경〉

제4항 조관(朝官)으로서 죄를 범하여 수금해야 하면 의금부로 이송한다.〈속〉 ❶ 문관, 무관, 내시부, 사족(士族)의 부녀(婦女)는 계문한 다음 수금하되, –❶ 사옹원과 액정서 등의 모든 입번(入番)한 자도 같다.– 〈경〉 사죄(死罪)를 범하였으면 먼저 수금한 뒤에 계문한다. 어기면 우선 파직한 뒤 추고한다.〈경〉〈속〉 ❷ 당상 역관(堂上譯官)은 형조에서 추고하여 다스릴 수 없다. ❸ 문·무과 출신

(出身) 및 동반과 서반의 정직(正職) 이외에 납속(納粟)이나 군공(軍功)으로 벼슬을 한 자나 상민(常民)이나 천민으로 출신인 부류는 의금부로 이송하지 않는다.〈속〉 **4** 직부(直赴)되었으나 아직 방방(放榜)하지 않았으면 또한 의금부로 이송하지 않는다. 장원이나 탐화로서 관직에 붙였으면 비록 방방하지 않았어도 역시 의금부로 이송한다.〈증〉 **5** 낙점 별장(落點別將)은 첨사나 만호와는 다르므로 형조에서 추고하여 다스린다.〈속〉

제5항 비변사, 형조, 병조, 한성부, 사헌부, 규장각, 승정원, 종부시, 포도청, 관찰사, 수령은 죄인을 직접 수금할 수 있고, 그 외 각 관사와 군문(軍門)은 형조에 공문을 보내어 수금한다.〈경〉〈속〉〈보〉 **1** 어기면 엄하게 추고한다. **2** 중죄(重罪) 이외에는 공문을 보내어 수금하지 않는다.〈속〉 **3** 종부시는 도감(都監)을 설치하는 일이나 《선원록(璿源錄)》에 관계된 일이 아니면 패(牌)를 사용하여 수금하지 않는다.〈증〉 **4** 죄명을 반드시 수도안(囚徒案)에 현록(懸錄)하고, 죄를 지었다고 범범하게 일컬으면 형조에서 처벌하지 않는다. 다른 죄로 무고를 받아 억울하게 수금되었으면 해당 관원을 파직한다.〈속〉 **5** 하번(下番)하는 향군(鄕軍)은 범죄에 관계된 경우가 아니면 수금하여 구류할 수 없다. 이를 범하면 제서유위율(制書有違律)[69]로 논한다.[70]〈증〉 **6** 공사(公

69 제서유위율(制書有違律) : 제서를 받들어 시행할 때에 어기면 장 100이다. 황태자의 영지(令旨)를 어기면 같은 죄이다. 《大明律 吏律公式 制書有違》

70 하번(下番)하는……논한다 : 1760년(영조36) 서울 사는 최가 성을 가진 사람이 한성부에 전답 문제로 정소하자 한성부에서 하번 향군인 배천(白川)

事)를 기피하면 가동(家僮)를 수금하되 3인을 넘지 못하고, 2일이 지나면 즉시 풀어 주며, 3일이 지나지 않았으면 다시 수금할 수 없다.〈경〉 **7** 아들을 대신하여 부모를, 아우를 대신하여 형을, 처를 대신하여 남편을 차지(次知)로 수금하는 것을 엄히 금한다. 이를 범하면 제서유위율로 논한다. 해당 관서의 관원은 적발하여 승정원에 고발하며, 숨겨 두면 논죄한다.〈증〉 **8** 녹관(祿官)과 녹사(錄事) 및 장교의 정처(正妻)는 수금하지 않는다. 액례(掖隷)의 정처도 같다.〈속〉〈증〉 **9** 각 아문에서 구류하는 것을 일절 금한다. 큰 공사(公事)가 아니면 형조와 한성부에서도 구류하지 않는다. **10** 궁가(宮家)에서 사사로이 차꼬를 채워 구류하면 입계하여 논죄한다. **11** 범마(犯馬)하거나 범금(犯禁)한 경우 외에 사사로운 일로 인하여 구류하거나 지가(知家)하는 것을 금단한다.〈속〉

제 6 항 사죄(死罪)에는 칼·수갑·쇄족(鎖足)을 채우고, 유죄(流罪) 이하에는 칼·수갑을 채우고, 장죄(杖罪)에는 칼을 채운다.

제 7 항 의친(議親), 공신 및 당상관, 사족의 부녀(婦女)가 사죄(死罪)를 범하면 쇄항(鎖項)을 채운다.〈경〉 **1** 원종공신은 사죄(死罪)가

사람 신작은손(申者斤孫)을 붙잡아 구류하였고 신작은손은 갇힌 지 이틀 후에 스스로 목숨을 끊었다. 이 사건을 계기로 이후 향군이 하번할 때 법사에서 추착(推捉)하여 구류할 수 없도록 정식을 삼아 시행하였고, 이러한 폐단이 있게 되면 한성부나 형조를 막론하고 제서유위율로 처벌하도록 하였다. 《承政院日記 英祖 36年 7月 10日》

아니면 역시 항쇄(項鎖)를 채우지 않는다.〈속〉 **당하관과 서인(庶人)의 부녀(婦女)에게는 쇄항과 쇄족(鎖足)을 채우고, 장죄(杖罪)이면 쇄항을 채운다.** ❷ 모두 죄가 종묘사직에 관계되면 이 규정을 적용하지 않는다.〈경〉

제8항 **관리가 사사로운 마음을 가지고 고의로 죄 없는 사람을 수금하면 장(杖) 80이고, 죽게 하면 교형이다.** ❶ 공무(公務)로 인해 잘못 수금하여 죽게 하였으면 장 80이다.[71] ❷ 수금하지 않아야 하는데 수금하거나, 칼·쇠사슬·수갑을 채우지 않아야 하는데 칼·쇠사슬·수갑을 채우면 장 60이다. 수금해야 하는데 수금하지 않거나, 칼·쇠사슬·수갑을 채워야 하는데 칼·쇠사슬·수갑을 채우지 않거나 칼·쇠사슬·수갑을 벗긴 경우 죄수가 장죄(杖罪)이면 태(笞) 30, 도죄(徒罪)이면 태 40, 유죄(流罪)이면 태 50, 사죄(死罪)이면 장 60이다. 칼을 채워야 하는데 쇠사슬을 채우거나, 쇠사슬을 채워야 하는데 칼을 채우면 1등급을 줄인다. 만약 수인(囚人)이 스스로 칼·쇠사슬·수갑을 벗거나, 옥관(獄官)·이전(吏典)·옥졸이 사사로이 죄수를 도와 벗겨 주면 죄가 같다. 제뢰관(提牢官)이 알고도 적발하지 않으면 같은 죄이다. 재물을 받으면 모두 왕법(枉法)으로 논한다.[72]

71 관리가……80이다 : 《대명률》〈형률 단옥(斷獄)〉 고금고감평인(故禁故勘平人) 조에 있다.

72 수금하지 않아야……논한다 : 《대명률》〈형률 단옥(斷獄)〉 수응금이불금(囚應禁而不禁) 조에 있다.

제 9 항 **수인(囚人)을 강제로 빼내면 수범·종범 모두 참형이다. 사사로이 몰래 수인을 풀어 주어 도주하게 하면[73] 수인과 더불어 같은 죄이며, 죄가 사형에 이르면 1등급을 줄인다. 몰래 풀어 주려 하였으나 수인을 빼내지 못하였으면 2등급을 줄인다. 이로 인하여 타인을 상해하면 교형이고, 타인을 죽이면 참형이다.** ❶ 종범은 각각 1등급을 줄인다.[74]

제10항 **옥졸이 도리에 어긋나게 죄수를 학대하고 때려서 상해하면 일반적인 투상(鬪傷) 죄[75]로 논하고, 옷이나 양식을 줄여서 옥졸이 가지면 감수자도(監守自盜)[76]로 논하되 이로 인하여 죄수가 죽게 되면 교형이다.** ❶ 옥관(獄官)이나 이전(吏典) 및 제뢰관(提牢官)이 알면서도 적발하지 않으면 옥졸과 더불어 같은 죄이다.[77] 〈율〉

73 사사로이……하면 : 수인의 친속이나 동류(同類)가 몰래 풀어 주는 것이다. 만약 주수(主守)이면 고의로 놓아주는 것이 된다. 《大清律輯註(下) 585쪽》

74 수인(囚人)을 강제로……줄인다 : 《대명률》 〈형률 도적(盜賊)〉 겁수(劫囚) 조에 있다.

75 일반적인 투상(鬪傷) 죄 : 손이나 발로 타인을 때렸으나 상해하지 않았으면 태 20이고, 상해하였거나 다른 물건으로 타인을 때렸으나 상해하지 않았으면 태 30, 상해하였으면 태 40이다. 《大明律 刑律 鬪毆 鬪毆》

76 감수자도(監守自盜) : 감림(監臨)이나 주수(主守) 자신이 창고의 전량이나 그 밖의 물건을 훔치면 수범과 종범을 구분하지 않고 병장(倂贓)으로 논죄한다. 병장은 10인이 여러 차례에 걸쳐 함께 관전(官錢) 40관(貫)을 훔치면, 비록 각각 4관씩 나누어 자신의 것으로 삼더라도 통틀어 계산하여 1건으로 삼아 그 10인은 각각 40관을 훔친 죄로 보아 모두 참형이고, 10인이 함께 5관을 훔치면 모두 장 100인 따위이다. 《大明律 刑律 盜賊 監守自盜倉庫錢糧》

77 옥졸이……죄이다 : 《대명률》 〈형률 단옥(斷獄)〉 능학죄수(陵虐罪囚)

제11항 옥수(獄囚)에게 칼을 씌우고 매다는 벌을 금한다.[78] 〈증〉

제12항 서울과 지방에서 옥수(獄囚)를 검찰(檢察)하되, 만약 옥이 견고하지 않거나, 수리하지 않았거나, 비바람을 막지 못하거나, 죄수를 침해하고 학대하는 등의 일이 있으면 장(杖) 100이다.

〈경〉 ❶ 서울과 지방의 관리가 감옥을 깨끗이 청소하고 질병을 치료해 주되, 옥수에게 옥바라지를 해 줄 집안사람이 없으면 관에서 의복과 양식을 지급한다. 이를 받들어 행하지 않으면 엄중히 더욱 규찰하여 다스린다. 〈속〉 ❷ 옥수에게 옷·양식·의원·약품을 지급해 달라고 청해야 하는데도 청하지 않거나, 옥수가 병에 걸려 칼·쇠사슬·수갑을 벗겨 주어야 하는데도 벗겨 주지 않거나, 보증인을 세우고 밖으로 내보내야 하는데도 보증인을 세워 내보내지 않거나, 집안사람이 들어가서 돌보도록 해야 하는데도 들어주지 않으면 옥관(獄官)·이전(吏典)·옥졸은 태(笞) 50이다. 이로 인하여 죽게 될 경우 옥수가 사죄(死罪)이면 장 60, 유죄(流罪)이면 장 80, 도죄(徒罪)이면 장 100, 장죄(杖罪) 이하이면 장 60 도(徒) 1년이다. 제뢰관(提牢官)이 알고도 적발하지 않으면 같은 죄이다. 만약 상급 관사에 보고하였는데 즉시 시행하지 않을 경우 1일에 태

조에 있다.

78 옥수(獄囚)에게……금한다 : 1780년(정조4) 전옥서 서리가 수금된 죄인에게 사감을 품고 죄인에게 쇠사슬을 채워 들보에 매달고 고문하는 사건이 있었는데, 불법을 저지른 옥리와 쇄장(鎖匠) 등을 처벌하고 이러한 폐단을 엄히 막도록 하였다. 《承政院日記 正祖 4年 5月 3日》

10이고, 1일마다 1등급을 더하되 태 40에 그친다. 이로 인하여 죄수를 죽게 하면 죄가 옥관과 같다. **3** 옥수를 제대로 점검하지 않아 옥수가 자진(自盡)하게 되면 옥졸은 장 60, 옥관이나 이전은 태 50, 제뢰관은 태 40이다. **4** 옥수를 기한이 지나도록 결단하지 않거나 배소로 보내지 않아서 옥에 수금된 상태로 죽게 할 경우 옥수가 사죄(死罪)이면 장 60, 유죄(流罪)이면 장 80, 도죄(徒罪)이면 장 100, 장죄(杖罪) 이하이면 장 60 도 1년이다.[79] 〈율〉 **5** 형을 받아 죽은 사람을 거두어 장사 지내 줄 사람이 없으면 관에서 묻어 준다. 〈경〉

제13항 **부인(婦人)이 죄를 범하면 범간(犯姦)이나 사죄(死罪)를 저질러 수금해야 하는 경우를 제외하고는 본남편에게 맡겨 거두어 관리하게 한다.** **1** 남편이 없으면 친속이나 가까운 이웃에게 맡겨 보증하게 한다. 어기면 태(笞) 40이다.[80] 〈율〉

제14항 **사수(死囚) 이외의 친상(親喪)을 당한 자에 대해서는 계품하여 성복(成服) 때까지 보방(保放)한다.**

제15항 **옥수(獄囚)의 죄명이 다소 가볍고 병이 매우 중하면 월령의(月令醫)가 간심(看審)하여 전옥관(典獄官)에게 보고하고, 전옥관**

79 옥수에게 옷……1년이다 : 《대명률》 〈형률 단옥(斷獄)〉 옥수의량(獄囚衣糧) 조에 있다.

80 부인(婦人)이……40이다 : 《대명률》 〈형률 단옥(斷獄)〉 부인범죄(婦人犯罪) 조에 있다.

은 이를 형조에 보고하여 보방(保放)하게 한다. 1 의금부의 죄수이면 월령의가 의금부에 보고하고 의금부에서 계품하여 보방한다.〈속〉

제5조 용형(用刑)

제1항 **영조조에 압슬형(壓膝刑), 낙형(烙刑), 자자형(刺字刑), 난장형(亂杖刑) 및 국문(鞫問)하는 수인(囚人)의 왼손에 수갑 채우는 것을 폐지하고, 주장(朱杖)으로 난타하며 심문하는 것을 금하였다.** 〈속〉〈증〉 ❶ 주장으로 난타하며 심문하는 형벌은 비록 특교(特敎)가 있더라도 법을 맡은 신하가 쟁집하여 거행하지 못하도록 한다.〈증〉

제2항 **고신(拷訊)은 임금의 재가를 받아서 시행한다.** ❶ 서인(庶人) 및 도죄(盜罪)를 범한 죄인은 그렇지 않다.〈경〉 ❷ 공신의 아들과 손자는 비록 공(工)·상(商)·천례(賤隷)라도 고신할 때 계청한다. 원종공신도 같다.〈속〉 ❸ 공신과 의친(議親)을 고신하기 위해 계청할 때는 모두 공신과 의친임을 기록하여 계청한다.〈경〉 ❹ 상민(常民)이나 천민인 출신(出身)이 중죄(重罪)를 범한 경우 평문(平問)에서 자복하지 않으면 형조가 계품하여 형추(刑推)한다.〈속〉 ❺ 종친, 문신으로 시임 사관(時任史官) 및 시종(侍從) 이상을 역임한 자, 무신으로 내승(內乘)·선전관(宣傳官)·도총부 낭관·곤수(閫帥)를 거친 자, 음관으로 도정(都正) 이상을 거친 자는 살인이나 장오(贓汚)에 관계되는 죄 외에는 지만(遲晚)하면 형추를 청하지 않고 수교에 따라 조율(照律)할 것을 바로 청한다. 별군직(別軍職), 장번 내시(長番內侍), 의관(醫官) 2품 이상도 같다. ❻ 각신(閣臣)은 시임, 원임(原任)을 막론하고 형추를 청하지 않는다.〈증〉 **지방은 관찰사에게 보고한다.** ❼ 제주 3읍(濟

州三邑)은 절제사에게 보고한다. **8** 문무관, 내시부, 사족(士族) 부녀(婦女)는 관찰사가 계문한다. 제주 3읍은 절제사가 관찰사에게 보고하면 관찰사가 계문한다.〈경〉 **9** 조관(朝官)을 역임한 자는 관찰사나 절도사가 곤(棍)으로 형추할 수 없으나, 군무(軍務)이면 장계로 보고한 뒤에 곤을 친다. 지방의 출신(出身)은 상민(常民), 천민, 사족을 막론하고 관찰사가 직접 형추한다.〈속〉 **10** 지방에 있는 당상(堂上) 조관(朝官)이 살인을 하였으면 관찰사가 계문하고 고신한다.〈증〉

제3항 **고신(拷訊)하여 엄히 형추(刑推)하라는 특별한 판부(判付)가 내려진 경우 외에는 예(例)대로 형추한다.**

제4항 **형신(刑訊)은 하루에 한 차례 한다.**〈속〉 **1** 한 차례에 30대를 넘지 않는다.〈경〉 **2** 형신하기 전에 먼저 수촌(手寸)을 받고, 형추 때에는 칼을 풀어 준다.〈증〉 **추국(推鞫)은 비록 엄중한 사안이더라도 두 차례를 넘을 수 없다.**〈속〉

제5항 **3일 내에 재차 고신(拷訊)할 수 없고, 고신한 지 10일 후에 형을 집행한다.**〈경〉 **1** 고신할 수 있는 기한이 되기 전에 용형(用刑)하면 관원을 감죄(勘罪)한다.〈증〉 **2** 태죄(笞罪)는 고신을 받은 수를 계산하여 그만큼 감해 준다.〈경〉

제6항 **90세 이상, 7세 이하이면 비록 사죄(死罪)를 지었더라도 형을**

가하지 않는다.[81] ❶ 90세 이상이라도 모반(謀反), 모대역(謀大逆)을 범하면 그렇지 않다.[82]

제7항 **팔의(八議)에 해당하는 자와** ❶ 의친(議親), 의고(議故), -❶ 황가에 오랜 친분이 있고 특별히 은혜로운 대우를 받은 자이다.- 의공(議功), 의현(議賢), 의능(議能), -❷ 큰 재능과 학문이 있는 자이다.- 의근(議勤), -❸ 공무를 수행하면서 매우 부지런히 수고한 자이다.- 의귀(議貴), -❹ 직사관(職事官) 3품 이상과 산관(散官)으로 2품 이상인 자이다.- 의빈(議賓) -❺ 전 왕조의 대를 이은 후손이다.-이다. **70세 이상이나 15세 이하인 자 및 폐질(癈疾)**[83]**인 사람은 고신(拷訊)하기에 합당하지 않으니 여러 증거에 의거하여 죄목을 정한다.** ❷ 어기면 고의나 실수로 타인의 죄를 가볍게 하거나 무겁게 한 죄로 논한다.

제8항 **임신한 부인(婦人)을 고신(拷訊)하거나 처결해야 하면 출산 후 100일이 되기를 기다린다.** ❶ 고신하거나 처결하다가 이로 인하여 낙태되면 관리는 일반적인 투상(鬪傷) 죄[84]에서 3등급을

81 형을 가하지 않는다 : 모두 율에 따라 속전으로 받는다.《大明律集解附例 286쪽》

82 90세 이상……않다 : 《대명률》〈명례율(名例律)〉 노소폐질수속(老小癈疾收贖) 조에 있다.

83 폐질(癈疾) : 29쪽 주58 참조.

84 일반적인 투상(鬪傷) 죄 : 손이나 발로 타인을 때렸으나 상해하지 않았으면 태 20이고, 상해하였거나 다른 물건으로 타인을 때렸으나 상해하지 않았으면 태 30, 상해하였으면 태 40이다.《大明律 刑律 鬪毆 鬪毆》

줄이고, 죽게 되면 장(杖) 100 도(徒) 3년이다. 출산 후 100일이 되기 전에 고신하거나 처결하면 1등급을 줄인다. 과실이면 3등급을 줄인다.[85] 〈율〉

제9항 **간범(姦犯)에 대한 율(律)에 따라 부대시(不待時)로 처결해야 하더라도 임신하였으면 출산을 기다린 뒤에 형을 집행한다.** 〈속〉 ❶ 출산 후 100일이 되기를 기다린다. 출산 전에 처결하면 장(杖) 80, 출산 후 100일이 되기 전에 처결하면 장 70, 출산 후 100일이 넘었는데도 처결하지 않으면 장 60이다. 과실이면 각각 3등급을 줄인다.[86]

제10항 **부인(婦人)이 죄를 범하여 장(杖)을 쳐야 하면** ❶ 도죄(徒罪)나 유죄(流罪)를 범하면 장 100을 치고, 여죄(餘罪)[87]에 대해서는 속전을 받는다. **간음죄는 옷을 벗기고 형을 받게 한다.**[88] 〈율〉

제11항 **일찍이 동반 잡직(東班雜職)을** ❶ 어보가 찍힌 고신(告身)을 받은 자를 말한다. **역임하였으면 장(杖)을 치지 않는다. 의금부**

85 임신한……줄인다 : 《대명률》 〈형률 단옥(斷獄)〉 부인범죄(婦人犯罪) 조에 있다.

86 출산 후 100일이 되기를……줄인다 : 《대명률》 〈형률 단옥(斷獄)〉 부인범죄(婦人犯罪) 조에 있다.

87 여죄(餘罪) : 지은 죄가 정해진 수인 장 100보다 넘치는 것을 말한다. 《大清律輯註(下) 822쪽》

88 부인(婦人)이……한다 : 《대명률》 〈명례율〉 공악호급부인범죄(工樂戶及婦人犯罪) 조에 있다.

에서 장을 쳐야 할 죄는 속전으로 대신하고, 영문(營門)에서 장을 쳐야 할 죄는 잡아들여 심문하는 것으로 대신한다.〈증〉

제12항 **장형(杖刑)을 집행하는 사람이 장을 칠 때 피부에 닿게 하지 않으면 때린 수대로 죄준다.** ❶ 재물을 받았으면 왕법(枉法)으로 보되, 무거운 쪽으로 논한다.[89]〈율〉

제13항 **용형 아문이 아니면 가죽 채찍을 쓴다.**〈경〉

제14항 **봉명 사신(奉命使臣)과 정2품 이상 및 의정부, 사헌부 관원 이외에는 용형할 수 없다.**〈속〉

제15항 **관리가 남형(濫刑)하면 장(杖) 100 도(徒) 3년이다. 죽게 하였으면 장 100을 치고 영구히 서용하지 않는다.**〈경〉 ❶ 법을 벗어나 용형하면 비록 우연히 죽게 하였더라도 용서하지 않는다. 시키는 대로 한 하속(下屬)은 처벌하지 않는다. ❷ 향소(鄕所), 군관, 면임, 이임 등이 태(笞)나 장을 치다가 사람을 죽인 경우 사적인 의도로 인해 벌어진 일이면 법으로 처단하고, 공무를 수행하다 벌어진 일이면 경중을 헤아려 죄목을 정한다. 색리는 공무인지 사적인 의도인지를 막론하고 일반인끼리 서로 죽인 죄의 예로 논한다.〈속〉

89 장형(杖刑)을……논한다 : 《대명률》 〈형률 단옥(斷獄)〉 결벌불여법(決罰不如法) 조에 있다.

제16항 **관리가 사적인 감정을 품고 죄 없는 사람을 고의로 고신(拷訊)하면[90] 장(杖) 80이다. 절상(折傷) 이상이면 일반적인 투상(鬪傷) 죄로 논하고, 죽게 되면 참형이다.** ❶ 동료 관원이나 옥졸이 실정을 알고도 함께 고신하면 더불어 같은 죄이다.[91] 〈율〉

제17항 **비록 봉명 사신(奉命使臣)이라도 사사로운 일로 사람을 죽이면 사형이다.**

제18항 **포도청의 전도 주뢰(剪刀周牢) 형을 엄히 금한다.**

제19항 **군무(軍務) 외에 곤(棍)을 쓰거나, 수령으로서 원장(圓杖)을 쓰거나, 개인 집안에서 용형하면 남형률(濫刑律)로 논한다.** ❶ 각 영문의 편비(褊裨)가 곤(棍)을 쓰면 무거운 율로 다스린다. 지방관이 논하여 보고하지 않으면 파직하고, 해당 감영에서 검찰하지 못하면 추고한다. 〈속〉

제20항 **대전(大殿)의 탄일 전후로 각 1일, 왕비 탄일, 왕세자 생신, 대제(大祭)와 재계일(齋戒日),** 〈경〉 〈속〉 ❶ 중사(中祀) 이하로 친행(親行)이 아닌 제사의 재계일에는 구애되지 않는다. 〈속〉 **삭일(朔日), 망일(望日), 상현(上弦), 하현(下弦), 정조시(停朝市)하는 날**

90 고의로 고신(拷訊)하면 : 원문은 '고감(故勘)'인데, '감(勘)'은 고신(拷訊)을 뜻한다.《大明律集解附例 1944쪽》

91 관리가……죄이다 : 《대명률》 〈형률 단옥(斷獄)〉 고금고감평인(故禁故勘平人) 조에 있다.

2 이상의 경우 모두 고신(拷訊)과 형벌 집행을 하지 않는다. **및 24절기에 해당하는 날, 비가 개지 않았을 때, 밤이 아직 새지 않았을 때는 사형을 집행하지 못한다.**〈경〉 3 땅거미가 질 무렵이면 아침을 기다려 형을 집행한다.〈속〉 4 용형하지 못하는 날은 아래의 〈잡령(雜令)〉 조에 보인다.〈보〉

제 6 조 수속(收贖)

제 1 항 **문무 관원, 내시부, 유음 자손**(有蔭子孫), **1** 공신 및 2품 이상의 아들·손자·사위·아우·조카, 원종공신 및 실직 3품의 아들·손자, 이조·병조·도총부·사헌부·사간원·홍문관·부장(部將)·선전관을 역임한 자의 아들이다. **생원, 진사는 십악**(十惡), **간도**(姦盜), **불법 살인, 왕법**(枉法)**으로 장**(贓)**을 받은 죄 외에 태죄**(笞罪)**와 장죄**(杖罪)**는 모두 속전을 받는다.** **2** 공죄(公罪)로 도죄(徒罪)를 지었거나 사죄(私罪)로 장 100 이상의 죄를 지었으면 장을 친다.〈경〉

제 2 항 **공신의 아들이나 손자는 강상죄·장오죄**(贓汚罪)·**절도죄 외에 장죄**(杖罪)**와 유죄**(流罪) **이하는 속전을 허락하고, 증손 이하는 아무개 공신이라고 부표**(付標)**하여 아뢴다.** **1** 원종공신도 같다.〈속〉

제 3 항 **70세 이상이나 15세 이하, 폐질**(癈疾)[92]**인 사람이 유죄**(流罪) **이하의 죄를 범하면 속전을 거둔다.** **1** 사죄(死罪)를 지었거나, 모반(謀反)·모대역(謀大逆)에 연좌되었거나, 독충을 길러 독극물을 만들었거나, 사람을 채생절할(採生折割)하였거나, 한집안의 사죄(死罪)를 짓지 않은 세 사람을 죽인 가구에는 이 규정

92 폐질(癈疾) : 29쪽 주58 참조.

을 적용하지 않는다.[93] 〈율〉 **2** 80세 이상이나 10세 이하, 독질(篤疾)인 사람이 도둑질을 하였거나 타인을 상해하였으면 속전을 받는다는 규정은 위의 〈추단(推斷)〉 조에 보인다. 〈보〉

제 4 항 **한겨울과 한여름에는** **1** 11월 1일부터 1월 말일까지, 5월 1일부터 7월 말일까지이다. **일이 강상죄·장오죄(贓汚罪)·절도죄와 관련된 경우, 남자는 장(杖) 60 이상, 여자는 장 100 이상인 죄 외에 나머지 장 100 이하의 죄는 속전을 거둔다.** **2** 장을 맞기를 원하면 들어준다. 〈경〉

제 5 항 **임신한 여자는 형추(刑推)하지 않고 속전을 거둔다.** 〈속〉

제 6 항 **도형(徒刑)과 유형(流刑) 이하의 죄의 경우 십악(十惡)을 제외하고 상(喪)을 당하기 전에 범한 죄가 상을 당한 후에 발각되거나, 상을 당하기 전에 발각되었으나 상을 당한 후 감단(勘斷)한 경우는 감단한 때를 따라서 속전을 거둔다.**[94] 〈경〉 〈속〉 **1**

93 70세……않는다 : 《대명률》 〈명례율(名例律)〉 노소폐질수속(老小癈疾收贖) 조에 있다.

94 상을 당하기……거둔다 : 이 조문을 입법한 뜻은 범죄를 저질렀더라도 상을 당하면 형을 받는 대신 수속(收贖)을 허용한다는 휼상(恤喪)에 있다. 그런데 죄를 저지르고 발각된 후 상을 당했을 때 수속 적용 여부가 일정하지 않아 1701년(숙종27) 이 문제에 대해 논의한 결과, 상을 당하기 전에 범한 죄가 상을 당하고 오래 지난 뒤에 발각되어도 수속을 허락하므로 수감되어 있으면서 상을 당하였으면 더욱 은휼(恩恤)해야 한다고 보아 저지른 죄가 상을 당하기 전에 발각되었어도 감단이 상을 당한 후에 이루어졌으면 수속하도록 하였다. 《承政院日記 肅宗 27年 7月 8日》

벌을 받기를 원하면 100일 뒤에 형을 집행한다.〈경〉

제 7 항 **일반적인 사면으로 용서받을 수 없는 경우가 아니면 조부모나 부모가 늙거나 병들었는데 대신 돌볼 다음 성정(成丁)이 없을 경우 도죄(徒罪)나 유죄(流罪)를 범하였으면 장 100에 그치고 여죄(餘罪)에 대해서는 속전을 거둔다.**[95]

제 8 항 **흠천감(欽天監)의 천문생(天文生)이 도죄(徒罪)나 유죄(流罪)를 범하면 장(杖) 100을 치고 여죄(餘罪)에 대해서는 속전을 거둔다.**[96]〈율〉 ❶ 향리(鄕吏), 역리(驛吏), 공사천이 도죄, 유죄, 영원히 변방에 소속되는 죄를 범하면 천문생의 예에 따른다. 강도죄를 범한 자의 처자에게는 이 규정을 적용하지 않는다.〈경〉

제 9 항 **일이 과장(科場)에서 농간을 부린 것에 관계되면 속전을 바치는 것을 허락하지 않는다.**

제10항 **속전(贖錢)의 법**[97]**은 태형(笞刑),** ❶ 태 10은 면포 7자, 대전(代錢) 7전이다. 차례로 7자씩 더하여 태 50은 면포 1필, 대전 3냥

95 일반적인……거둔다 : 《대명률》〈명례율(名例律)〉 범죄존류양친(犯罪存留養親) 조에 있다.

96 흠천감(欽天監)의……거둔다 : 《대명률》〈명례율(名例律)〉 공악호급부인범죄(工樂戶及婦人犯罪) 조에 있다.

97 속전(贖錢)의 법 : 오형에 따른 속전 규정은 《대명률》〈명례율(名例律)〉 오형(五刑) 조에 있으며, 조선의 속전 기준과는 다르다.

5전에 이른다. **장형(杖刑),** ❷ 장 60은 면포 1필 7자, 대전 4냥 2전이다. 차례로 7자씩 더하여 장 100은 면포 2필, 대전 7냥에 이른다. **도형(徒刑),** ❸ 1년은 면포 2필, 대전 7냥이다. 반년마다 1필씩 더하여 도 3년은 면포 6필, 대전 21냥에 이른다. **유형(流刑),** ⟨속⟩ ❹ 2000리는 면포 8필, 대전 28냥이고, 2500리는 면포 9필, 대전 31냥 5전이고, 3000리는 면포 10필, 대전 35냥이다. ⟨속⟩⟨보⟩ **사형(死刑)에** ❺ 전 49냥이다.⟨율⟩⟨보⟩ **차등이 있다.** ❻《대명률》에서 사형은 속전이 42관(貫)이다. 대체로 《대명률》에서 태 10의 속전이 600문(文)인데 우리나라는 70문이니, 이에 준하여 계산하면 우리나라 49냥은 《대명률》의 42관에 준한다.⟨보⟩

제11항 **준(準)하는 법은 충군(充軍)되는 자,** ❶ 장(杖) 100 도(徒) 3년에 준한다. **변원(邊遠)에 충군되는 자, 노(奴)가 되는 자, 잔역(殘驛)의 아전에 소속되는 자,** ❷ 장 100 유(流) 3000리에 준한다. ⟨경⟩ **형추(刑推)를 받는 자에** ❸ 한 차례는 장 100에 준한다.⟨속⟩ **차등이 있다.** ❹《대명률》에 벌봉법(罰俸法)이 있다. 《경국대전》의 벌봉은 10일이 태(笞) 10에 준하고, 15일이 태 20, 1개월이 태 30, 2개월이 태 50에 준한다.⟨보⟩

제 7 조 도망(逃亡)

제 1 항 **사수(死囚)가 도망한 고을의 수령은 우선 파직한 뒤 잡아와서 율(律)에 따라 논한다.** 〈속〉 ❶ 불각실수율(不覺失囚律)[98]을 적용한다. 〈보〉

제 2 항 **정배인(定配人)이 도망하여 그를 잃어버린 수령은 제서유위율(制書有違律)[99]로 논한다.** ❶ 도중에 도망하였으면 해당 지방관을 잡아다 심문하여 엄히 처벌하고, 압송해 간 장차(將差)는 형배(刑配)한다. ❷ 특교(特敎)로 참작하여 처리한 죄인이 도망하면 해당 지방관을 엄히 감처(勘處)한다. ❸ 연좌 죄인이 마음대로 배소를 이탈하면 지방관에게는 본율(本律) 〈증〉 -❶ 죄인이 도망하여 그를 잃어버렸을 때 적용하는 율[100]이다. 〈보〉 - 외에 1등급을 더한다. 〈증〉

제 3 항 **옥졸이 제대로 각찰(覺察)하지 못하여 수인(囚人)을 놓치면 수**

98 불각실수율(不覺失囚律) : 《대명률》 〈형률 포망(捕亡) 주수불각실수(主守不覺失囚) 조의 율이다. 자세한 내용은 본조 3항 참고.

99 제서유위율(制書有違律) : 제서(制書)를 받들어 시행할 때에 어기면 장 100이다. 황태자의 영지(令旨)를 어기면 같은 죄이다. 《大明律 吏律公式 制書有違》

100 죄인이 도망하여……율 : 도죄(徒罪)·유죄(流罪)·천사(遷徙)에 해당하는 수인(囚人)이 복역 기한 안에 도망하는 경우 1일이면 태 50이고, 3일마다 1등급을 더하되 장 100에 그치고 그대로 배소(配所)로 보낸다. 《大明律 刑律 捕亡 徒流人逃》

인의 죄에서 2등급을 줄이고, 수인이 번옥(反獄)[101]하고 도망하면 또 2등급을 줄인다. ❶ 옥관과 이전(吏典)은 옥졸의 죄에서 3등급을 줄인다. ❷ 중도에 죄수를 놓치면 죄가 같다.[102] ❸ 수인을 잃어버리면 100일을 기한으로 주고, 기한 안에 옥졸 자신이 체포하거나, 타인이 체포하거나, 수인이 죽었거나 자수하면 죄를 면해 준다. 일부러 놓아주면 체포 기한을 주지 않고 수인과 더불어 같은 죄이되, 사죄(死罪)에 이르면 1등급을 줄인다. 판결하기 전에, 도망간 수인을 옥졸 자신이 체포하거나, 타인이 체포하거나, 수인이 이미 죽었거나 자수하면 각각 1등급을 줄인다. 재물을 받았으면 왕법(枉法)으로 보되, 무거운 쪽으로 논한다.[103]

제 4 항 **수인(囚人)이 탈감(脫監)하거나 월옥(越獄)하여** ❶ 옥문으로 탈출한 것을 탈감, 옥의 담장을 넘어 도망한 것을 월옥이라 한다. **도망하면, 본죄(本罪)에 2등급을 더한다. 이로 인하여 죄가 무거운 다른 수인을** ❷ 자기보다 죄가 중한 자이다. **몰래 풀어 주**

101 번옥(反獄) : 강제력을 쓰거나 감옥 문을 때려 부수거나 옥졸을 살상하고 멋대로 달아나는 것으로, 감옥 밖으로 달아나거나 아직 밖으로 벗어나지 못한 채 붙잡힌 것 모두 해당된다. 《大明律集說附例 卷8 28張》《大明律附例(下) 474쪽》 번(反)은 안으로부터 나가는 것이고, 함께 갇혀 있던 옥수(獄囚)들이 공모(共謀)하는 것이다. 《大淸律輯註(下) 965쪽》

102 죄가 같다 : 옥졸이 옥에 있던 수인(囚人)을 제대로 각찰(覺察)하지 못하여 수인을 놓친 경우의 죄와 같다는 것이다. 《大明律集解附例 1918쪽》

103 옥졸이……논한다 : 《대명률》〈형률 포망(捕亡)〉 주수불각실수(主守不覺失囚) 조에 있다.

면 그 수인과 더불어 같은 죄이다. 모두 죄는 장(杖) 100 유(流) 3000리에 그친다. 번옥(反獄)하여 도망하면 모두 참형이다. ❸ 같이 갇혀 있던 수인이 실정을 몰랐으면 처벌하지 않는다.[104] 〈율〉 ❹ 적인(賊人)이 옥을 부수고 도망쳤으면 본죄에 대한 승복을 기다렸다가 율에 따라 참형에 처한다. 쇄장(鎖匠)이 적인과 한통속이 되어 칼과 수갑을 벗겨 주어 적인이 옥을 부수고 도망쳤으면 도적을 다스리는 예(例)에 따라 자복을 받은 뒤 참형에 처한다. 해당 수령은 잡아다 심문한다. 〈속〉 〈증〉

제5항 **죄수가 배소(配所)에 있다가 도망한 경우 도망한 기간이 1일이면 태(笞) 50이고, 3일마다 1등급을 더하되 장(杖) 100에 그치고 그대로 배소로 보낸다.** ❶ 배소로 가는 도중에 도망친 경우도 같다.[105] ❷ 도죄수(徒罪囚)의 도역 연한이 차지 않았는데 감림(監臨)·주수(主守)가 고의로 놓아주거나, 타인을 고용하여 대체하도록 하면 도죄수가 역을 져야 하는 날수를 헤아려 그 날수만큼 도역을 지게 한다. 재물을 받으면 왕법(枉法)으로 보되 무거운 쪽으로 논하고, 도죄수는 율에 따라 논한다.[106] 〈율〉

104 수인(囚人)이……않는다 : 《대명률》 〈형률 포망(捕亡)〉 옥수탈감급번옥재도(獄囚脫監及反獄在逃) 조에 있다.

105 죄수가……같다 : 《대명률》 〈형률 포망(捕亡))〉 도류인도(徒流人逃) 조에 있다.

106 도죄수(徒罪囚)의……논한다 : 《대명률》 〈형률 단옥(斷獄)〉 도수불응역(徒囚不應役) 조에 있다.

제6항 역옥(逆獄)에 관련되었거나 연좌되어 정배(定配)된 죄인이 도망하면 장(杖) 100을 치고 절도(絶島)에 정배한다.〈속〉〈보〉 **1** 즉시 도로 잡아들이지 못한 것을 영문(營門)에서 적발하면 해당 수령을 잡아다 심문한 뒤에 죄목을 정한다.〈속〉

제7항 강도죄를 범하고 노비로 영구히 소속된 자가 2번 도망하면 참형이고, 도죄(徒罪)·유죄(流罪) 및 부처(付處)·안치(安置)·충군(充軍)·정역(定役)[107]·절도(竊盜)의 죄를 범하고 노비로 영구히 소속된 자가 3번 도망하면 참형이다.〈경〉

제8항 죄를 범하고 도주하다가 체포에 저항하면 본죄(本罪)에 2등급을 더한다. **1** 죄는 장(杖) 100 유(流) 3000리에 그친다. 사람을 때려 절상(折傷) 이상에 이르면 교형이고, 사람을 죽이면 참형이다. 종범은 각각 1등급을 줄인다.[108]

제9항 관사에서 죄인을 추적하여 체포하려 한다는 것을 알고 그 사실을 누설하여 죄인이 도피할 수 있도록 하거나, 어떤 사람이 죄를 범한 사실이 드러나 관사에서 사람을 차정하여 추적해서 잡도록 한 것을 알면서도 집에 숨겨 둔 채 체포하도록 고발하지 않거나 길을 안내하거나 옷이나 식량을 제공하여 몸을 숨

107 정역(定役) : 변방 지역의 역리(驛吏)나 관노비 등의 특정한 신역(身役)을 지도록 하는 것이다.

108 죄를……줄인다 : 《대명률》 〈형률 포망(捕亡)〉 죄인거포(罪人拒捕) 조에 있다.

겨 피하도록 하면 각각 죄인의 죄에서 1등급을 줄인다. ❶ 판결받기 전에 자신이 체포하면 죄를 면해 준다. 타인이 체포하거나, 죄인이 이미 죽었거나 자수하면 또 1등급을 줄인다.[109]

제10항 **옥졸이 수인(囚人)에게 자살할 수 있는 도구나 칼을 풀 수 있는 도구를 주면 장(杖) 100, 수인이 도망하게 되거나 자신을 상해하거나 타인을 상해하면 장 60 도(徒) 1년, 수인이 자살하면 장 80 도 2년, 수인이 번옥(反獄)하거나 사람을 죽이면 교형이다.** ❶ 판결하기 전에 옥졸 자신이 체포하거나, 타인이 체포하거나, 수인이 이미 죽었거나 자수하면 1등급을 줄인다. 도구를 준 사람이 일반인, 아들, 손자, 노비, 고공(雇工)이면 1등급을 줄인다. ❷ 옥관(獄官)이나 이전(吏典) 및 제뢰관(提牢官)이 알면서도 적발하지 않으면 더불어 같은 죄이다. 재물을 받으면 모두 왕법(枉法)으로 보되, 무거운 쪽으로 논한다.[110]

제11항 **동거하는 사람과** ❶ 재산을 공유하고 함께 사는 친속을 이른다. 무복친도 이에 해당한다. **대공 이상의 친속, 외조부모, 외손, 처부모, 사위, 손자며느리, 남편의 형제 및 형제의 아내가 죄를 지었는데 서로 용은(容隱)하거나, 노비나 고공(雇工)이 가장을 위하여 용은하거나, 체포하려 한다는 사실을 누설하여**

109 관사에서……줄인다 : 《대명률》 〈형률 포망(捕亡)〉 지정장닉죄인(知情藏匿罪人) 조에 있다.

110 옥졸이……논한다 : 《대명률》 〈형률 단옥(斷獄)〉 여수금인해탈(與囚金刃解脫) 조에 있다.

죄인으로 하여금 숨거나 도피하게 하였을 경우 모두 처벌하지 않는다. 소공 이하는 일반인의 예에서 3등급을 줄이고, 무복친은 1등급을 줄인다. ❷ 모반(謀叛) 이상의 죄를 범하면 이 율을 적용하지 않는다.[111]

제12항 **죄인을 체포해야 하는 사람으로 차정되어 죄인을 추적하여 체포할 때 핑계를 대고 가지 않거나, 죄인이 있는 곳을 알면서도 체포하지 않으면 죄인의 죄에서 1등급을 줄여 처벌한다.** ❶ 30일 이내에 자신이 절반 이상을 체포하면 죄를 면해 준다. 비록 절반에는 못 미쳐도 체포된 자가 가장 무거운 죄인이면 죄를 면해 준다. 비록 한 사람-❶ 함께 차정된 사람이다.-이 체포하더라도 차정된 나머지 사람들 역시 죄를 면해 준다. 죄인이 이미 죽었거나 자수해도 죄를 면해 준다.-❷ 죽거나 자수한 인원이 전원이 아니면 또 1등급을 줄인다.- 재물을 받고 죄인을 고의로 놓아주면 수인(囚人)과 더불어 같은 죄이다. 장(贓)이 무거우면 장을 계산하여 왕법(枉法)으로 보되, 무거운 쪽으로 논한다.[112] ❷ 관사에서 사람을 차정하여 공무를 집행하거나 죄인을 체포할 때 무리를 모아 때리고 빼앗으면 장(杖) 100 유(流) 3000리이다. 이로 인하여 타인을 상해하면 교형이고, 타인을 죽이거나 무리를 모은 것이 10인에 이르면 수범은 참형,

111 동거하는……않는다 : 《대명률》 〈명례율〉 친속상위용은(親屬相爲容隱) 조에 있다.

112 죄인을 체포해야……논한다 : 《대명률》 〈형률 포망(捕亡)〉 응포인추포죄인(應捕人追捕罪人) 조에 있다.

직접 실행해서 죽게 한 자는 교형이다. 종범은 각각 1등급을 줄인다. 거느리는 집안사람이 때리고 빼앗으면 존장만 처벌한다. 집안사람이 타인을 상해하면 일반인 수범과 종범으로 논한다.[113] 〈율〉

제13항 **살인하고 도주한 자를 체포하도록 고발한 사람은 수범인지 종범인지 구분하지 않고 횟수에 상관없이 《경국대전》의 〈포도(捕盜)〉 조에 따라 논상(論賞)한다.** ❶ 머물게 허락한 호수(戶首)는 죄인을 숨겨 준 죄에 대한 율[114]에 따라 논한다. 자수하면 면죄하고 예(例)에 따라 상을 준다. 겨린(切隣)이나 면임·이임이 알고도 고발하지 않으면 죄인을 숨겨 준 죄에 대한 율에 따른다. 주의하여 체포하지 않은 관리는 제서유위율(制書有違律)로 논한다. ❷ 월옥(越獄)한 죄인을 다른 사죄수(死罪囚)가 먼저 고발하면 사형을 감하여 정배(定配)한다. 〈속〉

113 관사에서……논한다 : 《대명률》 〈형률 도적(盜賊)〉 겁수(刦囚) 조에 있다.

114 죄인을……율 : 어떤 사람이 죄를 범한 사실이 드러나 관사에서 사람을 차정하여 추적해서 잡도록 한 것을 알면서도 집에 숨겨 둔 채 체포하도록 고발하지 않거나, 길을 안내하거나 옷이나 식량을 제공해 주어서 몸을 숨겨 피하도록 하면 각각 죄인의 죄에서 1등급을 줄인다. 《大明律 刑律 捕亡 知情藏匿罪人》

제8조 사령(赦令)

제1항 **사면령이 내려졌을 때 죄인의 방미방 계본(放未放啓本)을 서울은 형조와 의금부가, 지방은 관찰사가 등급을 나누어 녹계(錄啓)한다.** 〈속〉 ❶ 아직 배소에 도착하지 않은 자와 아직 수감되지 않은 자도 모두 들어 논하되, 서울과 지방의 시수안(時囚案)과 도류안(徒流案)에 모두 기록되어 있지 않은 자는 서울은 해당 관사가 별단(別單)으로 써서 들이고, 지방은 배소로 보내는 관원이 작성하여 아뢴다. 〈속〉〈증〉 ❷ 사형을 감해 준 죄인을 관찰사가 방질 계본(放秩啓本)에 섞어 넣어 기록하였는지 형조가 고찰한다.

제2항 **사면령이 내려지기 이전에 발생한 사건은 계청하여 임금의 재가를 받는다.** ❶ 사면령이 내려지기 6개월 전에 죄를 범하였거나, 사면령이 내려지고 6개월 뒤에 사건이 발각되었으면 논하지 않는다. ❷ 소결(疏決)하여 석방하는 것은 사면과는 같지 않으므로, 현재 추문(推問) 중인 사람 외에 아직 발각되지 않은 사건의 죄인일 경우 추가로 사면해 주지 않는다. 〈속〉

제3항 **과오로 죄를 범하거나,** ❶ 과실로 타인을 살해하거나 상해하거나, 실수로 불을 내거나, 관물(官物)을 실수로 훼손하거나 잃어버리는 따위이다. **타인으로 말미암아 연루되어 죄를 짓거나, 관원이나 이전(吏典)이 공죄(公罪)를 범하면 사면령에 따라 용**

서해 준다.[115]〈율〉

제4항 **도죄수(徒罪囚)는 죄의 경중을 막론하고 모두 석방한다.** ❶ 사형을 감하여 정배(定配)한 경우나 유(流) 3000리를 막론하고 감등(減等)하면 모두 도형(徒刑)이 되므로 소결(疏決)할 때 감등을 신중히 하도록 힘쓴다.〈속〉

제5항 **십악(十惡)이나 살인을 범하거나, 관의 재물을 도둑질하거나, 강도를 하거나, 절도를 하거나, 방화하거나, 발총(發塚)하거나, 장(贓)을 받거나,** ❶ 왕법(枉法)이나 불왕법(不枉法) 모두 해당한다. **사위(詐僞)하거나, 범간(犯姦)하거나, 사람을 약취(略取)하거나 약취하여 팔거나, 사람을 화유(和誘)**[116]**하거나, 간사한 무리를 짓거나, 참언(讒言)으로 부당하게 타인을 죽게 만들거나, 고의로 타인의 죄를 가볍게 하거나 무겁게 하거나, 실정을 알고서도 범인을 고의로 묵인하거나 범인의 요구를 들어주거나 숨기거나 도주하도록 안내하거나, 세사과전(說事過**

115 과오로……준다 : 《대명률》 〈명례율〉 상사소불원(常赦所不原) 조에 있다.

116 화유(和誘) : 동의하에 꾀어내 취하는 화동상유(和同相誘)를 줄인 말이다. 방책을 써서 꾀는 방략(方略)과 달리 동의하여 따른 것을 말한다. 《大明律附例(下) 192~193쪽》

錢)[117]하는 따위는 사면령을 만나도 용서하지 않는다.[118]〈율〉

제6항 **허록(虛錄)하였다가 금고형에 처해진 자는 사면령을 만나도 용서하지 않는다.**

제7항 **탐장(貪贓)이 현저한 자는 비록 대사면령(大赦免令)이 내려지거나 심리(審理)하더라도 녹계(錄啓)하지 않는다.**

제8항 **대사(代射)나 대강(代講)을 하여 정배(定配)된 자는 10년 안에는 사면하지 않는다.** 1 대사면령(大赦免令)이 내려졌을 때는 구애되지 않는다.

제9항 **영구히 관직을 제수하지 않도록 한 자가 10년을 지나거나, 영구히 서용하지 않도록 한 자가 3년을 지나 사면령을 만나면 임금의 뜻을 여쭈어 써서 들인다.** 1 대사면령(大赦免令)이 내려졌을 때는 구애되지 않는다.

제10항 **같은 죄로 귀양을 갔는데 생존한 자는 석방되어 서용되고 사망한 자는 그대로 죄적(罪籍)에 있으면 사면령이 있을 때마다**

117 세사과전(說事過錢) : 서리 등이 은밀히 자기의 소속 관원에게 타인을 대신해서 말로 정리(情理)나 안면(顔面)을 내세워 뇌물을 전달하는 것이다. 《六部成語註解 說事過錢》

118 십악(十惡)이나……않는다 : 《대명률》〈명례율〉 상사소불원(常赦所不原) 조에 있다.

의금부가 죄목을 갖추어 별단(別單)으로 임금의 뜻을 여쭌다.
〈속〉

제11항 **은사(恩赦)가 있을 것이라는 말을 듣고 관사에서 고의로 수인(囚人)을 처결하면 고의로 타인의 죄를 무겁게 한 죄로 논한다.**[119]

제12항 **은사(恩赦)가 있을 것이라는 말을 듣고 고의로 죄를 범하면 일반적인 범죄**[120]**에 1등급을 더하고, 사면령이 내려지더라도 용서하지 않는다.**[121]〈율〉

119 은사(恩赦)가……논한다 : 《대명률》〈형률 단옥(斷獄)〉 문유은사이고범(聞有恩赦而故犯) 조에 있다.
120 일반적인 범죄 : 사면이 있을 것을 예상하지 않은 상태에서 저지른 범죄이다.
121 은사(恩赦)가……않는다 : 《대명률》〈형률 단옥(斷獄)〉 문유은사이고범(聞有恩赦而故犯) 조에 있다.

제9조 역옥(逆獄)

제1항 **악역(惡逆)이나, 임금을 속이는 부도(不道)한 행위나, 대훈(大訓)을 범하는 데 관계된 죄 외에는 국청(鞫廳)을 설치하지 않는다.** ❶ 문자(文字)의 내용에 직접 악역을 범하지 않았으면 문자의 뜻을 들추어내고 날조하여 임금을 범한 부도한 죄에 대한 율로 몰아가는 것을 일절 금한다.

제2항 **부녀자가 직접 대역(大逆)을 범하였을 때 스스로 음험한 계략을 주도했거나 역적의 초사(招辭)에서 중요하게 언급된 경우 외에는 국문(鞫問)하지 않는다.**〈속〉

제3항 **친국(親鞫)에는** ❶ 정국(庭鞫)도 같다. **시원임 대신(時原任大臣), 의금부 당상, 양사(兩司), 문사 낭청(問事郎廳) 8원이 참석하고, 추국(推鞫)에는 위관(委官) 1원,** ❷ 대신(大臣)이다. **의금부 당상, 양사, 문사 낭청 4원이 참석한다.** ❸ 친국할 때에는 궁성을 호위한다.〈보〉

제4항 **추국(推鞫) 죄인에 대해 형추(刑推)를 청하거나, 의금부로 잡아오기를 청하거나, 조사하기를 청할 경우 국청(鞫廳)에서 완전히 합의하여 임금에게 아뢰며, 추국에 참석하는 대관(臺官)이 단독으로 아뢸 수 없다.**〈속〉 ❶ 형신(刑訊) 차수(次數)가 차기 전에 바른대로 자백하거나, 지레 죽을 우려가 있거나, 다시 추문해 보아야 할 정절(情節)이 있으면 위관(委官)이 논계하여 형

신을 정지한다.〈증〉

제5항 **모반(謀反)이나 대역(大逆) 죄를 지은 자는 수범과 종범을 가리지 않고 능지처사(凌遲處死)하고,[122] 재산을 관에 들이고, 집을 헐어 못으로 만들고, 읍호(邑號)를 강등하고, 그 고을 수령을 파직한다.**〈율〉〈속〉 ❶ 죄인이 현재 살고 있는 읍에 따라 현령(縣令) 이상은 현감(縣監)으로 강등하며, 현감은 그 서열을 여러 현의 말석에 두고 10년이 지난 후 복구한다.〈속〉 ❷ 결안(結案)하지 않았는데 역률(逆律)을 적용하거나, 차율(次律)로 결안하였는데 극률(極律)을 더하는 것을 모두 금지하고 폐지한다. ❸ 결안하지 않았는데 전지(傳旨)로 처형하는 것, 이미 죽었는데 역률을 추시(追施)하는 것, 군법(軍法)을 범하지 않았는데 효시하는 것을 금지하고 폐지한다.〈증〉

제6항 **모반(謀反) 및 모대역(謀大逆) 죄를 지은 자의 아버지와 16세 이상인 아들은 교형에 처하고, 15세 이하인 아들 및 어머니·딸·아내·첩·할아버지·손자·형·아우·손위 누이·손아래 누이, 아들의 아내와 첩은 노비로 삼고, 백부·숙부와 조카는 유(流) 3000리에 안치(安置)한다.** ❶ 남자는 80세 이상이거나 독질(篤疾)[123]이면, 여자는 60세 이상이거나 폐질(癈疾)[124]이면 연

122 모반(謀反)이나……능지처사(凌遲處死)하고 : 《대명률》 〈형률 도적(盜賊)〉 모반대역(謀反大逆) 조에 있다.

123 독질(篤疾) : 21쪽 주23 참조.

124 폐질(癈疾) : 29쪽 주58 참조.

좌를 면한다. 아들이나 손자를 타인에게 과방(過房)[125]으로 보냈거나, 아내로 맞이하기로 하였으나 성혼하지 않았거나, 손위 누이·손아래 누이·딸이 혼인하기로 이미 정해졌으면 연좌하지 않는다.[126] 아들이나 손자가 중이나 도사(道士)가 되거나, 딸이나 손녀가 여관(女冠)이 되면[127] 역시 연좌하지 않는다.〈율〉 ❷ 역적의 아버지가 80세이면 형률을 감하여 절도(絶島)에 정배(定配)한다. 귀양을 보내야 하는 2, 3세의 어린아이는 정배하지 않되, 노비로 삼는 경우는 이 규정을 적용하지 않는다.〈속〉 ❸ 연좌되어야 하는 종반(宗班)의 처자식은 비록 본율(本律)을 적용하더라도 노비로 삼지 않는다. 문묘에 종사된 유현(儒賢)의 적장손도 같다.〈증〉 ❹ 환관의 양자(養子)는 원지(遠地)에 정배한다. ❺ 군사를 일으킨 역적 수괴의 형·동생·아내·첩은 모두 연좌하여 죽인다.〈속〉 ❻ 비록 극악한 역적이라도 그 아내는 처형하지 않는다.〈증〉 ❼ 연좌된 사람이 역적과 동거하는 경우가 아니면 재산을 관에 들이는 규정을 적용하지 않는다.[128]〈율〉 ❽ 아버지와 아들이 모두 악역(惡逆)을 저지르거나, 사건이 같지 않지만 각각 흉악한 음모를 꾸민 경우 외에는 실정을 알고서 동

125 과방(過房) : 동종(同宗)의 아들을 양자로 삼는 일이다.《大明律集解附例 641쪽》

126 모반(謀反)……않는다 :《대명률》〈형률 도적(盜賊)〉 모반대역(謀反大逆) 조에 있다.

127 도사(道士)가……되면 : 도교(道敎)의 전도사(傳道師)로 남자를 도사, 여자를 여관이라 부른다.

128 연좌된……않는다 :《대명률》〈형률 도적(盜賊)〉 모반대역(謀反大逆) 조에 있다.

참하였다는 것을 아들에게 자복받아 곧바로 연좌율을 시행하지 않는다.〈속〉 **9** 반역(反逆)에 연좌된 사람을 관에 들여야 하는데 방면하거나, 관에 들이지 않아야 하는데 관에 들이면 각각 고의나 실수로 유죄(流罪)를 가볍게 하거나 무겁게 한 죄로 논한다.[129]〈율〉

제7항 **난언(亂言)한 자는 임금에게 보고하여 추핵(推覈)하고, 장(杖) 100 유(流) 3000리에 처한다. 난언으로 임금을 범하였는데 정리(情理)가 매우 해로우면 참형이고 가산(家産)을 적몰(籍沒)한다.** **1** 무고(誣告)이면 반좌(反坐)한다. 알면서도 고발하지 않으면 각각 1등급을 줄인다.〈경〉

제8항 **실정을 알고 고의로 묵인하거나, 용은(容隱)하여 숨겨 주면 참형이다.**[130]〈율〉

제9항 **반역을 모의했다고 무고(誣告)하면 부대시참(不待時斬)이다.**

제10항 **역옥(逆獄) 죄인의 정절(情節)이 이미 드러났는데 의금부의 아전과 하례(下隷)가 뇌물을 받고 죄인을 독살하면, 실정을 알고**

129 반역(反逆)에……논한다 : 《대명률》 〈형률 단옥(斷獄)〉 단죄부당(斷罪不當) 조에 있다.

130 실정을……참형이다 : 《대명률》 〈형률 도적(盜賊)〉 모반대역(謀反大逆) 조에 있다.

도 고의로 묵인하거나 용은(容隱)하여 숨겨 준 죄에 대한 율[131]을 적용한다.〈속〉

제11항 **친국(親鞫)이나 정국(庭鞫)을 막론하고 큰비가 내리거나 더위가 극심하면 신문하며 추고하는 곳에 초둔(草芚)으로 만든 가가(假家)를 설치한다.**

제12항 **추국(推鞫) 죄수로서 이미 의금부에서 추문(推問)하였으면 포도청으로 내려보내지 않는다.**〈증〉

제13항 **유생(儒生)이라는 명색이 있으면 비록 추국(推鞫)해야 할 정황에 관계되더라도 포도청으로 보내지 않는다.**〈속〉 **1** 연좌해야 하는 역적 집안의 부녀(婦女)는 포도청에 구류(拘留)하지 않고 곧장 배소로 압송한다.〈증〉

131 실정을……율 : 참형이다.《大明律 刑律 盜賊 謀反大逆》1730년(영조6) 역적 죄인 박도창(朴道昌)을 뇌물을 받고 독약을 써서 사람을 죽인 죄로, 고의로 묵인하거나 용은(容隱)하여 숨겨 준 죄에 따라 부대시참으로 처리하도록 하였다.《承政院日記 英祖 6年 4月 18日》

제10조 강상(綱常)

제1항 **부모·조부모·시부모·남편 및 백부·백모·숙부·숙모·형·손위 누이를 죽이거나, 노비가 주인을 죽이거나, 관노(官奴)가 관장(官長)을 죽이거나,** ■1 이상은 실행했는지 아직 실행하지 않았는지를 논하지 않는다. **고공(雇工)이 가장(家長)을 죽이거나, 후모(後母)를 간음하거나, 백모·숙모·고모·누이·며느리를 간음하거나, 노(奴)가 여자 상전을 간음하거나, 적모를 방매(放賣)하거나, 부모를 구타하거나 욕하거나, 부모의 시신을 불태우면** ■2 이상은 이미 실행한 경우이다. **삼성추국(三省推鞫)한다.** 〈속〉 ■3 위관(委官) 이하는 역옥(逆獄)의 추국(推鞫)과 같되, 문사낭청(問事郎廳)은 2원이다.[132] 〈보〉

제2항 **강상 죄인은** ■1 부모·남편을 죽인 자, 주인을 죽인 노비, 관장(官長)을 죽인 관노(官奴)이다. **결안(結案)하여 처형한 뒤** ■2 결안한 뒤에 지레 먼저 죽은 경우도 똑같이 논한다. **아내·아들·딸을 노비로 삼고, 집을 헐어 못으로 만들고, 읍호(邑號)를 강등하고, 그 고을 수령을 파직한다.**

제3항 **죄가 강상을 범하였는데 정리(情理)가 심각하고 무거우면 장(杖) 100 유(流) 3000리이다.** ■1 부모상에 분상(奔喪)하지 않

132 문사 낭청(問事郎廳)은 2원이다 : 문사 낭청은 친국(親鞫) 8원, 정국(庭鞫) 6원, 추국(推鞫) 4원, 삼성추국 2원이다. 《六典條例 刑典 義禁府 鞫》

거나, 아버지를 얼삼촌(孼三寸)이라 하거나 어머니를 삼촌 숙모라 하면서 노비를 두고 쟁송하거나, 서얼(庶孼)이라는 명칭을 면하고자 적모 및 외조모를 타인의 노비라고 하는 경우이다.〈속〉 **2** 윤상(倫常)에 관계되면 비록 경미한 죄라 하더라도 경사(京司)에서는 초기(草記)를 올리고, 지방에서는 장계로 보고한 뒤 회답을 기다려 거행한다.〈증〉

제11조 적도(賊盜)

제 1 항 **일반적인 도죄(盜罪)는**〈속〉 **1** 사람을 죽이는 것을 적(賊)이라 하고, 물건을 훔치는 것을 도(盜)라고 한다.[133] 〈율〉 **반드시 범죄의 증거를 가려 조건이 갖추어지고, 사실을 조사하여 근거가 있어야 체포한다.** **2** 적당(賊黨)이 타인을 끌어들였는데 많은 사람이 그가 도적이라는 사실을 알고 있거나, 전에 도적 죄를 짓고 도망쳐서 아직 체포되지 않았거나, 사건의 정황이 명백히 남아 있거나, 장(杖)을 맞은 흔적이 있는 경우 외에 기타 무고로 끌어들인 것은 받아들여 다스리지 않는다. **3** 비록 서인(庶人)이라도 강도나 절도 이외에는 포도청으로 보내지 않으며, 강도나 절도라 하더라도 자세히 살펴야 한다. **4** 고발된 사람이 10리 밖에 있으면 계청한 후에 잡아온다.〈속〉

제 2 항 **대사(大祀)에서 신이 사용하는 물건을** **1** 제기(祭器), 유장(帷帳), 제사에 올리는 옥이나 비단, 제물로 바치는 짐승, 제물로 바치는 음식물[134] 따위이다. **훔치면 모두[135] 참형이다.** **2** 아직 올리지 않은 신이 사용하는 물건이나 제사를 마친 뒤의 물건

133 사람을……한다 : 《대명률부례》 〈적도(賊盜) 총론(總論)〉에서 《율해변의(律解辨疑)》를 전거로 들어 말한 것이다.

134 제물로 바치는 음식물 : 원문은 찬구(饌具)인데, 대추·밤·말린 고기 따위를 이른다. 《大明律講解 316쪽》

135 모두 : 수범과 종범이다. 본조(本條)에서 '모두[皆]'라고 말하였으면 죄에 수범과 종범을 구분하지 않는 것이다. 《大明律 名例律 共犯罪分首從》

및 그 나머지 솥, 시루, 칼, 숟가락 등으로 신이 사용하는 물건으로서 바쳐진 것이 아니면 장(杖) 100 도(徒) 3년이다. 장(贓)을 계산하여 무거우면 각각 도(盜) – **1** 감수자도(監守自盜)와 상인도(常人盜)이다. – 죄(罪)에 1등급을 더한다.[136] [137]

제 3 항 **제서(制書), 기마어보성지(起馬御寶聖旨),[138] 기선부험(起船符驗)[139]을 훔치면 모두 참형이다.[140]**

제 4 항 **각 아문의 인신(印信)이나 야순동패(夜巡銅牌)를 훔치면 수범과 종범 모두 참형이고, 관방인기(關防印記)를 훔치면 모두 장(杖) 100이다.[141]**

136 장(贓)을……더한다 : 장을 계산하여 본죄(本罪)보다 무거우면 수범은 감수자도창고전량(監守自盜倉庫錢糧) 조, 종범은 상인도창고전량(常人盜倉庫錢糧) 조에 규정된 죄에 1등급을 더하는데 감수자도창고전량 조의 형이 더 높다. 감수자도창고전량 조의 형은 1관 이하는 장 80, 1관에서 2관 500문까지는 장 90, 5관이면 장 100 등이다.《大明律 刑律 盜賊 監守自盜倉庫錢糧》 상인도창고전량 조의 형은 1관 이하는 장 70, 1관에서 5관에 이르면 장 80 등이다.《大明律 刑律 盜賊 常人盜倉庫錢糧》

137 대사(大祀)에서……더한다 :《대명률》〈형률 도적(盜賊)〉 도대사신어물(盜大祀神御物) 조에 있다.

138 기마어보성지(起馬御寶聖旨) : 역마를 징발하여 탈 수 있는 권한을 증명하는 어보가 찍힌 증명서이다.《大明律例諺解 卷6 9~10張》

139 기선부험(起船符驗) : 참선(站船)을 징발할 때 비단에 부신(符信)을 찍은 문서를 가지고 증험으로 삼는 것이다.《大明律集說附例 卷2 36張》

140 제서(制書)……참형이다 :《대명률》〈형률 도적(盜賊)〉 도제서(盜制書) 조에 있다.

141 각……100이다 :《대명률》〈형률 도적(盜賊)〉 도인신(盜印信) 조에 있다.

제5항 관문서(官文書)를 훔치면 수범과 종범 모두 장(杖) 100이다. ❶ 규피(規避)[142]한 바가 있으면 무거운 쪽으로 논한다.[143] 일이 군기(軍機)나 군대의 전량(錢糧)에 관계되면 수범과 종범 모두 교형이다.[144]〈율〉

제6항 군기(軍器)를 훔친 자는 병조에서 계품하여 효시한다. ❶ 체포한 자는 논상(論賞)한다. ❷ 훔친 것이 활 30장(張), 조총 3자루 이하이면 세 차례 형추(刑推)한 뒤에 사형을 감하여 정배(定配)한다. 감관과 색리는 죄의 경중에 따라 처벌한다.〈속〉 ❸ 훔친 화약이 100근 미만이면 회시(回示)한 뒤 사형을 감하고 중곤(重棍)을 쳐서 도배(島配)한다. 훔친 것이 환도(環刀)와 기창(旗槍) 5자루 이하, 징과 북 5개 이하이면 조총 3자루 이하를 훔쳤을 때 적용하는 율에 따른다.〈증〉

제7항 장적(帳籍)을 훔치면 변원(邊遠)에 정배(定配)한다.〈속〉

제8항 경성(京城) 문의 자물쇠를 훔치면 수범과 종범 모두 장(杖)

142 규피(規避) : '규(規)'는 무언가 구하는 바가 있어 행하는 것이고, '피(避)'는 무언가 피하는 바가 있어 숨기는 것이다. 재물이나 이익은 구하고, 범한 죄는 회피하는 것이다.《律條疏議(下) 511쪽》

143 규피(規避)한……논한다 : 규피한 죄가 관문서를 훔쳤을 때 처벌하는 장 100보다 무거우면 규피한 죄에 따라 의단(擬斷)한다는 것이다.《律條疏議(下) 192쪽》

144 관문서(官文書)를……교형이다 :《대명률》〈형률 도적(盜賊)〉 도제서(盜制書) 조에 있다.

100 유(流) 3000리이다. ❶ 부(府)·주(州)·현(縣)·진(鎭)의 성문이면 모두 장 100 도(徒) 3년이고, 창고 문이면 모두 장 100이다.

제9항 **내부(內府)의 재물을** ❶ 어보(御寶) 및 임금이 입거나 쓰는 물건이다. **훔치면 수범과 종범 모두 참형이다.** ❷ 창고에 들어오지 않았으면 상인도(常人盜)에 대한 율[145]에 따른다.

제10항 **수라간의 물건을 훔치면 대사에서 신이 사용하는 물건을 훔친 죄에 대한 율[146]로 논한다.** ❶ 내의원의 은기(銀器)를 훔친 경우도 같다. ❷ 수라간의 그릇을 임금이 신하에게 내려보낼 때 몰래 훔치면 절도(絶島)에 노비로 영구히 소속시킨다. ❸ 전정(殿庭)에 깔려 있는 전석(磚石)[147]을 파 가면 장(杖) 100 도(徒) 3년이

145 상인도(常人盜)에 대한 율 : 일반인이 창고의 전량이나 그 밖의 물건을 훔치려다가 재물을 얻지 못하면 장 60이고 자자(刺字)는 면해 준다. 단 재물을 얻으면 수범과 종범을 구분하지 않고 병장(倂贓)으로 논죄한다.《大明律 刑律 盜賊 常人盜倉庫錢糧》

146 대사에서……율 : 대사에서 천지 신령이 사용하는 제기(祭器)나 유장(帷帳) 등의 물건을 훔치거나, 제사에 올리는 옥이나 비단, 제물로 바치는 짐승, 제물로 바치는 음식물 따위를 훔치면 모두 참형이다. 즉 신전(神殿) 안에 있거나, 제사 지내는 곳에 이미 올린 물건을 훔치는 것을 이른다. 아직 올리지 않은 물건, 아직 완성되지 않은 물건, 이미 바쳐서 제사를 마친 뒤의 물건 및 기타 관물(官物)이면 모두 장 100 도 3년이다. 장(贓)을 계산하여 본죄(本罪)보다 무거우면 각각 도죄(盜罪)에 1등급을 더한다.《大明律 刑律 盜賊 盜大祀神御物》

147 전석(磚石) : 대궐 뜰에 깔린 박석(礴石)이다.

다.〈속〉 4 수라간의 물건도 경중이 있으므로 그때그때 임금의 뜻을 여쭈어 처리한다.〈증〉

제11항 **궁중 창고의 물건을 훔치면 강도율(强盜律)[148]로 논한다.** 1 고발하여 체포하도록 하면 논상(論賞)한다. 2 각 아문의 은포(銀布)를 훔치거나 관사의 창고에서 도적질하는 경우도 모두 같다. 3 각 관사의 사고(私庫)에 있는 잡물(雜物)을 훔치면 절도율(竊盜律)[149]에 따른다.

제12항 **각 읍에서 상납한 무명이나 베를 각각 5동(同) 이상 훔치면 참형이다.** 1 색리가 모리배와 한통속이 되어 훔치면 포도청에 이송하여 기한을 정해서 독촉하여 받아낸 뒤 형조에 이송하여 조율(照律)한다. 기한이 지나도 납부하지 않으면 탕척(蕩滌)하고 장(贓)을 계산하는 율[150]로 논한다. 만약 수령이 실정을 알

148 강도율(强盜律) : 강도를 행하였으나 재물을 얻지 못하면 모두 장 100 유 3000리이다. 단 재물을 얻으면 수범과 종범을 구분하지 않고 모두 참형이다.《大明律 刑律 盜賊 强盜》

149 절도율(竊盜律) : 절도를 행하였으나 재물을 얻지 못하면 태 50이고 자자(刺字)는 면해 준다. 단, 재물을 얻으면 일주위중(一主爲重)과 병장(倂贓)으로 논죄한다. 종범은 각각 1등급을 줄인다.《大明律 刑律 盜賊 竊盜》

150 장(贓)을 계산하는 율 : 일주위중(一主爲重), 병장(倂贓)의 적용 원칙이다. 일주위중으로 한다는 것은 가령 두 집의 재물을 훔쳐서 가졌을 때 장(贓)이 많은 한쪽 집을 따라 과죄하는 것을 이른다. 병장으로 논한다는 것은 가령 열 사람이 함께 한 집의 재물을 훔쳐 가졌는데 장을 계산하여 40관(貫)이면 비록 각각 4관을 나누어 가졌더라도 통틀어 계산하여 1건으로 삼아 그 열 사람이 각각 40관을 훔친 죄로 보고, 조의자(造意者)는 수범으로 삼아 장

면서도 무명이나 돈에 관한 두 건의 진성장(陳省狀)[151]을 작성하여 보내면 잡아다 심문하고 죄목을 정한다.〈속〉 **2** 사신(使臣) 일행의 방물(方物)을 훔치거나, 청나라에서 물건을 훔치거나, 일본에 도착하여 잡물(雜物)을 훔친 경우에 대한 규정은 아래의 〈금제(禁制)〉 조에 보인다.〈보〉

제13항 **감림(監臨)이나** **1** 중앙과 지방 여러 관사에서 소속 관사를 총괄해서 관할하는 자이다. **주수(主守)** **2** 문서를 주관하여 담당하는 이전(吏典) 및 창고·옥수(獄囚)·잡물 따위를 지키거나 관장하는 관리, 고자(庫子), 두급(斗級), 찬전(攢典), 난두(攔頭), 금자(禁子)이다. **3** 임시로 뽑아 보낸 관령(管領)이나 제조(提調)도 감림, 주수이다.[152] **자신이 창고의 돈이나 식량 등의 물건을 훔치면, 수범과 종범을 구분하지 않고 병장(併贓)으로** **4** 가령 10인이 함께 40관(貫)을 훔치면 비록 각각 나누어 가졌더라도 통틀어 계산하여 각각 40관을 훔친 죄로 처벌한다. **논죄한다.** **5** 1관 이하는 장(杖) 80, 1관을 넘어 2관 500문(文)에 이르면

100이고, 나머지 사람은 종범으로 삼아 각각 1등급을 줄여 장 90에 그치는 따위를 이른다.《大明律 刑律 盜賊 竊盜》

151 무명이나 돈에……진성장(陳省狀) : 1700년(숙종26) 지방의 전세(田稅), 공포(貢布) 등을 상납할 때 방납하는 무리들이 더러는 포(布)로, 더러는 돈으로 두 건의 진성장을 발급받아 서울에 와서 관망하면서 청촉(請囑)하여 이익을 꾀하는 폐단에 대해 각별히 신칙하고, 두 건의 진성장을 만들어 주다가 발각되면 실정을 알고도 죄를 저지른 데 대한 율로 다스리도록 하였다.《承政院日記 肅宗 26年 4月 27日》

152 감림(監臨)이나……주수이다 : 《대명률》 〈명례율〉 칭감림주수(稱監臨主守) 조에 있다.

장 90, 5관이면 장 100, 7관 500문이면 장 60 도(徒) 1년, 10관이면 장 70 도 1년 반, 12관 500문이면 장 80 도 2년, 15관이면 장 90 도 2년 반, 17관 500문이면 장 100 도 3년, 20관이면 장 100 유(流) 2000리, 22관 500문이면 장 100 유 2500리, 25관이면 장 100 유 3000리, 40관이면 참형이다.[153]

제14항 **일반인이 창고의 돈이나 식량을 훔치면 수범과 종범을 구분하지 않고 병장(倂贓)으로 논죄한다.** ❶ 1관(貫) 이하는 장(杖) 70, 1관을 넘어 5관에 이르면 장 80, 10관이면 장 90, 15관이면 장 100, 20관이면 장 60 도(徒) 1년, 25관이면 장 70 도 1년 반, 30관이면 장 80 도 2년, 35관이면 장 90 도 2년 반, 40관이면 장 100 도 3년, 45관이면 장 100 유(流) 2000리, 50관이면 장 100 유 2500리, 55관이면 장 100 유 3000리, 80관이면 교형이다. 재물을 얻지 못하였으면 장 60이다.[154]

제15항 **강도를 행하였는데 재물을 얻지 못하였으면 수범과 종범 모두 장(杖) 100 유(流) 3000리이고, 재물을 얻었으면 수범과 종범 모두 참형이다.** ❶ 약(藥)으로 타인의 정신을 혼미하게 하여 재물을 빼앗으려고 도모하면 죄가 같다.[155] 〈율〉 ❷ 아내와 아들은

153 감림(監臨)이나……참형이다 : 《대명률》 〈형률 도적(盜賊)〉 감수자도창고전량(監守自盜倉庫錢糧) 조에 있다.

154 일반인이……60이다 : 《대명률》 〈형률 도적(盜賊)〉 상인도창고전량(常人盜倉庫錢糧) 조에 있다.

155 강도를……같다 : 《대명률》 〈형률 도적(盜賊)〉 강도(强盜) 조에 있다.

소재 관청의 노비로 영구히 소속시킨다. 고복(考覆)하기 전에 지레 죽거나, 사노비로 본주호(本主戶) 안에 들어 있는 경우 및 출가한 딸은 모두 논하지 않는다.〈경〉〈속〉 **3** 와주(窩主)가 조의(造意)한 경우 자신이 비록 실행하지 않더라도 단지 장(贓)을 나누기만 해도 참형이고, 실행하지 않고 또 장도 나누지 않으면 장 100 유 3000리이다. 공모(共謀)한 자는 실행하되 장을 나누지 않거나 장은 나누되 실행하지 않거나 간에 모두 참형이고, 실행하지 않고 또 장도 나누지 않으면 장 100이다.[156] 〈율〉 **4** 와주로서 형률이 사형에 이르지 않는 자는 장 100을 치고 절도(絶島)의 노(奴)로 삼는다.[157]

제16항 적인(賊人)으로서 14세 이하는 절도(絶島)에 영구히 소속시켜 노(奴)로 삼는다.〈속〉

제17항 강도로서 사형에 해당하지 않는 자[158]가 재범(再犯)을 저지르면 교형이다. **1** 와주(窩主)로서 사형에 해당하지 않는 자가 3범을 저지르면 교형이다.[159]〈경〉

156 와주(窩主)가……100이다 : 《대명률》〈형률 도적(盜賊)〉 도적와주(盜賊窩主) 조에 있다.

157 와주로서……삼는다 : 《경국대전》〈형전 장도(贓盜)〉에서는 와주의 형률이 사형에까지 이르지 않을 경우에는 논죄한 뒤에 '강와(强窩)'라고 자자하고 극변(極邊)으로 전가사변(全家徙邊)한다고 하였다.

158 강도로서……자 : 강도를 행하였으나 재물을 얻지 못한 경우이다.《經國大典註解 後集 刑典 贓盜條》

159 강도로서……교형이다 : 《경국대전》〈형전 장도(贓盜)〉에 있다.

제18항 **밤을 틈타 무리를 모아 인명을 해치면 재물을 얻었는지 여부를 막론하고 부대시참(不待時斬)이다.** ❶ 처자를 노비로 삼는 것은 강도의 예와 같다. ❷ 무리를 모아 길을 가로막고 타인의 재물을 위협하여 빼앗으면 명화적(明火賊)을 처벌하는 율로 논한다. ❸ 비록 횃불을 밝히고 도적질을 했더라도 같이한 무리가 적고, 빼앗은 물건이 많지 않으며, 또 인명을 해치지 않았으면 절도(竊盜)의 예에 따라 절도(絶島)의 노비로 삼는다.〈속〉

제19항 **대낮에 타인의 재물을 창탈(搶奪)하면** ❶ 적은 인원이 흉기 없이 길에서나 개시(開市)에서 재물을 뺏는 것이 창탈이고, 많은 인원이 흉기를 지니고 인가(人家)나 도로를 막론하고 재물을 뺏는 것이 강도이다. **장(杖) 100 도(徒) 3년이다. 장(贓)을 계산하여 무거우면 절도죄(竊盜罪)에 2등급을 더한다. 타인을 상해하면 참형이다. 종범은 각각 1등급을 줄인다.** ❷ 실화(失火)나 배가 운항하다가 바람을 만나 좌초된 틈을 타서 타인의 재물을 창탈하거나 배를 훼손하면 죄가 같다.[160]〈율〉 ❸ 대낮에 시장에서 물건이나 재화를 약탈하면 참형이다. 종범은 종신토록 도배(島配)한다.〈속〉

제20항 **절도를 행하였는데 재물을 얻지 못하였으면 태(笞) 50이고, 재물을 얻었으면 일주위중(一主爲重)과** ❶ 가령 두 집의 재물을

160 대낮에……같다 : 《대명률》 〈형률 도적(盜賊)〉 백주창탈(白晝搶奪) 조에 있다.

훔쳤을 때 장(贓)이 많은 한쪽 집을 따라 처벌하는 것이다. **병장(倂贓)으로 논한다. 종범은 각각 1등급을 줄인다.** ❷ 1관(貫) 이하는 장(杖) 60, 1관을 넘어 10관에 이르면 장 70이고, 10관마다 1등급을 더하여 120관에 이르면 장 100 유(流) 3000리에 그친다.[161] ❸ 와주(窩主)가 조의(造意)한 경우 자신이 비록 실행하지 않더라도 단지 장을 나누기만 해도 수범이고, 실행하지 않고 또 장도 나누지 않으면 종범이며 현장에서 주창하여 도둑질한 자가 수범이다. 와주가 따라 한 경우 실행하되 장을 나누지 않거나, 장은 나누되 실행하지 않으면 그대로 종범으로 논하고, 실행하지 않고 또 장도 나누지 않으면 태 40이다. ❹ 본래 함께 모의하지 않고 서로 우연히 만나 함께 도둑질하면 현장에서 주창하여 절도한 자가 수범이다. ❺ 타인을 약매(略賣)하거나 화유(和誘)한 것[162] 및 강도질하거나 절도한 사실을 알고서 장을 나누면 절도에 준하여 종범으로 논한다. 강도질하거나 절도한 장(贓)인 줄 알고도 고의로 사면 산 물건의 값을 계산하여 좌장(坐贓)으로 논한다. 알고도 장(贓)을 맡으면 1등급을 줄인다. 각각 장(杖) 100에 그친다.[163] ❻ 절도한 현장에서–❶ 재물을 버리지 않은 경우 비록 도주하는 중이라도 체포에

161 절도를……그친다 : 《대명률》 〈형률 도적(盜賊)〉 절도(竊盜) 조에 있다.

162 타인을……것 : 《대명률》 〈형률 도적(盜賊)〉 약인약매인(略人略賣人) 조에 있다.

163 와주(窩主)가……그친다 : 《대명률》 〈형률 도적(盜賊)〉 도적와주(盜賊窩主) 조에 있다.

저항하면 역시 절도한 현장으로 본다.– 체포에 저항하거나 살상하거나, 절도로 인하여 간음하면 –2 미수와 기수를 따지지 않는다.– 참형이다. 함께 훔친 사람이 힘을 보태지 않았거나, 체포에 저항하거나 타인을 살상하거나 간음한 실정을 몰랐으면 절도로 논하는 데 그친다. 실정을 알았으면 비록 힘을 보태지 않았더라도 참형이다.[164] 피해자가 알아차린 것을 알고 재물을 버리고 도주하면서 피해자가 뒤쫓아 오자 체포에 저항하면 죄인거포율(罪人拒捕律)[165]에 따른다.[166] 〈율〉

제21항 **절도를 저지를 때 떼를 지어 도적질한 경우 3인 이상이 장(贓) 1관(貫) 이상을 채웠거나, 2인이 장 2관 이상을 채웠거나, 재범을 저질렀으면 장의 많고 적음을 따지지 않고 수범과 종범 모두 장(杖) 100을 치고 절도(絶島)나 잔읍(殘邑)의 노비로 삼는다.** 〈속〉

제22항 **절도 3범(犯)이면 교형이다.[167]**

164 실정을 알았으면……참형이다 : 도둑질을 공모할 때 일찍이 약속을 정하였으면 실행 전에 이미 그 실정을 알고 악행을 함께 한 것이므로 마땅히 참형으로 처벌한다.《大明律集解附例 1347～1348쪽》

165 죄인거포율(罪人拒捕律) : 죄를 범하고 도주하다가 체포에 저항하면 각각 본죄(本罪)에 2등급을 더하되, 죄는 장 100 유 3000리에 그친다. 사람을 때려 절상(折傷) 이상에 이르면 교형이고, 사람을 죽이면 참형이다. 종범은 각각 1등급을 줄인다.《大明律 刑律 雜犯 罪人拒捕》

166 절도한 현장에서……따른다 :《대명률》〈형률 도적(盜賊)〉 강도(强盜)조에 있다.

167 절도 3범(犯)이면 교형이다 :《대명률》〈형률 도적(盜賊)〉 절도(竊盜)

제23항 **가축을** ❶ 말, 소, 노새, 나귀, 돼지, 양, 닭, 개, 거위, 오리 등이다. **훔치면 절도로 논한다.** ❷ 소나 말을 훔쳐서 죽이면 장(杖) 100 도(徒) 3년이고, 나귀나 노새를 훔쳐서 죽이면 장 70 도 1년 반이다. 장을 계산하여 무거우면[168] 각각 도죄(盜罪)에 1등급을 더한다.[169] 〈율〉 ❸ 무뢰배가 시장에 모여 소나 말을 훔쳐서 도살하면 본율(本律)에 따른다.〈속〉 ❹ 소나 말 따위는 반드시 우리를 벗어나야 하며, 매나 개 따위는 그것을 자기 마음대로 통제할 수 있어야 곧 도(盜)가 성립된다. 기물(器物)이나 금전, 포백 따위는 반드시 옮겨서 훔친 장소에서 벗어나야 도(盜)이며, 주옥(珠玉)이나 보화는 그것을 차지해서 수중에 감추면 비록 아직 가지고 가지 않았더라도 역시 도(盜)이다. 나무나 돌, 무거운 기물처럼 사람의 힘으로 감당할 수 없는 것은 비록 본래 있던 장소에서 옮기더라도 말이나 수레에 싣지 않으면 도(盜)가 성립되지 않는다.[170]

제24항 **논밭의 곡식, 채소, 과일이나 지키는 사람이 없는 기물(器物)을 훔치면 장(贓)을 계산하여 절도에 준하여 논한다.** ❶ 산과 들의 땔나무, 풀, 나무, 돌을 타인이 힘들여 채취하여 쌓아 놓

조에 있다.

168 무거우면 : 본죄(本罪)보다 무거운 것이다. 마소를 훔쳐서 죽인 본죄는 장 100 도 3년, 나귀, 노새를 훔쳐서 죽인 본죄는 장 70 도 1년 반이다.

169 가축을……더한다 : 《대명률》 〈형률 도적(盜賊)〉 도마우축산(盜馬牛畜産) 조에 있다.

170 소나 말……않는다 : 《대명률》 〈형률 도적(盜賊)〉 공취절취개위도(公取竊取皆爲盜) 조에 있다.

았는데 함부로 가져가면 죄가 같다.[171]

제25항 **타인과 싸우거나 죄인을 체포하다가 이로 인하여 재물을 몰래 훔치면 절도에 준하여 논한다.** ❶ 재물을 빼앗아 가면 2등급을 더하되, 죄는 장(杖) 100 유(流) 3000리에 그친다. ❷ 타인을 살상하면 각각 고의로 살상하거나 싸우다가 살상한 예에 따라 논한다.[172]

제26항 **공갈 협박하여 재물을 취하면 절도에 준하여 논하되 1등급을 더한다.** ❶ 기친 이하의 친속 간에 공갈 협박하여 재물을 취하는 경우 비유(卑幼)가 존장을 범하면 일반인으로 논하고, 존장이 비유를 범하면 친속상도율(親屬相盜律)[173]에 따른다.[174]

제27항 **계략을 써서 관(官)이나 개인을 속여 재물을 취하면 절도에**

171 논밭의……같다 : 《대명률》 〈형률 도적(盜賊)〉 도전야곡맥(盜田野穀麥) 조에 있다.

172 타인과……논한다 : 《대명률》 〈형률 도적(盜賊)〉 백주창탈(白晝搶奪) 조에 있다.

173 친속상도율(親屬相盜律) : 따로 사는 친속 간에 재물을 훔치면 기친은 일반인에서 5등급을 줄이고, 대공은 4등급을 줄이고, 소공은 3등급을 줄이고, 시마는 2등급을 줄이고, 무복친은 1등급을 줄인다. 모두 자자(刺字)를 면해 준다. 강도를 행할 경우 존장이 비유(卑幼)를 범하면 또한 각각 위에 의거하여 죄를 줄이며, 비유가 존장을 범하면 일반인으로 논한다. 《大明律 刑律 盜賊 親屬相盜》

174 공갈 협박하여 재물을 취하면……따른다 : 《대명률》 〈형률 도적(盜賊)〉 공혁취재(恐嚇取財) 조에 있다.

준하여 논한다. ❶ 기친 이하의 친속 간에 속이면 친속상도율(親屬相盜律)에 따른다. ❷ 감림(監臨)이나 주수(主守)가 감수(監守)하는 재물을 속여서 취하면 감수자도(監守自盜)[175]로 논한다. 재물을 얻지 못하였으면 2등급을 줄인다.[176]

제28항 타인의 재물을 자기 물건이라고 거짓으로 주장하거나,[177] 교묘한 말로 속여서 취하거나,[178] 교묘한 술책을 부려 속여서 취하거나,[179] 빼앗아서 가지고 가면[180] 절도에 준하여 논한다.[181]

175 감수자도(監守自盜) : 감림(監臨)이나 주수(主守) 자신이 창고의 전량이나 그 밖의 물건을 훔치면 수범과 종범을 구분하지 않고 병장(併贓)으로 논죄한다.《大明律 刑律 盜賊 監守自盜倉庫錢糧》 자세한 내용은 39쪽 주76 참조.

176 계략을……줄인다 :《대명률》〈형률 도적(盜賊)〉 사기관사취재(詐欺官私取財) 조에 있다.

177 자기……주장하거나 : 원문은 '모인(冒認)'인데, 타인의 물건을 자기 물건이라고 거짓 주장하는 것이다. 도망가서 잃어버린 관의 말을 자기 말이라고 하는 것 등이 이에 해당된다.《大明律附例(下) 189쪽》

178 교묘한……취하거나 :《대명률》 원문은 '광잠(誆賺)'인데, 시끄럽고 교묘한 말로 남을 속여 꾀어서 재물을 취하고 돌려주지 않는 것이다.《大明律集解附例 1398쪽》《大明律集說附例 卷6 38張》

179 교묘한 술책을……취하거나 : 원문은 '국편(局騙)'인데, 술책으로 꾄다는 점에서 말로 속이는 광잠(誆賺)과 다르다.《大明律集解附例 1398쪽》 떠들썩하게 도박을 하거나 혹은 승려나 도사가 절이나 도관의 수리를 빙자하여 보시를 구하면서 재물을 착복하는 것 등이 국편에 해당된다.《大明律附例(下) 189쪽》

180 빼앗아서 가지고 가면 : 원문은 '괴대(拐帶)'인데, 남의 재물을 빼앗아 가지고 가는 것 외에 손으로 물건을 잡는 것, 거짓말로 남에게 물건을 대신 부친다고 하고서 보내지 않는 것, 남을 대신해서 물건을 빌리고서 돌려주지 않는 것 등이 이에 해당된다.《大明律集解附例 1398쪽》

181 타인의……논한다 :《대명률》〈형률 도적(盜賊)〉 사기관사취재(詐欺官

제29항 **재물이나 가축을 맡아 두고서 멋대로 소비하거나 사용하면 좌장(坐贓)으로 논하되 1등급을 줄인다. 죽거나 잃어버렸다고 거짓으로 말하면 절도에 준하되 1등급을 줄인다.** ❶ 모두 물건을 추징하여 주인에게 돌려준다. ❷ 수해, 화재, 도적으로 인해 없어졌거나 가축이 병으로 죽었을 경우 확실한 증거가 있으면 논하지 않는다.[182]

제30항 **따로 사는 친속 간에 재물을 훔치면 기친은 일반인에서 5등급을 줄이고, 대공은 4등급을 줄이고, 소공은 3등급을 줄이고, 시마는 2등급을 줄이고, 무복친은 1등급을 줄인다.** ❶ 강도를 행할 경우 존장이 비유(卑幼)를 범하면 위에 의거하여 죄를 줄이며, 비유가 존장을 범하면 일반인으로 논한다. 살상하면 존장이나 비유를 살상한 경우의 본율(本律) - ❶ 살상을 모의하였을 때 처벌하는 율[183]이다. - 을 따르되, 무거운 쪽으로 논한다. ❷ 동거하는 노비나 고공이 가장(家長)의 재물을 훔치거나, 서로 간에 재물을 훔치면 일반적인 도죄(盜罪)에서 1등급을 줄인다. **동거하는 비유가 타인을 끌어들여 자기 집의 재물을 훔치면, 재물을 사사로이 함부로 쓴 예에 따라 2등급을 더하되 장(杖)**

私取財) 조에 있다.

182 재물이나……않는다 : 《대명률》 〈호율 전채(錢債)〉 비용수기재산(費用受寄財産) 조에 있다.

183 살상을……율 : 살인을 모의하면 조의(造意)한 자는 참형이다. 따라 가공(加功)한 자는 교형이고, 따랐으나 가공하지 않은 자는 장 100 유 3000리이다. 죽어야 처벌한다. 《大明律 刑律 人命 謀殺人》

100에 그친다. **3** 타인은 일반적인 도죄(盜罪)에서 1등급을 줄인다. 살상하면 존장이나 비유를 살상한 경우의 본율에 따르고, 타인은 비록 살상의 실정을 알지 못하였더라도 강도로 논한다. 타인이 살상하면 비유가 비록 살상의 실정을 알지 못하였더라도 존장이나 비유를 살상한 경우의 본율에 따르되, 무거운 쪽으로 논한다.[184] [185] 〈율〉

제31항 **강도를 만났는데 관할하는 관리 및 이웃 사람 등이 구하지 않으면 논죄한다.** **1** 도적이 머물러 살고 있는데 가까운 이웃이나 관할하는 사람이 알면서도 고발하지 않으면 무겁게 논죄한다. 〈경〉

제32항 **이서(吏胥)와 군졸(軍卒)로서 적당(賊黨)과 교통(交通)하면 군사 기밀을 누설한 죄에 대한 율[186]로 논한다.** 〈속〉

제33항 **도둑을 잡고 나서 장물(贓物)을 틀어쥐고 관에 보내지 않으**

184 무거운 쪽으로 논한다 : 재물을 사사로이 함부로 쓴 데 대한 죄에 2등급을 더한 죄와 존장이나 비유를 살상한 죄를 견주어 무거운 쪽을 따르는 것이다. 《大清律輯註(下) 604쪽》

185 따로……논한다 : 《대명률》 〈형률 도적(盜賊)〉 친속상도(親屬相盜) 조에 있다.

186 군사……율 : 조정이나 총병장군(總兵將軍)이 군대를 동원하여 외번(外蕃)을 토벌, 습격하거나 반역한 도적의 무리를 붙잡는 등의 기밀에 관계되는 중대한 일을 들어 알고서 멋대로 적에게 누설하면 참형이다. 변방의 장수가 군사상의 중대한 일을 조정에 보고하였는데 이를 누설하면 장 100 도 3년이다. 《大明律 吏律 公式 漏泄軍情大事》

면[187] 태(笞) 40이다. ❶ 자기 것으로 삼으면 불왕법(不枉法)으로 논한다.[188] 〈율〉

제34항 **도둑을 맞으면 잃어버린 물건의 모양과 표식을 상세히 기록하여 관에 신고해서 입안(立案)을 받아 뒷날 참고할 자료로 삼는다.** 〈경〉

제35항 **포도청에서는 죄수의 이름자를 상세히 기록하고, 추핵(推覈)한 날짜를 별도로 써서 문안(文案)을 작성하여 뒷날 참고할 자료로 삼는다.** 〈증〉

제36항 **적인(賊人)을 관찰사가 직접 신문한 다음 문안(文案)을 작성하여 올릴 때 잡도록 지시한 사람과 붙잡은 사람도 조사하여 아뢴다.** ❶ 본토(本土) 사람이 아니면 시행하지 않는다. 고복(考覆)하기 전에 지레 죽으면 논하지 않는다. ❷ 수령을 도적을 잡도록 지시한 사람이나 붙잡은 사람으로 논상(論賞)하는 것은 일절 금한다. 만약 경내(境內)의 사납고 흉악한 도적을 기회를 틈타 체포하는 데 현저한 공이 있으면 가자(加資)한다. ❸ 도적을 잡도록 지시한 사람이나 붙잡은 사람에 대해 토포사(討捕使)와

187 장물(贓物)을……않으면 : 원문은 '극류(剋留)'인데, 체포한 도적의 장물을 있는 수량대로 빠짐없이 관사에 보내지 않고 일부를 남겨 두고서 멋대로 그 수량을 줄여서 보고하는 것이다.《大明律例諺解 卷25 42張》

188 도둑을……논한다 :《대명률》〈형률 수장(守贓)〉 극류도장(剋留盜贓)조에 있다.

수령이 사심에 따라 거짓으로 기록하면 기망한 죄로 논하고 영구히 서용하지 않는다.

제37항 **사납고 극악한 도적은 1명을 체포하더라도 강도 5인을 체포했을 때의 예에 따라 논상(論賞)한다.** ❶ 명화적(明火賊) 5명 이상을 체포하여 자복받아 계문한 경우 처형 여부를 막론하고 잡도록 지시하거나 체포한 자가 출신(出身)이나 한량이면 가자(加資)하고, 공천이나 사천이면 면천(免賤)하고, 향리(鄉吏)나 역리(驛吏)이면 면역(免役)한다. -❶ 면천, 면역이나 수상(受賞)은 본인이 원하는 대로 따른다.- 잡도록 지시하거나 체포한 인원이 1, 2명이면 출신은 6품직으로 천전(遷轉)하고, 양인과 천인은 《경국대전》에 따라 상을 준다.〈속〉 -❷ 강도 1인을 체포하면 면포 50필을 주고, 1인마다 5필을 더하되 100필에 그친다. 세 번 먼저 고발하거나 2인 이상을 체포하면 향리나 천인에게는 50필을 주고, 1인을 체포하면 그 3분의 2를 지급한다. 모두 한꺼번에 지급하여 고르게 나눈다.〈경〉- ❷ 전(錢), 곡(穀)을 보유한 각 관사에서 도둑을 맞으면 잡도록 지시하거나 체포한 사람은 강도를 체포한 예로 논상한다. ❸ 논상할 때에는 잡은 도적과 장(贓)을 아울러 계산하여 지급한다.〈속〉

제38항 **절도한 자나 마소를 죽인 자를 체포해도 논상(論賞)한다.** ❶ 1인을 체포하면 면포 10필을 지급하고, 1인마다 2필을 더하되 50필에 그친다. 5번 먼저 고발하거나 장(贓)이 10관(貫) 이상이면 향리(鄉吏)나 천인에게는 50필을 지급한다. 모두 한꺼번

에 지급하여 고르게 나눈다.〈경〉

제39항 **각 고을의 관속을 조포인(助捕人)으로 별도로 정해서 1년에 체포한 자가 20명 이상이면 논상(論賞)한다.**

제40항 **적인(賊人)과 같은 패거리가 고발하거나 실토하면 죄를 면하고 논상(論賞)한다.** ❶ 은 50냥을 지급한다. 7, 8구(口) 이상이면 가자(加資)하고 은 110냥을 지급한다.

제41항 **사형에 처해야 할 투절(偸竊)을 범하였는데 소공친이 자수하면 사형을 감하여 정배(定配)한다.**〈속〉

제12조 수장(受贓)

제 1 항 **관리가 재물을 받았는데 왕법장**(枉法贓)**이면**[189] **재물을 통틀어 계산하여 전과**(全科)[190]**하고,** ❶ 1관(貫) 이하는 장(杖) 70, 1관을 넘어 5관에 이르면 장 80, 10관이면 장 90, 15관이면 장 100, 20관이면 장 60 도(徒) 1년, 25관이면 장 70 도 1년 반, 30관이면 장 80 도 2년, 35관이면 장 90 도 2년 반, 40관이면 장 100 도 3년, 45관이면 장 100 유(流) 2000리, 50관이면 장 100 유 2500리, 55관이면 장 100 유 3000리, 80관이면 교형이다. ❷ 무록인(無祿人)[191]은 각각 1등급을 줄이되, 120관이면 교형이다. **불왕법장**(不枉法贓)[192]**이면 재물을 통틀어 계산하여 절반으로 처벌한다.** ❸ 1관 이하는 장 60, 1관을 넘어 10관에 이르면 장 70, 20관이면 장 80, 30관이면 장 90, 40관이면 장 100, 50관이면 장 60 도 1년, 60관이면 장 70 도 1년 반, 70관이면 장 80 도 2년, 80관이면 장 90 도 2년 반, 90관이면 장 100 도 3년, 100관이면 장 100 유 2000리, 110관이면 장 100 유 2500리, 120관이면 장 100 유 3000리에 그친다. ❹ 무록인은 각각 1

189 재물을 받았는데 왕법장(枉法贓)이면 : 장(贓)을 받고 또 왕법(枉法)한 두 가지 죄이다.《大清律輯註(下) 855쪽》

190 전과(全科) : 율문에 정해진 형량대로 온전히 과죄하는 것이다.《大明律集說附例 卷1 66張》

191 무록인(無祿人) : 대체로 녹봉이 1섬 이상이면 유록인, 1섬에 미치지 못하면 무록인이다.《大明律集說附例 卷7 82~83張》

192 불왕법장(不枉法贓) : 타인에게서 재물을 받았지만 법에 따라 공정하게 처리한 경우이다.《大清律輯註(下) 855쪽》

등급을 줄인다. **5** 관리가 재물 공여 제안을 받아들이면 비록 그 재물을 수령하지 않았더라도 일이 법을 굽혔으면 왕법에 준하고, 일이 법을 굽히지 않았으면 불왕법에 준하되, 각각 1등급을 줄인다. 법을 굽힌 것이 무거우면 무거운 쪽으로 논한다.[193] [194] **6** 일이 끝난 후에 재물을 받으면 왕법이나 불왕법에 준하여 논한다.[195] **7** 재물로 청탁하여 법을 굽히게 한 자는 준 재물을 계산하여 좌장(坐贓)으로 논한다. 만약 어려운 일을 피하고 쉬운 일을 하게 된 경우[196] 법을 굽힌 바가 무거우면 무거운 쪽으로 논한다.[197] 관리가 핍박하여 재물을 받으면 돈을 준 사람은 처벌하지 않는다.[198] **8** 세사과전(說事過錢)[199]하면 유록인(有祿人)은 돈을 받은 사람의 죄에서 1등급을 줄이고,

193 법을 굽힌……논한다 : 법을 굽힌 죄와 뇌물 공여를 허락한 죄의 경중을 비교하여 무거운 쪽으로 논한다. 《大清律輯註(下) 865쪽》

194 관리가 재물을……논한다 : 《대명률》 〈형률 수장(受贓)〉 관리청허재물(官吏聽許財物) 조에 있다.

195 일이 끝난……논한다 : 《대명률》 〈형률 수장(守贓)〉 사후수재(事後受財) 조에 있다.

196 어려운……경우 : 형량을 낮추는 것뿐 아니라 업무를 경감하거나 회피하는 것, 가령 전량(錢糧)을 보내기 어렵다고 하여 회피한다든가 도적을 체포하기 어렵다고 하여 회피하는 것 등도 이러한 경우에 해당한다. 《大清律輯註(下) 868쪽》

197 어려운……논한다 : 원래 범한 죄의 형량과 재물을 받고 법을 굽힌 경우 그 재물을 계산하여 좌장으로 논한 형량을 비교하였을 때 법을 굽힌 정도가 심하여 원죄보다 형량이 낮아졌다면 원래 부과된 형량에 따라야 한다는 뜻이다. 《大明律講解 436쪽》

198 재물로……않는다 : 《대명률》 〈형률 수장(受贓)〉 유사이재구청(有事以財求請) 조에 있다.

199 세사과전(說事過錢) : 63쪽 주117 참조.

무록인은 2등급을 줄이며 장 100에 그치되, 각각 천사(遷徙)한다. 장(贓)이 있으면 장을 계산하되, 무거운 쪽으로 논한다.[200] 9 풍헌(風憲) 관리가 재물을 받으면 여타 관리의 죄에 2등급을 더한다.[201]

제2항 관리가 일과 관련 없이 재물을 받으면 좌장(坐贓)으로 처벌하되,[202] 받은 재물을 통틀어 계산하여 절반으로 처벌한다.

1 1관(貫) 이하이면 태(笞) 20, 1관을 넘어 10관에 이르면 태 30, 20관이면 태 40, 30관이면 태 50, 40관이면 장(杖) 60, 50관이면 장 70, 60관이면 장 80, 70관이면 장 90, 80관이면 장 100, 100관이면 장 60 도(徒) 1년, 200관이면 장 70 도 1년 반, 300관이면 장 80 도 2년, 400관이면 장 90 도 2년 반, 500관 이상이면 장 100 도 3년에 그친다. 2 재물을 준 사람은 5등급을 줄인다.[203]

200 세사과전(說事過錢)하면……논한다 : 《대명률》〈형률 수장(受贓)〉 관리수재(官吏受財) 조에 있다. 장이 무거우면 장에 따르고, 장이 가벼우면 천사에 따른다. 《大明律集解附例 1752쪽》

201 풍헌(風憲)……더한다 : 《대명률》〈형률 수장(受贓)〉 풍헌관리범장(風憲官吏犯贓) 조에 있다.

202 좌장(坐贓)으로 처벌하되 : 좌장은 본래 장(贓)을 받은 것이 없으나 장으로 처벌하는 것이다. 일과 관련하여 재물을 받은 것은 아니나 죄가 이 장에서 말미암은 것이기 때문에 좌장치죄(坐贓致罪)라고 한다. 《大淸律輯註(上) 227쪽》《官版唐律疏議 389條 坐贓致罪》

203 관리가……줄인다 : 《대명률》〈형률 수장(受贓)〉 좌장치죄(坐贓致罪) 조에 있다.

제3항 장(贓)을 계산하여 죄를 더할 때는 원래 율문에 규정된 수가 차야만 처벌한다. ❶ 가령 40관(貫)에서 10문(文)이 모자라더라도 40관으로 과죄할 수 없는 따위이다.[204]

제4항 감림(監臨) 관리 및 호강(豪强)한 사람이 관할 내의 재물을 요구하거나 빌리면 불왕법(不枉法)에 준하여 논한다. 강제로 하였으면 왕법(枉法)에 준하여 논한다. ❶ 재물은 주인에게 준다.[205]

제5항 자기 물건을 부민(部民)에게 분산하여 팔거나,[206] 싼값으로 물건을 사서 이익을 많이 취하면 여리(餘利)[207]를 계산하여 불왕법(不枉法)에 준하여 논한다. 강제로 하였으면 왕법(枉法)에 준하여 논한다. ❶ 물건과 값은 관에 들이거나 주인에게 준다. ❷ 관리의 집안사람이 돈이나 재물을 요구하여 받거나 빌려 받거나, 매매하면서 이익을 취하는 따위는 각각 2등급을 줄인

204 장(贓)을……따위이다 : 《대명률》 〈명례율(名例律)〉 가감죄례(加減罪例) 조에 있다.

205 감림(監臨)……준다 : 《대명률》 〈형률 수장(受贓)〉 재관구색차대인재물(在官求索借貸人財物) 조에 있다.

206 자기……팔거나 : 자신의 물화를 부민(部民)에게 분산하여 팔고 대금조로 돈을 받아 내는 것을 말한다. 《大明律例諺解 卷25 21張》

207 여리(餘利) : 팔거나 산 물건의 원래 가격 외에 더 받거나 적게 지불한 액수이다. 《大明律附例箋釋 卷23 11張》

다.[208] 관리가 실정을 알았으면 같은 죄이다.[209]

제 6 항 **관할 내에서 물건을 사고 바로 값을 지급하지 않거나, 의복이나 기물을 빌리고서 한 달이 지나도록 돌려주지 않으면 좌장(坐贓)으로 논한다. 마소, 수레, 배, 객점 따위를 빌려 쓰면 날수를 헤아려 고전(雇錢)이나 임전(賃錢)[210]을 계산하여 좌장으로 논한다.** ❶ 값을 추징하여 주인에게 준다.[211]

제 7 항 **관할 내에서 선물로 보낸 토산품을 받으면 태(笞) 40이고, 준 사람은 1등급을 줄인다. 일로 말미암아 받으면 불왕법(不枉法)으로 논한다.** ❶ 친속이나 친구가 선물로 보낸 것에는 이 규정을 적용하지 않는다. ❷ 이전 관할 지역에서 재물을 받거나, 부당하게 요구하거나 빌리는 따위는 관직에 있을 때의 경우에서 3등급을 줄인다. ❸ 사신으로 나간 사람이 파견되어 간 곳에서 재물을 부당하게 요구하거나, 빌리거나, 물건을 매매하여 이익을 취하거나, 보내온 선물을 받는 따위는 감림(監臨) 관리의 죄

208 2등급을 줄인다 : 본래 감림관이 재물을 받는 죄에서 2등급을 줄이는 것이다. 《大明律集解附例 1778~1779쪽》

209 자기……죄이다 : 《대명률》 〈형률 수장(受贓)〉 재관구색차대인재물(在官求索借貸人財物) 조에 있다.

210 고전(雇錢)이나 임전(賃錢) : 고전은 마소 등을 빌렸을 때의 고각전(雇脚錢) 즉 품삯이고, 임전은 수레, 배 등을 빌렸을 때의 임치전(賃直錢) 즉 사용료이다. 《大明律附例箋釋 卷23 12張》

211 관할……준다 : 《대명률》 〈형률 수장(受贓)〉 재관구색차대인재물(在官求索借貸人財物) 조에 있다.

와 같다. 풍헌(風憲) 관리가 살펴 다스리는 곳에서 이를 범하면 여타 관리의 경우에 2등급을 더한다.[212]

제8항 **유사(有司) 관리가 공무(公務)로 인해 함부로 소속 백성의 재물을 과렴(科斂)[213]하면 장(杖) 60이다. 장(贓)이 무거우면 좌장(坐贓)으로 논한다. 자기 것으로 들이면 왕법(枉法)으로 논한다.** 1 공무로 인한 것이 아니면 불왕법(不枉法)으로 논한다.[214]

제9항 **장물 액수를 계산할 때 사실대로 하지 않아서 죄가 가볍거나 무겁게 되면, 고의로 타인의 죄를 가볍게 하거나 무겁게 한 죄로 논한다.** 1 재물을 받으면 왕법(枉法)으로 보되, 무거운 쪽으로 논한다.[215]〈율〉

212 관할 내에서……더한다 : 《대명률》〈형률 수장(受贓)〉 재관구색차대인재물(在官求索借貸人財物) 조에 있다.

213 과렴(科斂) : 사람들에게 분배하여 거두어들이는 것이다. 《大清律輯註(下) 880쪽》

214 유사(有司)……논한다 : 《대명률》〈형률 수장(受贓)〉 인공천과렴(因公擅科斂) 조에 있다.

215 장물……논한다 : 《대명률》〈호율 시전(市廛)〉 시사평물가(市司評物價) 조에 있다.

제13조 간범(姦犯)

제 1 항 **화간(和姦)[216]은 장(杖) 80,** ❶ 남편이 있으면 장 90이다. **조간(刁姦)[217]은 장 100이다. 강간(强姦)은** ❷ 시작은 강간이었으나 끝에 화간이 이루어지면 강간이 아니다. **교형이고, 미수에 그치면 장 100 유(流) 3000리이다.** ❸ 12세 이하를 간음하면 비록 화간이더라도 강간과 같게 논한다. ❹ 화간이나 조간은 남자와 여자가 같은 죄이다. 간음하여 낳은 아들이나 딸은 간부(姦夫)에게 맡겨 거두어 기르게 한다. 간부(姦婦)는 남편의 뜻에 따라 시집보내거나 팔되, 남편이 머물러 있기를 원하면 들어준다. 간부(姦夫)에게 시집보내거나 팔면 간부(姦夫)와 본부(本夫)는 장 80이고, 부인(婦人)은 이혼시켜 친정으로 돌려보낸다. 강간이면 부녀(婦女)는 처벌하지 않는다. 중개하거나 장소를 제공하여 통간(通姦)하게 한 –❶ 갑(甲)이 부녀(婦女)를 데리고 병(丙)의 집에 와서 정(丁)과 통간하게 하면 갑이 중개한 것이고 병이 장소를 제공하여 통간하게 한 것이다.– 자는 범인의 죄에서 1등급을 줄인다. ❺ 간음 현장에서 붙잡은 것이 아니거나, 간음하였다고 지칭만 하면 논하지 않는다. 간부(姦婦)가 임신하면 간

216 화간(和姦) : '화(和)'는 남자와 여자가 서로 원하는 것이다.《大明律集解附例 1836쪽》

217 조간(刁姦) : 간부(姦夫)가 간부(姦婦)를 속이거나 꾀어 다른 장소로 나오게 한 다음 통간(通姦)하는 것이다. 이 역시 화간이다.《大清律輯註(下) 912쪽》

부 본인만 처벌한다.[218] 〈율〉

제2항 **사족(士族)의 처나 딸을** ❶ 첩이나 첩의 딸도 같다. **겁탈하면 간음하였는지 미수에 그쳤는지 논하지 않고 수범과 종범은 부대시참(不待時斬)이다.** ❷ 상인(常人)이나 천인 여자를 겁탈하여 간음이 이루어졌으면 수범은 교형이고, 종범은 종신토록 극변(極邊)에 노(奴)로 삼는다. 미수에 그쳤으면 장(杖) 100 유(流) 3000리이다.

제3항 **대낮에 장시(場市)에서 겁간하면 참형이다.** ❶ 종범은 종신토록 도배(島配)한다. 〈속〉

제4항 **동종(同宗)의 무복친 및 무복친의 처와 간음하면 각각 장(杖) 100이고, 의붓딸이면 1등급을 더한다. 시마** ❶ 아버지 쪽과 어머니 쪽의 유복친이다. **이상의 친속 및 시마 이상 친속의 처, 처의 전남편의 딸과 간음하면 각각 장 100 도(徒) 3년이고,[219] 강간하면 참형이다. 종조조모(從祖祖母), 종조조고(從祖祖姑), 종조백숙모(從祖伯叔母), 종조백숙고(從祖伯叔姑), 사촌누이, 어머니의 자매 및 형제의 처, 형제 아들의 처와 간음하면 각각 교형이고, 강간하면 참형이다. 아버지나 할아버지의**

218 화간(和姦)은……처벌한다 : 《대명률》 〈형률 범간(犯姦)〉 범간(犯姦) 조에 있다.

219 시마 이상의……3년이고 : 화간(和姦), 조간(刁姦), 남편의 유무를 구분하지 않고 각각 장 100 도 3년이다. 《大明律附例(下) 440쪽》

첩, 백모, 숙모, 고모, 누이, 아들이나 손자의 부인, 형제의 딸과 간음하면 각각 참형이고, 걸양(乞養)한 아들이나 손자의 부인이면 1등급을 줄인다. ❷ 첩이면 각각 1등급을 줄인다. 강간하면 교형이다.220 〈율〉

제5항 **사족(士族)이 시마 이상의 친속 및 시마 이상 친속의 처와 간음하면 부대시교(不待時絞)이고, 대공 이상 친속의 양인 첩이면 교형이다. 상인(常人)이나 천인이 장모와 간음하면 참형, 어머니는 같고 아버지가 다른 누이이면 교형, 사촌 형제의 처이면 장(杖) 100 유(流) 3000리이다.** ❶ 남자와 여자가 같다. 강간하면 남자는 참형이고, 여자는 처벌하지 않는다.

제6항 **사족(士族) 부녀(婦女)가 음란하고 방탕한 짓을 자행하여 풍교를 어지럽고 문란하게 하면 간부(姦夫)와 아울러 교형이다.** ❶ 곤궁하여 스스로 살아갈 수 없어서 길에 떠돌아다니며 구걸하면서 남에게 몸을 의탁하는 경우는 그 처지가 상인(常人)이나 천인과 다르지 않으므로 간부(姦夫)와 아울러 추문(推問)하지 않는다. 〈속〉

제7항 **노(奴)나 고공(雇工)이 가장의 처나 딸과 간음하면 각각 참형, 가장의 기친이나 기친의 처와 간음하면 교형이다.** ❶ 부녀(婦

220 동종(同宗)의……교형이다 : 《대명률》 〈형률 범간(犯姦)〉 친속상간(親屬相姦) 조에 있다.

女)는 1등급을 줄인다. **시마 이상 친속이나 시마 이상 친속의 처와 간음하면 장(杖) 100 유(流) 2000리[221]이고, 강간하면 참형이다.** ❷ 첩은 각각 1등급을 줄인다. 강간하면 참형이다.[222] 〈율〉

제8항 비부(婢夫)가 처상전(妻上典)과 간음하면 남녀 모두 부대시참(不待時斬)이다. ❶ 강간이면 여자는 처벌하지 않는다. 미수에 그쳤으면 남자는 대시참(待時斬)이다. ❷ 여항인(閭巷人)의 비부는 아내를 얻어 주인집에서 살면 고공(雇工)과 같은 것으로 논한다.〈속〉

제9항 부모나 남편의 상중(喪中)인 사람, 승니(僧尼)나 도사(道士)가 간음을 범하면 일반인이 범한 간음죄[223]에 2등급을 더한다. ❶ 함께 간음한 자는 일반인이 범한 간음죄로 논한다.[224] 〈율〉

제10항 궁녀가 외부 사람과 통간(通姦)하면 남녀 모두 부대시참(不待

221 장(杖) 100 유(流) 2000리 : 대명률에는 장 100 유 3000리로, 직해에는 장 100에 원류(遠流)로 되어 있다. 《大明律 刑律 犯姦 奴及雇工人姦家長妻》

222 노(奴)나……참형이다 : 《대명률》 〈형률 범간(犯姦)〉 노급고공인간가장처(奴及雇工人姦家長妻) 조에 있다.

223 일반인이 범한 간음죄 : 화간(和姦)하면 장 80, 남편이 있으면 장 90, 조간(刁姦)하면 장 100이다. 강간(强姦)하면 교형이고, 미수에 그치면 장 100 유 3000리이다. 《大明律 刑律 犯姦 犯姦》

224 부모나……논한다 : 《대명률》 〈형률 범간(犯姦)〉 거상급승도범간(居喪及僧道犯姦) 조에 있다.

時斬)**이다.** ❶ 임신하였으면 출산 때까지 기다리며, 출산한 뒤 100일이 지난 뒤에 처벌하는 예(例)는 적용하지 않는다.〈속〉

제11항 **사채(私債)를 타인의 처첩이나 자녀로 준절(準折)하고,**[225] **그로 인해 간음하여 차지하면 교형이다.** ❶ 사람은 가족에게 돌려주고, 사채는 추징을 면해 준다.[226]

제12항 **관리가 수금(囚禁)되어 있는 부인(婦人)과 간음하면** ❶ 화간(和姦)과 조간(刁姦)을 구분하지 않는다. **장(杖) 100 도(徒) 3년이고,** ❷ 수금된 부인은 원죄(原罪)만 처벌한다. **부민(部民)의 처나 딸과 간음하면 일반인이 범한 간음죄에 2등급을 더한다.** ❸ 부녀(婦女)는 일반인이 범한 간음죄로 논한다.[227]

제13항 **호강(豪强)하고 세력 있는 사람이 양가(良家)의 처나 딸을 강탈하여 간음하고 차지해서 처나 첩으로 삼으면 교형이다.** ❶

225 사채(私債)를……준절(準折)하고 : 타인의 처첩이나 자녀로 준절하면 장 100이다.《大明律 戶律 錢債 違禁取利)》'준절'은 본래의 재물이 아닌 다른 재물로 바꾸어 지급하는 것이다. 채무자에게 갚을 돈이 없을 때 채무자와 채권자가 환산 비율, 즉 준절을 정하여 가축이나 전택(田宅)으로 바꾸어 갚을 것을 합의하는데, 재물이 아닌 사람으로 준절하면 장 100이다.《大明律例諺解 卷13 8張》

226 사채(私債)를……준다 :《대명률》〈호율 전채(錢債)〉 위금취리(違禁取利) 조에 있다.

227 관리가……논한다 :《대명률》〈형률 범간(犯姦)〉 간부민처녀(姦部民妻女) 조에 있다.

여자는 가족에게 돌려준다. ❷ 가인(家人)[228]에게 짝지어 준 경우도 죄가 같다. 남자와 여자는 처벌하지 않는다.[229]

제14항 **처나 첩이 타인과 간음하는 것을 묵인하면 본부(本夫), 간부(姦夫), 간부(姦婦) 모두 장(杖) 90이다. 처첩이나 걸양(乞養)한 딸을 억압하고 강제하여 타인과 간음하게 하면 본부(本夫)·의부(義父)는 장 100, 간부(姦夫)는 장 80이다.** ❶ 부녀(婦女)는 처벌하지 않는다. ❷ 친딸이나 아들·손자의 부(婦)·첩이 타인과 간음하는 것을 묵인하거나 억압하고 강제한 경우도 죄가 같다. 재물을 써서 매휴(買休)하거나 매휴(賣休)하여 타인의 처를 화취(和娶)하면[230] 본부(本夫)와 본부(本婦) 및 매휴(買休)한 사람은 장 100이다. 부인은 이혼시켜 친정으로 돌려보내고, 혼인 예물은 관에 들인다. 매휴(買休)한 사람이 부인과 함께 계략을 꾸며 본부(本夫)에게 아내를 버리도록 억지로 강요한 경우 본부(本夫)는 매휴(賣休)한 실정이 없으면 처벌하지 않고, 매휴(買休)한 사람과 부인은 장 60 도(徒) 1년이고, 부인은 남편의 뜻

228 가인(家人) : 한집안 사람으로, 예를 들어 형이나 아우, 아들이나 손자, 노비 따위가 모두 이에 해당한다. 《大明律集解附例 1777쪽》

229 호강(豪强)하고……않는다 : 《대명률》 〈호율 혼인(婚姻)〉 강점양가처녀(强占良家妻女) 조에 있다.

230 매휴(買休)하거나……화취(和娶)하면 : 휴(休)는 이(離)이다. 간부(姦夫)가 재물을 사용하여 남편에게 사서 그 처를 이혼시키는 것이 '매휴(買休)'이고, 본부(本夫)가 간부의 재물을 받고 처와 이혼하는 것이 '매휴(賣休)'이다. 이를 통하여 취해 처로 삼는 것이 '화취(和娶)'이다. 《大明律集解附例 1840~1841쪽》

에 따라 시집보내거나 판다. 첩이면 1등급을 줄인다. 중매인은 각각[231] 범인의 죄에서 1등급을 줄인다.[232]

제15항 **자신을 속여서 간음하였다고 며느리가 시아버지를 무함하여 증언하거나, 제부(弟婦)가 남편의 형을 무함하여 증언하면 참형이다.** 1 형수가 남편의 동생이나 시마 이상 친속이 간음했다고 무함하여 증언하면 무고율(誣告律)에 따른다.[233]

제16항 **간음한 일을 사화(私和)하면 범인의 죄에서 2등급을 줄인다.**[234] 〈율〉

231 각각 : 타인의 처를 자신의 처로 삼은 경우와 본부(本夫)에게 아내를 버리도록 억지로 강요한 경우이다. 《大淸律輯註(下) 917쪽》

232 처나……줄인다 : 《대명률》 〈형률 범간(犯姦)〉 종용처첩범간(縱容妻妾犯姦) 조에 있다.

233 자신을……따른다 : 《대명률》 〈형률 범간(犯姦)〉 무집옹간(誣執翁姦) 조에 있다.

234 간음한……줄인다 : 《대명률》 〈형률 범간(犯姦)〉 범간(犯姦) 조에 있다.

제14조 매리(罵詈)

제 1 항 **타인을 능욕하면** ❶ 나쁜 말로 능욕하는 것을 매(罵), 더러운 말로 서로 헐뜯는 것을 이(詈)라 한다. **태(笞) 10이며, 서로 능욕하면 각각 태 10이다.**[235]

제 2 항 **조부모나 부모를 능욕하면 교형이다.** ❶ 직접 고발해야 처벌한다. 아래 고공(雇工)에 이르기까지[236] 모두 같다. **형이나 누나이면 장(杖) 100이고, 백숙부, 백숙모, 고모, 외조부, 외조모이면 각각 1등급을 더한다. 시마인** ❷ 아버지 쪽과 어머니 쪽의 유복친이다. **형이나 누나이면 태(笞) 50, 소공이면 장 60, 대공이면 장 70이다.** ❸ 존속(尊屬)은 각각 1등급을 더한다. **처부모이면 장 60이다.**[237]

제 3 항 **처나 첩이** ❶ 남편이 죽어 개가한 경우도 같다. **남편의 조부모나 부모를 능욕하면 교형이다.**[238] **기친 이하, 시마 이상의 존**

235 타인을……10이다 : 《대명률》 〈형률 매리(罵詈)〉 매인(罵人) 조에 있다.

236 아래 고공(雇工)에 이르기까지 : 본조 6항까지의 조문이다.

237 조부모나……60이다 : 《대명률》 〈형률 매리(罵詈)〉 매조부모부모(罵祖父母父母) 조, 매존장(罵尊長) 조, 처첩매부기친존장(妻妾罵夫期親尊長) 조에 있다.

238 처나……교형이다 : 《대명률》 〈형률 매리(罵詈)〉 매조부모부모(罵祖父母父母) 조에 있다.

장이면 남편이 존장을 능욕한 죄[239]**와 같다.**[240]

제 4 항 **첩이 남편이나 처를 능욕하면 장(杖) 80이다.** ❶ 처가 남편을 능욕하면 태(笞) 40이다.[241]

제 5 항 **노비가 가장을 욕하면**〈율〉 ❶ 옛 가장이면 2등급을 줄인다.〈경〉 **교형이고, 가장의 기친이나 외조부모이면 장(杖) 80 도(徒) 2년, 대공이면 장 80, 소공이면 장 70, 시마이면 장 60이다.**[242]

제 6 항 **고공(雇工)이 가장을 능욕하면**〈율〉 ❶ 옛 가장이면 2등급을 줄인다.〈경〉 **장(杖) 80 도(徒) 2년이고, 가장의 기친이나 외조부모이면 장 100, 대공이면 장 60, 소공이면 태(笞) 50, 시마이면 태 40이다.**[243]〈율〉 ❷ 비부(婢夫)가 처상전(妻上典)을 능욕하면 장 80 도 2년이고, 처를 얻어 주인집에서 사는 경우가 아니면 장 100이다.〈보〉

239 남편이 존장을……죄 : 시마친인 형이나 누나를 욕하면 태 50, 소공이면 장 60, 대공이면 장 70이다. 존속(尊屬)은 각각 1등급을 더한다.《大明律 刑律 罵詈 罵尊長》

240 기친……같다 :《대명률》〈형률 매리(罵詈)〉 처첩매부기친존장(妻妾罵夫期親尊長) 조에 있다.

241 첩이……40이다 :《대명률》〈형률 매리(罵詈)〉 처첩매부기친존장(妻妾罵夫期親尊長) 조에 있다.

242 노비가……60이다 :《대명률》〈형률 매리(罵詈)〉 노비매가장(奴婢罵家長) 조에 있다.

243 고공(雇工)이……40이다 :《대명률》〈형률 매리(罵詈)〉 노비매가장(奴婢罵家長) 조에 있다.

제 7 항 **소재지 관리가 제사(制使)[244]를 능욕하거나, 부민(府民)이 지부(知府)·지주(知州)·지현(知縣)을 능욕하거나, 군사가 자신을 관할하는 지휘(指揮)·천호(千戶)·백호(百戶)를 능욕하거나, 이졸(吏卒)이 자신이 속한 부(部)의 5품 이상 장관을 능욕하면 장(杖) 100이고, 이졸이 6품 이하 장관을 능욕하면 장 70이다.**[245] 〈율〉 〈보〉 **1** 사리(事理)가 몹시 패악하면 장 100 도(徒) 3년이고, 다른 아문의 장관을 능욕하면 각각 1등급을 줄인다. 상인(常人)이나 천인이 품계가 있는 잡기관(雜岐官) 및 품계가 없는 사족(士族)을 능욕하면 장 60이고, 사리가 중하면 장 60 도 1년이다. 만약 허구로 날조하여 무소(誣訴)하면 일반인의 경우에 비해 등급을 더하여 논한다. 〈보〉 **2** 수령관(首領官) 및 통속관(統屬官)이 5품 이상 장관을 능욕하면 장 80이고, 6품 이하 장관이면 3등급을 줄인다. 좌이관(佐貳官)이 장관을 능욕하면 또 각각 2등급을 줄인다. **3** 모두[246] 능욕하는 말을 관리가 직접 들어야 처벌한다.[247] 〈율〉

제 8 항 **아래 직위의 관리가 다음 등급의 상급 관원을 능욕하면 타인**

244 제사(制使) : 황제의 명을 받들어 지방으로 나간 사신이다. 《大明律 刑律 人命 謀殺制使及本管長官》

245 소재지……70이다 : 《대명률》 〈형률 매리(罵詈)〉 매제사급본관장관(罵制使及本管長官) 조에 있다.

246 모두 : 본항 소주 **2**의 수령관(首領官) 및 통속관(統屬官)이 5품 이상, 6품 이하의 장관을 능욕하거나 좌이관(佐貳官)이 장관을 능욕하는 경우이다.

247 수령관(首領官)……처벌한다 : 《대명률》 〈형률 매리(罵詈)〉 좌직통속매장관(佐職統屬罵長官) 조에 있다.

을 능욕했을 때 처벌하는 율[248]에 1등급을 더하고, 두 등급 높은 관원이면 또 차례대로 1등급을 더하되 장(杖) 100에 그친다. 〈경〉 **1** 공무로 차출되어 지방에 있으면서 수어관(守禦官) 및 지부(知府)·지주(知州)를 업신여기고 모욕하면 장 60이다. 교위(校尉)가 범하면 장 70이고, 금자(禁子)가 범하면 장 80이다.[249] 〈율〉

제 9 항 **왕자나 대신(大臣)에게 더럽고 잡스러운 욕을 하면 변원(邊遠)에 충군(充軍)한다.** 〈속〉

248 타인을……율 : 타인을 능욕하면 태 10이고, 서로 능욕하면 각각 태 10이다.《大明律 刑律 罵詈 罵人》

249 공무로……80이다 :《대명률》〈예율 의제(儀制)〉 공차인원기릉장관(公差人員欺陵長官) 조에 있다.

제15조 살상(殺傷)

제 1 항 **다투다가 때리는 경우** ❶ 서로 말로 다투는 것이 투(鬪)이며, 서로 때리는 것이 구(毆)이다.[250] **손이나 발로 타인을 때렸는데 상해를 입히지 않았으면 태(笞) 20이고, 상해를 입혔거나** ❷ 맞은 곳의 피부가 푸르거나, 붉거나, 부어오르면 상해가 된다. **다른 물건으로** ❸ 병기(兵器)일 경우 날을 쓰지 않으면 또한 이에 해당한다.[251] **타인을 때렸는데 상해를 입히지 않았으면 태 30, 상해를 입혔으면 태 40이다.**[252]

제 2 항 **머리카락을 뽑았는데 그 부위가 사방 1치 이상이면 태(笞) 50이다.**[253]

제 3 항 **피가 귀나 눈에서 흘러나오거나 내상으로 피를 토하면 장(杖) 80이다.**[254]

250 서로 말로……구(毆)이다 : 투(鬪)는 말로 다투면서 서로 붙잡고 몸싸움을 하였으나 때리는 데는 이르지 않는 것이고, 구(毆)는 손이나 발로 서로 때리는 것이다. 《大清律輯註(下) 718쪽》

251 병기(兵器)일……해당한다 : 날을 쓰지 않고 손잡이로 사람을 때린 경우 등이 이에 해당한다. 만약 날을 사용하면 칼날로 타인을 상해하였을 때의 율에 따라 장 80 도 2년이다. 《律條疏議(下) 331쪽》

252 다투다가……40이다 : 《대명률》 〈형률 투구(鬪毆)〉 투구(鬪毆) 조에 있다.

253 머리카락을……50이다 : 《대명률》 〈형률 투구(鬪毆)〉 투구(鬪毆) 조에 있다.

254 피가……80이다 : 《대명률》 〈형률 투구(鬪毆)〉 투구(鬪毆) 조에 있다.

제 4 항 **오물로 타인의 머리나 얼굴을 더럽히면 장(杖) 80이다.**[255]

제 5 항 **타인의 치아 1개나** ❶ 이 이하가 모두 절상(折傷)이다.[256] **손가락·발가락 1개를 부러뜨리거나, 한쪽 눈을 다치게 하거나,**[257] **귀나 코를 도려내어 훼손하거나,** ❷ 완전히 도려내면 충군(充軍)한다. **뼈에 금이 가게 하거나,**[258] **끓는 물이나 불, 구리물·쇳물로 타인을 상해하면 장(杖) 100이다.**[259]

제 6 항 **오물을 타인의 입이나 코 안에 부어 넣으면 장(杖) 100이다. 타인의 치아 2개나 손가락·발가락 2개 이상을 부러뜨리거나, 머리카락을 뽑거나 깎으면** ❶ 다 뽑아 버린 것이다. **장 60 도(徒) 1년이다. 갈비뼈를 부러뜨리거나, 두 눈을 다치게 하거나, 태아를 낙태하거나, 칼날로 타인을 상해하면 장 80 도 2년이다.** ❷ 태아를 낙태하였을 때 처벌한다는 것은 보고 기한(保辜期限) 이내이거나 태아가 90일 이상이어서 형체를 이루어야[260] 처벌하는 것을 이르며, 보고 기한이 지났거나 태아가 90일 미

255 오물로……80이다 : 《대명률》〈형률 투구(鬪毆)〉 투구(鬪毆) 조에 있다.

256 이……절상(折傷)이다 : 치아 1개를 부러뜨리는 것부터 구리물, 쇳물로 타인을 상해하는 경우까지 모두 절상이다.

257 눈을 다치게 하거나 : 눈을 상해하여 시력을 약하게 한 것으로 완전히 멀게 만든 것은 아니다. 《大明律附例箋釋 卷20 2張》

258 뼈에……하거나 : 뼈가 끊어지지도 않고, 부러지지도 않은 것이다. 《大明律附例(下) 265쪽》

259 타인의……100이다 : 《대명률》〈형률 투구(鬪毆)〉 투구(鬪毆) 조에 있다.

260 90일……이루어야 : 태아의 모습이 1개월 때는 이슬 같고, 2개월 때는 복숭아꽃 같고, 3개월 때 남녀가 구분된다고 하였다. 《大明律附例(下) 268쪽》

만이어서 아직 형체를 이루지 않았으면, 때려서 상해를 입힌 경우 처벌하는 본율(本律)로 논죄한다. –❶ 내상으로 피를 토하게 한 경우이다. –[261] [262]〈율〉 ❸ 이미 형체를 이루었다는 것은 머리, 이목구비, 손발톱이 완전히 만들어지고 또 탯줄도 있는 경우이며, 아직 형체를 이루지 않았다는 것은 살점이 한 조각 혹은 한 덩이인 상태이다.〈무원〉

제 7 항 **지체(肢體)[263]를 부러뜨리거나 어긋나게 하거나, 한쪽 눈을 멀게 하면 장(杖) 100 도(徒) 3년이다.** ❶ 눈동자를 도려내어 눈을 멀게 하면 충군(充軍)한다.[264]

제 8 항 **타인의 두 눈을 멀게 하거나, 두 팔이나 두 다리를 부러뜨리거나, 타인의 신체 두 곳 이상을 손상하거나, 본래 있던 질환으로 인하여 독질(篤疾)[265]에 이르게 하거나,** ❶ 예전에 한쪽 눈이 멀어 잔질(殘疾)이었고, 앞서 다리 하나가 부러져 폐질(癈疾)[266]이었는데, 다시 한쪽 눈을 멀게 하거나 혹은 다리 하나를 부러

261 내상으로……경우이다 : 태아가 90일이 되지 않았으면, 내상으로 피를 토하게 한 죄인 장 80으로 처벌한다.《大明律附例(下) 268쪽》

262 오물을……경우이다 :《대명률》〈형률 투구(鬪毆)〉 투구(鬪毆) 조에 있다.

263 지체(肢體) : 지(肢)는 손이나 발, 체(體)는 허리나 목이다.《大淸律輯註(下) 717쪽》

264 지체(肢體)를……충군(充軍)한다 :《대명률》〈형률 투구(鬪毆)〉 투구(鬪毆) 조에 있다.

265 독질(篤疾) : 21쪽 주23 참조.

266 폐질(癈疾) : 29쪽 주58 참조.

뜨려 독질이 되게 하는 것이다. **혀를 자르거나, 음양(陰陽)을 훼손하여 못 쓰게 하면[267] 장(杖) 100 유(流) 3000리이다.** ❷ 범인의 재산 절반을 주어 먹고살게 한다. ❸ 함께 모의하고 같이 때렸으면 직접 때려 중상을 입힌 사람이 중죄(重罪)이며, 처음 모의한 사람은 1등급을 줄인다. 서로 때렸으면 각각 상해의 경중을 조사하여 죄목을 정한다. 나중에 때렸는데 이치에 옳으면 2등급을 줄인다. 사망에 이르거나, 형이나 누나, 백부나 숙부를 때리면 줄이지 않는다.[268] 〈율〉 ❹ 함께 때렸는데 수범이 신체 한 곳을 손상한 뒤 종범이 또 신체 한 곳을 손상하면 수범은 한 곳을, 종범은 두 곳을 손상한 것으로 논한다.[269] 〈율〉 〈보〉

제9항 **다투다 때려 살인하면 교형이다.** ❶ 함께 모의하여 같이 사람을 때렸는데 죽게 되면 치명상을 중하게 여겨서 직접 때린 사람은 교형, 처음 모의한 사람은 장(杖) 100 유(流) 3000리, 나

267 음양(陰陽)을……하면 : 남자의 음경을 자르거나 고환을 파손하거나, 여자의 음문(陰門)을 도리에 어긋나게 훼손하는 것이다.

268 타인의 두……않는다 : 《대명률》 〈형률 투구(鬪毆)〉 투구(鬪毆) 조에 있다.

269 함께 때렸는데……논한다 : 예를 들어 갑과 을이 함께 모의하여 타인을 때렸는데, 갑이 원래 모의하였고 또 먼저 때려 팔이나 다리 한 곳을 부러뜨리거나 어긋나게 하였고, 을은 종범으로 나중에 때려 한쪽 눈을 멀게 하였다면 갑이 수범으로 먼저 한 곳을 손상하였고, 을이 나중에 때려 두 곳이 손상된 것이다. 이때 수범은 타인의 지체를 부러뜨리거나 어긋나게 하거나 한쪽 눈을 멀게 한 경우에 해당되므로 장 100 도 3년이고, 종범은 본래 있던 질환으로 인하여 독질에 이르게 한 경우로 보아 장 100 유 3000리이다. 《大明律講解 刑律 鬪毆 鬪毆》

머지 사람은 장 100이다.[270]

제10항 **고살(故殺)이면** ❶ 살의가 마음에 생겨 곧바로 가서 죽인 것이다. **참형이다.**

제11항 **고의로 독충을 사용하여 타인을 물게 하여 상해하면 다투다가 때려 상해를 입힌 경우로 논하고, 죽게 되면 참형이다.**[271]

제12항 **이물질[272]을 타인의 귀나 코 같은 구멍에 넣거나, 고의로 타인의 의복이나 음식을 없애 버려서** ❶ 가령 추운 날인데 의복을 벗기거나, 굶주리고 목마른 상태인데 음식을 끊고 주지 않거나, 높은 곳에 올라갔는데 사다리를 치우거나, 말을 탔는데 고삐를 없애는 따위이다. **타인을 상해하면 장(杖) 80이고,** ❷ 잔질(殘疾)이나 폐질(癈疾)에 이르게 하면 장 100 도(徒) 3년, 독질(篤疾)에 이르게 하면 장 100 유(流) 3000리이다. 범인의 재산 절반을 독질이 된 사람에게 주어서 먹고살게 한다. **죽게 되**

270 다투다……100이다 : 《대명률》〈형률 투구(鬪毆)〉 투구급고살인(鬪毆及故殺人) 조에 있다.

271 고의로……참형이다 : 《대명률》〈형률 인명(人命)〉 병거인복식(屛去人服食) 조에 있다. 독충으로 인해 피부가 푸르거나 붉거나 부어오르게 만들면 다른 물건으로 인해 상해를 입힌 것으로 보아 태 40이다. 《大明律附例箋釋 卷19 13張》

272 이물질 : 사람을 상해할 수 있는 일체의 물건으로, 모래·돌·바늘·쇠붙이 따위이다. 《大明律釋義 卷19 10張》

면 교형이다.[273]

제13항 사람을 죽이려고 모의하는 데 조의(造意)[274]**한 자는 참형, 따라서 힘을 보탰으면** ❶ 직접 사람을 죽이거나, 포위하여 협박하는 것을 도와 도망갈 수 없게 만든 따위이다. **교형이며, 따랐으나 힘을 보태지 않았으면 장(杖) 100 유(流) 3000리이다. 상해하였으나 죽지 않았으면 조의한 자는 교형, 힘을 보탰으면 장 100 유 3000리, 힘을 보태지 않았으면 장 100 도(徒) 3년이다. 모의하고 실행에 옮겼으나 타인에게 상해를 입히지 않았으면 장 100 도 3년이고, 따른 자는 장 100이다.** ❷ 조의한 자는 자신이 비록 직접 실행하지 않았어도 수범이며, 따른 자는 실행하지 않았으면 실행한 자에게 적용하는 율에서 1등급을 줄인다. **이로 인하여 재물을 얻으면 모두 참형이다.**[275] ❸ 동반(同伴)하는 사람[276]이 타인을 해치고자 하여 모의하는 사실을 알면서 사전에 즉시 이를 막지 않거나, 사후에 구호하지 않거나, 타인이 해를 당한 뒤 고발하지 않으면 장 100이다.[277]

273 이물질을……교형이다 : 《대명률》 〈형률 인명(人命)〉 병거인복식(屛去人服食) 조에 있다.

274 조의(造意) : 23쪽 주31 참조.

275 사람을 죽이려고……참형이다 : 《대명률》 〈형률 인명(人命)〉 모살인(謀殺人) 조에 있다.

276 동반(同伴)하는 사람 : 길을 같이 가거나, 함께 거주하거나, 손님으로 같이 머무르거나, 물건을 사고파는 일을 함께 하는 사람 따위로 포용 범위가 넓으며, 일반인인지 친속인지를 막론하고 모두 이에 해당된다. 《大淸律輯註(下) 712쪽》《大明律集解附例 1542쪽》

277 동반(同伴)하는……100이다 : 《대명률》 〈형률 인명(人命)〉 동행지유

제14항 **장난하다가 사람을 살상하거나, 다투며 때린 것으로 인해 옆에 있는 사람을 잘못하여 살상하면 다투다가 살상한 죄[278]로 논한다. 사람을 모살(謀殺)[279]하거나 고살(故殺)하려다가 착오로 옆에 있는 사람을 죽이면 고살로 논한다.[280]**

제15항 **나루의 수심이 깊고 진창임을 알면서도 평탄하고 얕다고 거짓말하거나, 다리가 썩거나 배가 새는데도 굳고 튼튼하다고 거짓말하여 사람이 지나가거나 건너가도록 해서 죽게 하거나 상해를 입히면 다투다가 살상한 죄로 논한다.[281]**

제16항 **과실로** **1** 귀나 눈으로 미처 듣고 보지 못하였거나, 생각이 미치지 못한 가운데 일어난 잘못을 이른다. 가령 새나 짐승을 쏘아 맞히려 하거나 어떤 일로 인하여 벽돌·기와를 던졌는데 뜻

모해(同行知有謀害) 조에 있다.

278 다투다가 살상한 죄 : 다투다가 때려 살인하면 손, 발, 다른 물건, 쇠붙이를 따지지 않고 모두 교형이다.《大明律 刑律 人命 鬪毆及故殺人》손이나 발로 타인을 때렸으나 상해하지 않았으면 태 20이고, 상해하였거나 다른 물건으로 타인을 때렸으나 상해하지 않았으면 태 30, 상해하였으면 태 40이다.《大明律 刑律 鬪毆 鬪毆》

279 모살(謀殺) : 모살, 고살(故殺), 투구살(鬪毆殺), 희살(戲殺), 오살(誤殺), 과실살(過失殺)을 육살(六殺)이라 하며, 이 중 모살은 사전에 죽일 것을 모의하는 정상이 가장 독하므로 육살 중 처음에 둔다.《大明律附例箋釋 卷19 1張》

280 장난하다가……논한다 :《대명률》〈형률 인명(人命)〉 희살오살과실살상인(戲殺誤殺過失殺傷人) 조에 있다.

281 나루의……논한다 :《대명률》〈형률 인명(人命)〉 희살오살과실살상인(戲殺誤殺過失殺傷人) 조에 있다.

하지 않게 사람을 죽인 경우, 혹은 높고 험한 곳에 오르다가 발을 헛디뎌 넘어져 피해가 동반자에게 미친 경우, 혹은 몰던 배가 바람 부는 대로 가거나 탄 말이 놀라 내달리거나 몰던 수레가 언덕 아래로 달려 내려가는 등 형세상 멈출 수 없게 된 경우, 혹은 함께 무거운 물건을 들다가 힘으로 제어할 수 없어서 함께 물건을 든 사람에게 손상이 미친 경우이다. 모두 당초 사람을 해칠 뜻이 없었으나 우연히 사람을 죽게 하거나 상해를 입힌 것이다. **사람을 살상하면 다투다가 살상한 죄에 준하여 속전을 거두어 피해자의 집에 준다.**[282]

제17항 **만들거나 지을 때 및 헐거나 부술 때에 대비하고 살피는 일을 신중히 하지 않아서 잘못하여 사람을 죽이면 과실살**(過失殺)**로 논한다.** ❶ 공장(工匠)과 제조관(提調官)은 각각 말미암은 바로 처벌한다. -❶ 잘못이 공장(工匠)으로 말미암았으면 공장을 처벌하고, 제조관으로 말미암았으면 제조관을 처벌한다.-[283]

제18항 **어떤 일**[284]**로 인하여 타인을 위세로 핍박해 죽게 하면** ❶ 위세로 핍박함으로써 타인이 두려움을 느끼고 어쩔 수 없이 자

282 과실로……준다 : 《대명률》〈형률 인명(人命)〉 희살오살과실살상인(戲殺誤殺過失殺傷人) 조에 있다.

283 만들거나……처벌한다 : 《대명률》〈공율 영조(營造)〉 허비공력채취불감용(虛費功力採取不堪用) 조에 있다.

284 어떤 일 : 호혼(戶婚), 전택(田宅), 사채(私債) 따위이다. 《大明律釋義 卷19 17張》

진(自盡)하게 한 것이다. **장(杖) 100이다. 관리나 공사인(公使人)[285] 등이 공무(公務)가 아닌 일로 평민을 위세로 핍박하여 죽게 하면 죄가 같다.** **2** 모두 매장은(埋葬銀) 10냥을 추징한다. **간음이나 도둑질로 인하여 타인을 위세로 핍박해 죽게 하면** **3** 가령 강간하고 부녀자를 핍박하여 죽게 하거나, 화간(和姦)에 방해가 된다고 하여 간부(姦婦)의 친속을 핍박하여 죽게 하거나, 또 가령 강도질하다가 비록 재물을 얻지는 못했으나 재물 주인이 두려워서 자진하거나, 절도한 것을 재물 주인이 고발하려 하자 도리어 재물 주인에게 계략을 써서 핍박하여 죽게 한 경우이다. **참형이다.**[286]

제19항 **조부모나 부모를 때리면 모두[287] 참형, 죽이면 모두 능지처사(凌遲處死)이다. 죽이기를 도모하여 실행에 옮겼으면 모두 참형이고, 죽였으면 모두 능지처사이다. 과실살(過失殺)이면 장(杖) 100 유(流) 3000리이고, 상해를 입히면 장 100 도(徒) 3년이다.**[288]

285 공사인(公使人) : 직관(職官)과는 관련이 없고, 서울에 있는 판사관(辦事官)·역사(歷事)·감생(監生)·승차(承差)·지인(知印)·이전(吏典)·음양의(陰陽醫)·교위(校尉)·군사(軍舍)·지후(祗候)·금자(禁子) 같은 부류이다.《大明律附例箋釋 卷20 10張》

286 어떤……참형이다 :《대명률》〈형률 인명(人命)〉 위핍인치사(威逼人致死) 조에 있다.

287 모두 : 수범과 종범이다. 본조(本條)에서 '모두[皆]'라고 말하였으면 죄에 수범과 종범을 구분하지 않는 것이다.《大明律 名例律 共犯罪分首從》

288 조부모나……3년이다 :《대명률》〈형률 투구(鬪毆)〉 구조부모부모(毆祖父母父母) 조에 있다.

제20항 **남동생이 형이나 누나를, 여동생이 오빠나 언니를 때리면 장(杖) 90 도(徒) 2년 반, 상해하면 장 100 도 3년, 절상이면 장 100 유(流) 3000리, 칼날로 상해하거나 지체를 부러뜨리거나 한쪽 눈을 멀게 하거나 독질(篤疾)이 되게 하면 교형, 죽이면 모두 참형이다. 조카가 백부·백모·숙부·숙모나 고모를 때리거나, 외손이 외조부모를 때리면 1등급을 더한다. 고살(故殺)이면 모두 능지처사(凌遲處死)이고, 과실살(過失殺)이나 과실상(過失傷)이면 각각 본래의 살상죄(殺傷罪)에서 2등급을 줄인다.**[289] **비유(卑幼)가 본종(本宗)이나 외인(外姻)의 시마인 형이나 누나**[290]**를 때리면 장 100, 소공인 형이나 누나**[291]**를 때리면 장 60 도 1년, 대공인 형이나 누나**[292]**를 때리면 장 70 도 1년 반이고, 존속(尊屬)을 때리면** [1] 부모와 같은 항렬이다.[293] **각각 1등급을 더한다. 절상 이상이면 일반인이 다투다가 상해한 죄**[294]**에 각각 차례로 1등급을 더하고, 독질이 되게 하면 교**

289 남동생이……줄인다 : 《대명률》〈형률 투구(鬪毆)〉 구기친존장(毆期親尊長) 조에 있다.

290 본종(本宗)이나……누나 : 시마인 형이나 누나로, 본종은 고조(高祖)가 같은 형이나 재실(在室) 누나, 증조(曾祖)가 같은 출가한 누나이고, 외인은 고모·외삼촌·이모 자녀인 형이나 누나이다. 《大明律附例(下) 300쪽》

291 소공인 형이나 누나 : 본종의 증조가 같은 형이나 재실 누나, 조(祖)가 같은 출가한 누나이다. 《大明律附例(下) 300쪽》

292 대공인 형이나 누나 : 본종의 조(祖)가 같은 백부, 숙부 자녀인 형이나 재실 누나 및 출가한 친누나이다. 《大明律附例(下) 300쪽》

293 부모와 같은 항렬이다 : 같은 당내(堂內)의 백부, 백모, 숙부, 숙모와 고모 및 외삼촌, 이모 따위이다. 《大明律 刑律 鬪毆 毆大功以下尊長》

294 일반인이……죄 : 손이나 발로 타인을 때렸으나 상해하지 않았으면 태

형, 죽이면 모두 참형이다.[295] **기친 존장(期親尊長)이나** ❷ 아버지의 항렬을 존(尊), 형의 항렬을 장(長)이라 한다. **외조부모를 죽이려고 모의하여 실행에 옮겼으면 모두 참형이고, 죽였으면 모두 능지처사이다. 시마 이상의 존장을 죽이려고 모의하여 실행에 옮겼으면 장 100 유 2000리, 상해하였으면 교형, 죽였으면 모두 참형이다.**[296] **기친 존장을 위협하고 핍박하여 죽게 하면 교형이고, 대공 이하이면 차례로 1등급을 줄인다.**[297]

제21항 **계부를** ❶ 이전에는 동거하였으나 지금은 동거하지 않는 사람이다. ❷ 이전에 동거하지 않았으면 일반인으로 논한다. **때리면 장(杖) 60 도(徒) 1년이고, 절상 이상이면 일반인이 다투다가 상해한 죄에 1등급을 더하고,** ❸ 동거하고 있으면 또 1등급을 더한다. **죽게 되면 참형이다.** ❹ 고살(故殺)이면 일반인으로 논한다.[298]

제22항 **처의 자식이 아버지의 첩을 때려서 상해하면 일반인인 경우에**

20이고, 상해하였거나 다른 물건으로 타인을 때렸으나 상해하지 않았으면 태 30, 상해하였으면 태 40이다.《大明律 刑律 鬪毆 鬪毆》

295 비유(卑幼)가……참형이다 :《대명률》〈형률 투구(鬪毆)〉 구대공이하존장(毆大功以下尊長) 조에 있다.

296 기친 존장(期親尊長)이나……참형이다 :《대명률》〈형률 인명(人命)〉 모살조부모부모(謀殺祖父母父母) 조에 있다.

297 기친 존장을……줄인다 :《대명률》〈형률 인명(人命)〉 위핍인치사(威逼人致死) 조에 있다.

298 계부를……논한다 :《대명률》〈형률 투구(鬪毆)〉 구처전부지자(毆妻前夫之子) 조에 있다.

1등급을 더한다. 첩의 자식이면 또 2등급을 더한다. ❶ 죽게 되면 각각 일반인의 예에 따른다.[299]

제23항 **처의 부모를 때리면 장(杖) 100이고, 절상 이상이면 일반인이 다투다가 상해한 죄에 1등급을 더하고, 독질(篤疾)이 되면 교형, 죽이면 참형이다.**[300] 〈율〉 ❶ 처부모를 죽이면 시마친을 모의하여 살해하였을 때 처벌하는 율로 논한다. 〈속〉
－❶ 부대시참(不待時斬)이다. 〈보〉－

제24항 **남동생이나 여동생이 형이나 오빠의 처를 때리면 일반인의 경우에 1등급을 더한다.** ❶ 죽게 되거나 모의하여 살해하면 각각 일반인의 예에 따른다. ❷ 형의 첩 및 누나나 여동생의 남편, 처의 형제를 때리면 일반인이 다툰 경우의 죄로 논한다.[301] [302]

제25항 **처가 남편을 때리면 장(杖) 100이고,** ❶ 남편이 직접 고발해야 처벌한다. ❷ 남편이 이혼을 원하면 들어준다. **절상 이상이면 일반인이 다투다가 상해한 죄에 3등급을 더하고, 독질(篤**

299 처의……따른다 : 《대명률》 〈형률 투구(鬪毆)〉 처첩여부친속상구(妻妾與夫親屬相毆) 조에 있다.

300 처의……참형이다 : 《대명률》 〈형률 투구(鬪毆)〉 처첩구부(妻妾毆夫) 조에 있다.

301 형의……논한다 : 비록 친속이기는 하나 무복(無服)이므로 모두 일반인으로 논하는 것이다. 《大明律附例箋釋 卷20 31張》

302 남동생이나……논한다 : 《대명률》 〈형률 투구(鬪毆)〉 처첩여부친속상구(妻妾與夫親屬相毆) 조에 있다.

疾)이 되면 교형, 죽이면 참형, 고살(故殺)이면 능지처사(凌遲處死)이다. 죽이려고 모의하여 실행에 옮겼으면 모두 참형이고, 죽였으면 모두 능지처사이다. 과실살(過失殺)이면 논하지 않는다. ❸ 첩이 남편 및 정처(正妻)를 때리면 또 1등급을 더한다. -❶ 죄를 더하여 사형에 이를 수 있다.- **과실살이면 논하지 않는다.**[303] 처를 죽이려고 모의하면 시마 이상의 존장을 죽이려고 모의한 죄[304]에 따른다. ❹ 처나 첩이 간통으로 인하여 간부(姦夫)와 함께 남편을 모살하면 능지처사이고, 간부는 참형이다. 간부(姦夫)가 간부(姦婦)의 남편을 죽이면 간부(姦婦)는 비록 그 사정을 알지 못했다 하더라도 교형이다.[305]

제26항 **처나 첩이 남편의 조부모나 부모를 때리면 모두 참형, 죽이면 모두 능지처사(凌遲處死)이다. 죽이려고 모의하여 실행에 옮겼으면 모두 참형이고, 죽였으면 모두 능지처사이다. 과실살(過失殺)이면 장(杖) 100 유(流) 3000리, 과실상(過失傷)이면 장 100 도(徒) 3년이다.** ❶ 남편이 죽어 개가한 사람도 같다. **남편의 기친 이하나 시마 이상의 존장을 때리면 남편이 그들을 때린 죄와 같고, 죽게 되면 각각 참형이다.**[306]

303 처가……않는다 : 《대명률》〈형률 투구(鬪毆)〉 처첩구부(妻妾毆夫) 조에 있다.

304 시마……죄 : 실행하면 장 100 유 2000리, 상해하면 교형, 죽이면 모두 참형이다. 《大明律 刑律 人命 謀殺祖父母父母》

305 처나……교형이다 : 《대명률》〈형률 투구(鬪毆)〉 처첩구부(妻妾毆夫) 조에 있다.

306 처나……참형이다 : 《대명률》〈형률 투구(鬪毆)〉 구조부모부모(毆祖父

제27항 **수업을 받은 스승[307]을 때리면 일반인을 때린 죄에 2등급을 더하고, 죽이면 참형이다.[308]**

제28항 **아들이나 손자가 조부모나 부모를 때리고 능욕해서** ❶ 처나 첩이 남편의 조부모나 부모를 때리거나 능욕한 경우도 같다. 남편이 죽어서 개가한 사람도 같다. **조부모나 부모가 때려 죽이거나, 교령(敎令)을 어기고 범하여 법도에 맞게 벌주다가 뜻하지 않게 죽게 하거나, 과실살(過失殺)이면 논하지 않는다.** ❷ 적모, 계모, 자모(慈母), 양모일 경우도 같다.[309]

제29항 **아들이나 손자가 교령(敎令)을 어기고 범하여도 조부모와 부모가 도리에 어긋나게 때려 죽이면 장(杖) 100이고, 고살(故殺)이면 장 60 도(徒) 1년이다. 적모·계모·자모(慈母)·양모가 죽이면 각각 1등급을 더하고, 후사가 끊어지게 하면 교형이다.[310]**

母父母) 조에 있다.

307 수업을 받은 스승 : 대명률에서는 수업을 받은 스승, 즉 수업사(受業師)를 절이나 도관(道觀)에서 직접 경전이나 교리를 이어받아 스승으로 삼기에 합당한 자라고 하였다. 《大明律 名例律 稱道士女冠》

308 수업을……참형이다 : 《대명률》 〈형률 투구(鬪毆)〉 구수업사(毆受業師) 조에 있다.

309 아들이나……같다 : 《대명률》 〈형률 투구(鬪毆)〉 구조부모부모(毆祖父母父母) 조에 있다.

310 아들이나……교형이다 : 《대명률》 〈형률 투구(鬪毆)〉 구조부모부모(毆祖父母父母) 조에 있다.

제30항 **며느리나 손자며느리** ❶ 아들·손자의 처·첩으로서 남편이 죽어 개가한 사람도 같다. **및 걸양**(乞養)**한 이성**(異姓)**의 아들이나 손자를** ❷ 부인(婦人)도 같다. **도리에 어긋나게 때려 폐질**(癈疾)**에 이르게 하면 장**(杖) **80이고, 독질**(篤疾)**에 이르게 하면 1등급을 더한다.** ❸ 모두 본종(本宗)으로 돌려보낸다. 며느리나 손자며느리에게는 시집올 때 가져온 물건을 추후에 돌려주고, 먹고살 재물로 은 10냥을 지급한다. 걸양한 아들이나 손자에게는 마땅히 받아야 할 몫의 재산을 떼어 준다. **죽게 되면 장 100 도**(徒) **3년이고, 고살**(故殺)**이면 각각 장 100 유**(流) **2000리이다.** ❹ 첩이면 각각 2등급을 줄인다.[311] 〈율〉

제31항 **부모가 자녀를 죽이고 형이 동생을 죽였는데 그 마음먹은 바가 흉악하고 참혹하면 다투다가 때려서 죽인 죄에 대한 율**[312]**로 논하고, 사건이 발생할 때마다 품정**(稟定)**한다.** ❶ 자녀를 죽이려고 모의하였으나 실행에 옮기지 않았으면 원지(遠地)에 정배(定配)한다.

제32항 **계모가 그 아버지를 사주하여 자녀를 고살**(故殺)**하면 사형으로 논한다.** ❶ 요첩에게 미혹되어 자신의 처와 딸을 내쫓았는데, 딸이 구걸하며 살다가 상한(常漢)에게 시집가서 자녀를 낳

311 며느리나 손자며느리……줄인다 : 《대명률》 〈형률 투구(鬪毆)〉 구조부모부모(毆祖父母父母) 조에 있다.

312 다투다가……율 : 손, 발, 다른 물건, 쇠붙이를 따지지 않고 모두 교형이다. 《大明律 刑律 人命 鬪毆及故殺人》

아 길러서 데리고 나타나자 문호(門戶)를 더럽힌 것을 미워하여 그 외손을 몰래 죽인 자는 요첩과 함께 부대시교(不待時絞)이다.〈속〉

제33항 **처의 전남편의 자식을 때리면** ❶ 전에는 같이 살았으나 지금은 같이 살지 않는 경우이다. ❷ 일찍이 같이 살지 않았으면 일반인으로 논한다. **일반인을 때린 죄에서 1등급을 줄이고,** ❸ 같이 살면 또 1등급을 줄인다. **죽게 되면 교형이다.** ❹ 고살(故殺)은 일반인의 예로 논한다.[313]

제34항 **형이나 누나가 남동생이나 여동생을 때려서 죽이거나, 백부·숙부·고모가 조카나 질손을 때려서 죽이거나, 외조부모가 외손을 때려서 죽이면 장(杖) 100 도(徒) 3년이다. 고살(故殺)이면 장 100 유(流) 2000리이며, 과실살(過失殺)이면 논하지 않는다. 동당(同堂)[314]의 남동생이나 여동생, 당질이나 당질손(堂姪孫)[315]을 때려서 죽이면 장 100 유 3000리, 고살이면 교형이다. 비유(卑幼)를 때렸는데** ❶ 동생뻘을 비(卑), 자식뻘을 유(幼)라 한다. **절상 이상이면** ❷ 절상이 아니면 논하지 않는다. **시마는 일반인을 때린 죄에서 1등급을, 소공은 2등급을, 대공**

313 처의……논한다 : 《대명률》〈형률 투구(鬪毆)〉 구처전부지자(毆妻前夫之子) 조에 있다.

314 동당(同堂) : 할아버지가 같은 관계이다. 《大淸律輯註(下) 762쪽》

315 당질이나 당질손(堂姪孫) : 동당형제의 아들이나 손자이다. 《大淸律輯註(下) 762쪽》

은 3등급을 줄인다. 죽게 되면 교형이다. 죽이려고 모의하여 실행에 옮겼으면 각각 고살의 죄에 따라 2등급을 줄이고, 상해하였으면 1등급을 줄이고, 죽였으면 고살에 따른다.[316]

제35항 **형이나 누나가 동생의 처를 때리면 일반인을 때린 죄에서 1등급을 줄인다.** ❶ 첩이면 또 1등급을 줄인다. 죽게 되면 각각 일반인의 예에 따른다.[317]

제36항 **존장이 비유**(卑幼)**의 부인**(婦人)**을 때려 상해하면 일반인인 경우에서 1등급을 줄이고, 첩이면 또 1등급을 줄인다. 죽게 되면 교형이다.**[318] **처를 때려 절상 이상이면** ❶ 절상이 아니면 논하지 않는다. **일반인인 경우에서 2등급을 줄이고,** ❷ 처가 직접 고소해야 처벌한다. ❸ 만일 이혼을 원하면 단죄하고 이혼시키며, 원하지 않으면 죄를 조사하여 속전을 거둔다. **죽게 되거나 고살**(故殺)**이면 교형이다.** ❹ 첩은 처에 비하여 2등급을 줄이고, 죽게 되면 장(杖) 100 도(徒) 3년이다. **과실살**(過失殺)**이면 논하지 않는다.**[319] ❺ 모살(謀殺)이면 비유를 모살한 죄에 따

316 형이나……따른다 : 《대명률》 〈형률 투구(鬪毆)〉 구기친존장(毆期親尊長) 조에 있다.

317 형이나……따른다 : 《대명률》 〈형률 투구(鬪毆)〉 처첩여부친속상구(妻妾與夫親屬相毆) 조에 있다.

318 존장이……교형이다 : 《대명률》 〈형률 투구(鬪毆)〉 처첩여부친속상구(妻妾與夫親屬相毆) 조에 있다.

319 처를……않는다 : 《대명률》 〈형률 투구(鬪毆)〉 처첩구부(妻妾毆夫) 조에 있다.

른다.[320] 6 처나 첩이 남편의 조부모나 부모를 때리거나 능욕해도 남편이 함부로 죽이면 장 100이다. 남편이 처나 첩을 때리거나 능욕하여 이로 인해 자진(自盡)한 경우는 논하지 않는다.[321] 7 처나 첩이 타인과 간통하였는데, 간통한 장소에서 직접 간부(姦夫)와 간부(奸婦)를 붙잡아 그 자리에서 죽이면 논하지 않는다. 간부(姦夫)만 죽인 경우 간부(姦婦)는 율에 따라 단죄하고 남편의 뜻에 따라 시집보내거나 판다.[322]

제37항 **처가 첩을 때리면 남편이 처를 때린 것과 같은 죄이다.** 1 첩이 직접 고소해야 처벌한다.[323] 2 모살(謀殺)이면 비유(卑幼)를 모살한 죄에 따른다.

제38항 **처가 남편의 비속(卑屬)을 때리면 남편이 때린 것과 같은 죄이다. 죽게 되면 교형이다.** 1 처가 남편 형제의 자식을 때려 죽이면 장(杖) 100 유(流) 3000리이고, 고살(故殺)이면 교형이다. 2 처가 남편의 남동생이나 여동생 및 남편 동생의 처를 때리

320 모살(謀殺)이면……따른다 : 존장이 비유(卑幼)를 죽이려고 모의하여 실행하면 각각 고살죄(故殺罪)에 따라 2등급을 줄이고, 상해하면 1등급을 줄이고, 죽이면 고살법(故殺法)을 따른다. 《大明律 刑律 人命 謀殺祖父母父母》

321 처나 첩이……않는다 : 《대명률》 〈형률 인명(人命)〉 부구사유죄처첩(夫毆死有罪妻妾) 조에 있다.

322 처나 첩이 타인과……판다 : 《대명률》 〈형률 인명(人命)〉 살사간부(殺死姦夫) 조에 있다.

323 처가……처벌한다 : 《대명률》 〈형률 투구(鬪毆)〉 처첩구부(妻妾毆夫) 조에 있다.

면 일반인을 때린 죄에서 1등급을 줄이고, 첩이면 또 1등급을 줄인다. 죽게 되거나 모살(謀殺)이면 각각 일반인의 예에 따른다. 남편의 누나나 여동생의 남편을 때리면 일반인을 때린 죄로 논한다. ❸ 첩이 남편의 비유(卑幼)에 대해 죄를 지은 경우 일반인의 예에 따른다. 남편의 다른 첩의 자식을 때리면 일반인을 때린 죄에서 2등급을 줄이고, 처의 자식을 때리면 일반인을 때린 죄에 따르고, 남편 누이의 남편이나 처의 형제를 때리면 1등급을 더한다. 죽게 되면 일반인의 예에 따른다.[324]

제39항 **동성(同姓) 친속이 서로 때리면, 비록 오복친의 범위를 벗어난 관계라 하더라도 존장과 비유(卑幼)의 명분은 아직 남아 있으므로 존장은 일반인이 다툰 경우의 죄에서 1등급을 줄이고, 비유는 1등급을 더한다.** ❶ 죽게 되면 모두 일반인으로 논한다.[325]

제40항 **노비가 가장을 때리면**〈율〉 ❶ 옛 가장이면 2등급을 줄인다.〈경〉 **모두 참형이고, 죽이면 모두 능지처사(凌遲處死)이다. 과실살(過失殺)이면 교형, 과실상(過失傷)이면 장(杖) 100 유(流) 3000리이다. 가장의 기친이나 외조부모를 때리면 교형이고, 상해하면 모두 참형이다. 고살(故殺)이면 모두 능지처사이고,**

324 처가 남편의 비속(卑屬)을……따른다 : 《대명률》 〈형률 투구(鬪毆)〉 처첩여부친속상구(妻妾與夫親屬相毆) 조에 있다.

325 동성(同姓)……논한다 : 《대명률》 〈형률 투구(鬪毆)〉 동성친속상구(同姓親屬相毆) 조에 있다.

과실살이면 때린 죄에서 2등급을 줄이고, 과실상이면 다시 1등급을 줄인다.[326]〈율〉 ❷ 출가한 누나나 여동생의 노비가 그 주인의 형제를 때리면 본복(本服) 기친을 때린 것으로 조율(照律)하여 감단한다.〈속〉 **가장의 시마친을 때리면 장 60 도(徒) 1년, 소공을 때리면 장 70 도 1년 반, 대공을 때리면 장 80 도 2년이다. 절상 이상이면 시마는 양인(良人)을 때린 죄에 1등급을 더하고, 소공은 2등급을 더하고, 대공은 3등급을 더한다.** ❸ 죄를 더하면 사형에까지 이를 수 있다. **죽이면 모두 참형이다.**[327]

제41항 **고공(雇工)이 가장이나**〈율〉 ❶ 옛 가장이면 2등급을 줄인다.〈경〉 **가장의 기친 및 외조부모를 때리면 장(杖) 100 도(徒) 3년이다. 상해하면 장 100 유(流) 3000리, 절상이면 교형, 죽이면 참형이다. 고살(故殺)이면 능지처사(凌遲處死), 과실살(過失殺)이나 과실상(過失傷)이면 각각 본래의 살상죄(殺傷罪)**[328]**에서 2등급을 줄인다. 가장의 시마친을 때리면 장 80, 소공을 때리면 장 90, 대공을 때리면 장 100이다. 상해가 중하여 내상으**

326 노비가……줄인다 : 《대명률》〈형률 투구(鬪毆)〉 노비구가장(奴婢毆家長) 조에 있다.

327 가장의 시마친을……참형이다 : 《대명률》〈형률 투구(鬪毆)〉 노비구가장(奴婢毆家長) 조에 있다.

328 본래의 살상죄(殺傷罪) : 다투다 때려 살인하면 손, 발, 다른 물건, 쇠붙이를 따지지 않고 모두 교형이다. 《大明律 刑律 人命 鬪毆及故殺人》 손이나 발로 타인을 때렸으나 상해하지 않았으면 태 20이고, 상해하였거나 다른 물건으로 타인을 때렸으나 상해하지 않았으면 태 30, 상해하였으면 태 40이다. 《大明律 刑律 鬪毆 鬪毆》

로 피를 토하는 정도 이상의 상태에 이를 경우, 시마나 소공이 면 일반인인 경우에 1등급을 더하고, 대공이면 2등급을 더한다. 죽이면 각각 참형이다.[329]

제42항 **노비나 고공(雇工)이 가장 및 가장의 기친, 외조부모, 시마 이상의 친속을 죽이려고 모의하면 아들이나 손자가 그렇게 한 죄와 같다.**[330]〈율〉

제43항 **처상전(妻上典)을 죽이면 부대시참(不待時斬)이다.** ❶ 죽이려고 모의하였으나 실행에 옮기지 않았으면 무기한으로 변원(邊遠)에 정배(定配)한다.〈속〉

제44항 **관리가 제사(制使)를** ❶ 황제의 명을 받들고 나간 사신이다. **때리거나, 부민(部民)이 지부(知府)·지주(知州)·지현(知縣)을 때리거나, 군사가 자신을 관할하는 지휘(指揮)·천호(千戶)·백호(百戶)를 때리거나, 이졸(吏卒)이 자신이 속한 부(部)의 5품 이상의 장관을 때리면 장(杖) 100 도(徒) 3년이다. 상해하면 장 100 유(流) 2000리이며, 절상이면 교형이다. 죽이려고 모의하여 실행에 옮겼으면 장 100 유 2000리, 상해하였으면 교형, 죽였으면 모두 참형이다. 6품 이하의 장관을 때리면 3등**

329 고공(雇工)이……참형이다 : 《대명률》 〈형률 투구(鬪毆)〉 노비구가장(奴婢毆家長) 조에 있다.

330 노비나……같다 : 《대명률》 〈형률 인명(人命)〉 모살조부모부모(謀殺祖父母父母) 조에 있다.

급을 줄이고, 좌이관(佐貳官)이나 수령관(首領官)을 때리면 또 차례대로 1등급을 줄인다. 죄를 줄여 가벼우면 일반인이 다툰 경우의 죄에 1등급을 더하고, 독질(篤疾)이 되게 하면 교형, 죽이면 참형이다. ❷ 모살(謀殺)은 일반인의 예에 따른다. ❸ 수령관이나 속관(屬官)이 장관을 때리거나 상해하면 이졸이 5품 이상의 장관을 때리거나 상해한 죄에서 2등급을 줄이고, 좌이관이면 또 2등급을 줄인다. 죄를 줄여 가벼우면 일반인이 다툰 경우의 죄에 1등급을 더하고, 독질이 되게 하면 교형, 죽이면 참형이다. ❹ 상급 관사의 관원이 통속(統屬)하는 하급 관사의 품급이 높은 관원 및 부민 중 품급이 높은 관원과 서로 다투면 일반인이 다툰 경우의 죄와 같이 논한다. ❺ 유품(流品) 내 9품 이상 관원이 자신을 관할하지 않는 3품 이상의 관원을 때리면 장 60 도 1년이다. 절상 이상이거나, 5품 이상의 관원을 때리거나 상해하거나, 5품 이상의 관원이 3품 이상의 관원을 때리거나 상해하면 각각 일반인이 다투다가 상해한 죄에 2등급을 더한다. ❻ 유품에 들지 않은 관원 및 군인(軍人), 민인(民人), 이졸이 자신을 관할하지 않는 3품 이상의 관원을 때리면 장 80 도 2년이다. 상해하면 장 100 도 3년, 절상이면 장 100 유 2000리이다. 5품 이상의 관원을 때리거나 상해하면 2등급을 줄인다. 죄를 줄여 가볍거나, 9품 이상의 관원을 때리거나 상해하면 각각 일반인이 다투다가 상해한 죄에 2등급을 더한다. 공사인(公使人)[331]이 지방에서 유사 관원(有司官員)[332]을 때리면 죄가 같다.[333] 〈율〉 **이졸이 수신(帥臣)을 모살하면 주모자는 효시한다.** 7 종범은 모두 절도(絶島)에 정배(定配)하고, 방어하지 않은 관속(官屬)은 극변(極邊)에 정배한다.〈속〉

제45항 **관사에서 사람을 차정하여 공무를 처리할 때 이에 항거하거나 차정된 사람을 때리면 장(杖) 80이다. 내상으로 피를 토하는 정도 이상의 상태에 이르거나 본래 범한 죄가 무거우면 각각 2등급을 더하되, 장 100 유(流) 3000리에 그친다. 독질(篤疾)이 되게 하면 교형, 죽이면 참형이다.[334]**

제46항 **황가(皇家)의 단문친을 때리면 장(杖) 60 도(徒) 1년, 상해하면 장 80 도 2년, 절상 이상의 중상이면 일반인이 다툰 경우의 죄에 2등급을 더한다. 시마 이상이면 차례로 1등급을 더한다. 독질(篤疾)이 되게 하면 교형, 죽이면 참형이다.[335]** 〈율〉

331 공사인(公使人) : 116쪽 주285 참조.

332 유사 관원(有司官員) : 포정사(布政司)와 부·주·현의 관원이다.《大明律例諺解 卷23 26張》

333 관리가……같다 :《대명률》〈형률 투구(鬪毆)〉 구제사급본관장관(毆制使及本管長官) 조에 있다.

334 관사에서……참형이다 :《대명률》〈형률 투구(鬪毆)〉 거구추섭인(拒毆追攝人) 조에 있다.

335 황가(皇家)의……참형이다 :《대명률》〈형률 투구(鬪毆)〉 황가단문이상친피구(皇家袒免以上親被毆) 조에 있다.

제47항 **상민(常民)이나 천민이 사족(士族)을 때렸는데 일의 정상이 명백하면 장(杖) 100 도(徒) 3년, 상해하면 장 100 유(流) 2000리이다.**〈속〉

제48항 **노비가 죄를 지었는데 그 가장 및 가장의 기친이나 외조부모가 관사에 알리지 않고 때려 죽이면 장(杖) 100이다. 죄가 없는데 죽이면 장 60 도(徒) 1년이다.** ❶ 교령(教令)을 어기고 범하여 법에 따라 처벌하다가 뜻하지 않게 죽게 하거나 과실살(過失殺)이면 논하지 않는다.[336]〈율〉 ❷ 부녀(婦女)가 투기로 인하여 비(婢)를 죽이면 종로(鍾路)에서 장을 치고 정배(定配)한다. 〈속〉 **시마친이나 소공친의 노비를 때렸는데 절상 이상이면** ❸ 절상이 아니면 논하지 않는다. **각각 일반인 노비의 경우에서 2등급을 줄이고, 대공의 노비이면 3등급을 줄인다. 죽게 되면 장 100 도 3년이다. 고살(故殺)이면 교형, 과실살이면 논하지 않는다.**[337]

제49항 **가장 및 가장의 기친이나 외조부모가 고공(雇工)을 때렸는데 절상 이상이면** ❶ 절상이 아니면 논하지 않는다. **일반인인 경우에서 3등급을 줄인다. 죽게 하면 장(杖) 100 도(徒) 3년, 고살(故殺)이면 교형이다.** ❷ 교령(教令)을 어기고 범하여 법에 따

336 노비가……않는다 : 《대명률》〈형률 투구(鬪毆)〉 노비구가장(奴婢毆家長) 조에 있다.

337 시마친이나……않는다 : 《대명률》〈형률 투구(鬪毆)〉 양천상구(良賤相毆) 조에 있다.

라 처벌하다가 뜻하지 않게 죽게 하거나, 과실살(過失殺)이면 논하지 않는다. **시마친이나 소공친의 고공을 때렸는데 절상 이상이면** ❸ 절상이 아니면 논하지 않는다. **일반인인 경우에서 1등급을 줄이고, 대공의 고공이면 2등급을 줄인다. 죽게 되거나 고살이면 교형이고, 과실살이면 논하지 않는다.**[338]

제50항 **노비가 양인(良人)을 때리면 일반인인 경우에 1등급을 더한다. 독질(篤疾)이 되게 하면 교형, 죽이면 참형이다. 양인이 타인의 노비를 때리거나 상해하면 일반인인 경우에서 1등급을 줄인다. 죽이거나 고살(故殺)이면 교형이다.**[339]

제51항 **위력(威力)으로 타인을 제압하고 속박하거나, 사가(私家)에서 매질하며 때리거나 감금하면 장(杖) 80이다. 내상으로 피를 토하는 정도 이상이면 일반인이 다투다가 상해한 죄에 2등급을 더하고, 죽게 하면 교형이다.** ❶ 위력으로 주모하여 타인을 시켜 때리게 하여 죽게 하거나 상해하면 주모하여 시킨 사람을 수범으로 삼고, 직접 때린 사람을 종범으로 삼아 1등급을 줄인다.[340] ❷ 서울이나 지방의 무뢰배가 권세가에게 몸을 의탁

338 가장……않는다 : 《대명률》〈형률 투구(鬪毆)〉 양천상구(良賤相毆) 조에 있다.
339 노비가……교형이다 : 《대명률》〈형률 투구(鬪毆)〉 양천상구(良賤相毆) 조에 있다.
340 위력(威力)으로……줄인다 : 《대명률》〈형률 투구(鬪毆)〉 위력제박인(威力制縛人) 조에 있다.

하여 심복이 되어서, 평민을 묶어 사가에서 고문하며 때리거나 협박하여 재물을 빼앗으면 연장(煙瘴)의 땅[341]에 충군(充軍)한다.

제52항 **한집안의 사죄(死罪)를 짓지 않은 세 사람을 죽이거나, 타인의 사지(四肢)를 해체하면 능지처사(凌遲處死)이다. 종범은 참형이다.** ❶ 재산은 죽은 사람의 집에 준다. 처와 아들은 유(流) 2000리이다.[342] [343]

제53항 **사람을 채생절할(採生折割)[344]하면 능지처사(凌遲處死)이다. 종범은 참형이다.** ❶ 재산은 죽은 사람의 집에 준다. 처와 아들 및 동거하는 가구(家口)는 비록 실정을 몰랐어도 유(流) 2000리에 안치(安置)한다. **실행에 옮겼으면 사람을 상해하지 않아도 참**

341 연장(煙瘴)의 땅 : 아주 먼 변방이나 궁벽한 바닷가로, 거제(巨濟)나 남해(南海) 같은 곳이다. 《中宗實錄 16年 7月 6日》

342 처와……2000리이다 : 딸은 유형에 처하지 않는다. 《大明律附例(下) 232쪽》

343 한집안의……2000리이다 : 《대명률》 〈형률 인명(人命)〉 살인가삼인(殺一家三人) 조에 있다.

344 채생절할(採生折割) : 주석서마다 정의가 다양한데, 살아 있는 사람의 육근(六根), 즉 눈·귀·코·혀·몸·뜻을 도려내어 혼백을 수취(收取)하고 제어하여 부리는 요사스러운 술법으로, 살아 있는 사람을 죽여서 눈·귀·코 등으로 인형을 만들어 주술에 이용하거나, 어린이와 소녀를 길을 잃게 하고 몸을 갈라 오장의 생기(生氣)를 도려내고 귀신을 위하여 역사(役使)하도록 하거나, 임신부의 태아나 처녀의 원홍(元紅) 따위를 도려내어 사술(邪術)에 쓰는 것 등으로 설명하고 있다. 《大明律例諺解 卷22 21張》《大淸律輯註(下) 674쪽》

형이다. 종범은 장(杖) 100 유 3000리이다. ❷ 처와 아들은 유 2000리이다. ❸ 이장(里長)이 알고도 적발하지 않으면 장 100이다. 신고하여 잡게 한 사람은 상으로 은 20냥을 준다.[345] 〈율〉 ❹ 약으로 쓰기 위해 아동을 유인하여 잡아서 간담을 떼어 내고 지체를 자르면 참형이다. 처와 아들은 유 2000리이다. 잡아서 고발하면 상으로 포(布) 100필을 준다. 〈속〉

제54항 **사람을 죽일 수 있는 고독(蠱毒)을 만들거나 저장하거나, 가르치거나 시키면** ❶ 사람에게 제조법을 가르치거나 전하도록 하는 것이다. **참형이다.** ❷ 재산은 관에 들인다. 처나 아들 및 동거하는 가구는 비록 실정을 몰랐더라도 유(流) 2000리에 안치(安置)한다.[346] 〈율〉 ❸ 고독을 만들거나 저장한 사람에 대해 사람들이 고소하도록 하고 면포(綿布) 30필을 지급한다. 무고(誣告)하면 반좌(反坐)한다. 겨린(切隣)이 알고도 고발하지 않으면 범인의 죄에서 4등급을 줄여 처벌한다. 면임(面任)이나 이임(里任)이 적발하지 않아서 고독으로 사람을 상해하게 되면 제서유위율(制書有違律)[347]로 논한다. 고독으로 죄안(罪案)에 오른 사람이 다른 지역에 출입하면 치죄(治罪)하고, 도망하면 장(杖)

345 사람을 채생절할(採生折割)하면……준다 : 《대명률》 〈형률 인명(人命)〉 채생절할인(採生折割人) 조에 있다.

346 사람을……안치(安置)한다 : 《대명률》 〈형률 인명(人命)〉 조축고독살인(造畜蠱毒殺人) 조에 있다.

347 제서유위율(制書有違律) : 제서를 받들어 시행할 때에 어기면 장 100이다. 황태자의 영지(令旨)를 어기면 같은 죄이다. 《大明律 吏律公式 制書有違》

100 유 3000리이다. 자신의 집에 머물러 있도록 받아 준 사람이나 겨린은 속전의 규정을 적용하지 않고 장 100이다.〈속〉

제55항 **염매(魘魅)를 만들거나 부서(符書)로 저주하여 사람을 죽이고자 하면 모살(謀殺)로 논한다. 죽게 하면 본래의 살인법에 따른다.** ❶ 사람을 병들어 고통받게 하고자 하면 2등급을 줄인다. 아들·손자가 조부모·부모를, 노비·고공(雇工)이 가장을 병들어 고통받게 하고자 하면 줄이지 않는다.[348]

제56항 **독약을 써서 사람을 죽이면 참형이다. 독약을 샀지만 사용하지 않으면 장(杖) 100 도(徒) 3년이다.** ❶ 실정을 알고서도 독약을 팔면 더불어 같은 죄이다.[349]〈율〉 ❷ 타인을 유인해 취하거나, 계략을 써서 팔았는데 이로 인하여 상해를 입히거나 죽인 경우에 대한 규정은 아래의 〈사천(私賤)〉 조에 보인다.〈보〉

제57항 **용렬한 의원이 사람에게 약을 지어 주거나 침을 놓을 때 착오로 본방(本方)[350]대로 하지 않아 죽게 되면, 다른 의원으로 하여금 변별하고 검험하게 해서 고의로 해를 입히고자 한 실정**

348 염매(魘魅)를……않는다 : 《대명률》 〈형률 인명(人命)〉 조축고독살인(造畜蠱毒殺人) 조에 있다.

349 독약을 써서……죄이다 : 《대명률》 〈형률 인명(人命)〉 조축고독살인(造畜蠱毒殺人) 조에 있다.

350 본방(本方) : 복용에 합당한 처방으로, 의약의 처방서에 정해진 품미(品味)나 분량이다. 《大明律集解附例 942쪽》《大明律例諺解 卷14 35張》

이 없으면 과실살(過失殺)로 논한다. 1 고의로 본방을 어겨 거짓으로 질병을 치료하고 재물을 받으면 절도에 준하여 논한다. 죽게 하거나, 고의로 약을 써서 사람을 죽이면 참형이다.[351]

제58항 **함정을 파거나 와궁(窩弓)을 장치해 놓을 때 표지용 장대나 눈썹 높이의 새끼줄을 설치하지 않으면 태(笞) 40이다. 사람을 상해하면 일반인이 다투다가 상해한 죄에서 2등급을 줄이고, 죽게 하면 장(杖) 100 도(徒) 3년이다.** 1 매장은(埋葬銀) 10냥을 추징한다.[352]

제59항 **고의로 성시(城市)나 사람이 거주하는 주택을 향하여 탄환을 발사하거나, 화살을 쏘거나, 벽돌이나 돌을 던지면 태(笞) 40이다. 사람을 상해하면 일반인이 다투다가 상해한 죄에서 1등급을 줄이고, 죽게 하면 장(杖) 100 유(流) 3000리이다.** 1 태묘(太廟)나 궁(宮)·전(殿)을 향하였으면 교형, 태사(太社)를 향하였으면 장 100 유 3000리이다. 사람을 상해하면 참형이다.[353]

351 용렬한……참형이다 : 《대명률》 〈형률 인명(人命)〉 용의살상인(庸醫殺傷人) 조에 있다.

352 함정을……추징한다 : 《대명률》 〈형률 인명(人命)〉 와궁살상인(窩弓殺傷人) 조에 있다.

353 고의로……참형이다 : 《대명률》 〈형률 인명(人命)〉 궁전상인(弓箭傷人) 조에 있다.

제60항 **정당한 이유[354] 없이 시가(市街)나 진점(鎭店)[355]에서 수레나 말을 급히 몰다가 사람을 상해하면 일반인이 다투다가 상해한 죄에서 1등급을 줄이고, 죽게 하면 장(杖) 100 유(流) 3000리이다. 사람이 없는 빈 들판에서 수레나 말을 급히 몰다가 사람을 상해하여 죽게 하면 장 100이다.** ❶ 모두 매장은(埋葬銀) 10냥을 추징한다. ❷ 공무(公務)로 인해 수레나 말을 급히 몰다가 살상하면 과실로 논한다.[356]

제61항 **말이나 소 및 개가 사람을 들이받거나 차거나 무는데도 표지하고 묶어 두는 것을 법대로 하지 않거나, 미친개가 있는데도 죽이지 않으면 태(笞) 40이다. 이로 인하여 사람을 죽이거나 상해하면 과실로 논한다. 고의로 풀어놓아서 사람을 죽이거나 상해하면 다투다가 살상한 죄에서 1등급을 줄인다.** ❶ 삯을 받고 가축을 치료하거나, 이유 없이 가축을 건드린 경우이면 죽거나 상해를 입어도 가축의 주인을 처벌하지 않는다. ❷ 고의로 개를 풀어놓아 타인의 가축을 죽이거나 다치게 하면 태 40이고, 줄어든 가축의 값을 추징하여 배상하게 한다.[357] 〈율〉

354 정당한 이유 : 도적을 체포하거나 화재를 진압하는 따위의 일이다.《大明律釋義 卷19 15張》

355 진점(鎭店) : 사람이 모여 시장을 이룬 곳을 진(鎭), 화물을 쌓아 놓고 물건을 파는 건물을 점(店)이라 한다.《吏文輯覽》

356 정당한……논한다 :《대명률》〈형률 인명(人命)〉 거마살상인(車馬殺傷人) 조에 있다.

357 말이나……한다 :《대명률》〈병률 구목(廏牧)〉 축산교척인(畜産咬踢人) 조에 있다.

제62항 미치거나 실성하여 사람을 죽이면 사형을 감하여 정배(定配)한다. ❶ 사람을 죽인 자가 귀가 먹고 말을 못하여 추문(推問)할 수 없으면 자복받지 않고 지레 먼저 처단하는 것은 상법(常法)에 어긋나므로 또한 이 율에 따른다.

제63항 이웃 아이가 장난치며 서로 싸우다 넘어져서 죽게 되었는데 죄를 범한 자가 10세 미만이면 용서한다.〈속〉 ❶ 10세 이상, 15세 이하가 장난치다가 사람을 죽이면 차율(次律)로 등급을 줄인다.〈증〉

제64항 사수(死囚)가 죄를 자복하고 수금되어 있으면서 친척이나 친구로 하여금 자신을 죽이게 하거나, 사람을 고용하여 죽이게 하면 친척이나 친구 및 직접 죽인 사람은 본래의 살인죄에서 2등급을 줄인다. ❶ 수인(囚人)의 아들·손자나 노비·고공(雇工)이면 모두[358] 참형이다. ❷ 수인이 비록 죄를 자복하였으나 자신을 죽이게 하지 않았거나, 비록 죽이게 하였더라도 아직 죄를 자복하지 않았는데 멋대로 죽이면 각각 다투다가 살상한 죄로 논한다.[359]

358 모두 : 여기서는 아들·손자·노비·고공인을 지칭하며, 고용된 타인은 포함되지 않는다. 고용된 타인은 여전히 본래의 살인죄에서 2등급을 줄인다. 《大清律輯註(下) 1004쪽》

359 사수(死囚)가……논한다 : 《대명률》〈형률 단옥(斷獄)〉 사수영인자살(死囚令人自殺) 조에 있다.

제65항 **밤에 정당한 이유 없이 타인의 집안에 들어가면 장(杖) 80이다. 집주인이 그 자리에서 바로 죽이면 논하지 않는다.** ❶ 이미 체포하였는데 함부로 살상하면 다투다가 살상한 죄에서 2등급을 줄이고, 죽게 하면 장 100 도(徒) 3년이다.[360] ⟨율⟩ ❷ 명화적(明火賊)을 그 자리에서 때려 죽인 경우 외에는 관가에 고하지 않고 함부로 죽이면 법에 따라 처벌한다.

제66항 **어머니가 몰래 간통하였는데 그 아들이 간통 현장에서 간부(姦夫)를 찔러 죽이면 정상을 참작하여 정배(定配)한다.** ⟨속⟩ ❶ 시집가지 않은 딸이 타인에게 위협받고 강간당할 때 그 부모가 강간 현장에서 범인을 때려 죽이면 장(杖) 100이다. ⟨증⟩

제67항 **궁내(宮內)에서 성내고 다투면 태(笞) 50이다. 싸우는 소리가 임금이 있는 곳까지 들리거나 서로 때리면 장 100이다. 절상 이상이면 일반인이 때려 상해를 입힌 죄[361]에 2등급을 더한다.** ❶ 전내(殿內)이면 차례로 1등급을 더한다.[362]

제68항 **죄인이 병장기(兵仗器)[363]를 가지고 체포에 저항하여 체포하**

360 밤에……3년이다 : 《대명률》 〈형률 투구(鬪毆)〉 투구(鬪毆) 조에 있다.

361 일반인이……죄 : 손이나 발로 타인을 때렸으나 상해하지 않았으면 태 20이고, 상해하였거나 다른 물건으로 타인을 때렸으나 상해하지 않았으면 태 30, 상해하였으면 태 40이다. 《大明律 刑律 鬪毆 鬪毆》

362 궁내(宮內)에서……더한다 : 《대명률》 〈형률 투구(鬪毆)〉 궁내분쟁(宮內忿爭) 조에 있다.

363 병장기(兵仗器) : 원문은 '장(杖)'인데, 《대명률부례(大明律附例)》, 《대

려는 사람이 격투하다가 죽이거나, 죄수가 도주하여 체포하려는 사람이 쫓아가 죽이거나, 죄수가 궁지에 몰려 자살하면 논하지 않는다. ❶ 이미 체포하였거나 체포에 저항하지 않았는데도 죽이거나 절상의 상해를 입히면 다투다가 살상한 죄로 논한다. 죄인이 죽을죄를 지었어도 함부로 죽이면 장(杖) 100이다.[364] ⟨율⟩ ❷ 체포에 저항하여 사람을 때린 경우에 대한 규정은 위의 〈도망(逃亡)〉 조에 보인다.⟨보⟩

제69항 **피살자의 친속이 정범(正犯)의 집을 부수고 재산을 약탈해 가면 강도율(强盜律)로 논한다.** ❶ 재산은 돌려준다.⟨속⟩

제70항 **살옥(殺獄)으로 오래 갇혀 있던 죄인이 80세가 되고 증거가 모두 없어졌으면 사형을 감하여 정배(定配)한다.**⟨증⟩

명률집해부례(大明律集解附例)》, 《대명률부례전석(大明律附例箋釋)》에는 '장(仗)'으로 되어 있다. 장(仗)은 쇠나 나무로 된 칼이나 몽둥이 따위이다. 《律條疏議(下) 9쪽》

364 죄인이 병장기(兵仗器)를……100이다 : 《대명률》 〈형률 포망(捕亡)〉 죄인거포(罪人拒捕) 조에 있다.

붙임 고한(辜限)

제1항 **보고(保辜)는 범인으로 하여금 피해자를 치료하게 하는 것이다. 보고 기한 안에 상해로 인하여 죽으면 다투다가 때려서 죽인 죄[365]로 논한다. 보고 기한이 지난 뒤에 죽으면 각각 본래 때려서 상해를 입힌 경우의 율[366]에 따른다.** ❶ 비록 보고 기한 이내라도 상해가 이미 회복되었고 문안(文案)도 명백한데 별도로 다른 연고로 인해 죽으면 본래 때려서 상해를 입힌 경우의 율에 따른다.[367] 〈율〉 ❷ 고살(故殺)에도 보고 기한을 적용한다. 〈속〉

제2항 **손, 발 및 다른 물건으로 때려 상해하면 보고 기한이 20일이고, 칼이나 끓는 물이나 불로 상해하면 30일, 지체를 부러뜨리거나 어긋나게 하거나 뼈에 금이 가게 하거나 낙태하게 하면** ❶ 손, 발로 때렸거나 다른 물건으로 때렸거나를 따지지 않는다. **50일이다.** ❷ 보고 기한이 지나도록 회복되지 않을 경우 손, 발, 다른 물건, 쇠붙이, 끓는 물, 불로 상해를 입힌 경우에는 10일을 더하고, 지체를 부러뜨리거나 어긋나게 하거나 뼈에

365 다투다가……죄 : 다투다 때려 살인하면 손, 발, 다른 물건, 쇠붙이를 따지지 않고 모두 교형이다.《大明律 刑律 人命 鬪毆及故殺人》

366 때려서 상해를……율 : 손이나 발로 타인을 때렸으나 상해하지 않았으면 태 20이고, 상해하였거나 다른 물건으로 타인을 때렸으나 상해하지 않았으면 태 30, 상해하였으면 태 40이다.《大明律 刑律 鬪毆 鬪毆》

367 보고(保辜)는……따른다 : 《대명률》〈형률 투구(鬪毆)〉 보고기한(保辜期限) 조에 있다.

금이 가게 하거나 낙태하게 한 경우에는 20일을 더하되, 임금에게 아뢰어 결정한다.[368][369]

제3항 절상 이상의 상해인데 보고 기한 이내에 회복하면 각각 2등급을 줄인다. 1 낙태하게 한 경우는 줄이지 않는다. 비록 보고 기한 내에 회복되었더라도 잔질(殘疾)·폐질(癈疾)·독질(篤疾)이 되거나, 보고 기한의 날짜가 찼는데도 회복되지 않으면 각각 율에 따라 전과(全科)[370]한다.[371] 〈율〉

368 보고 기한이 지나도록……결정한다 : 사람을 때려 상해하였는데 보고 기한 내에 회복되지 않아 보고 기한이 지나도록 지연되었을 때 물건, 쇠붙이, 끓는 물, 불로 상해를 입힌 경우는 보고 기한 외에 10일 이내, 지체를 부러뜨리거나 어긋나게 하거나 뼈에 금이 가게 하거나 낙태하게 한 경우는 20일 이내를 기한으로 하여, 본래의 상해로 인해 죽었을 경우 그 실정이 확실하면 사죄(死罪)로 의의해서 주청(奏請)하여 정탈(定奪)하고 그 외에는 외람되게 의의하는 것을 허락하지 않는다.《大明律集解附例 刑律 鬪毆 保辜期限 條例》《受敎定例 附錄 大明律附例抄 鬪毆條》

369 손, 발 및……결정한다 :《대명률》〈형률 투구(鬪毆)〉 보고기한(保辜期限) 조에 있다.

370 전과(全科) : 감등 없이 율문에 정해진 형량대로 온전히 과죄(科罪)하는 것이다.

371 절상……전과(全科)한다 :《대명률》〈형률 투구(鬪毆)〉 보고기한(保辜期限) 조에 있다.

제1항 **조부모, 부모 및 남편이나 가장이 타인에게 살해되었는데 아들, 손자, 처·첩, 노비, 고공이 사화(私和)하면 장(杖) 100 도(徒) 3년이다. 기친 존장이 살해되었는데 비유(卑幼)가 사화하면 장 80 도 2년이다. 대공 이하는 차례로 1등급을 줄인다. 비유가 살해되었는데 존장이** ❶ 기친 이하이다. **사화하면 각각 1등급을 줄인다.** ❷ 비유가 사화한 경우보다 줄이는 것이다. **아들, 손자, 며느리, 손자며느리 및 처·첩, 노비, 고공이 살해되었는데 조부모, 부모, 남편, 가장이 사화하면 장 80, 일반인이 사화하면 장 60이다.** ❸ 재물을 받으면 아울러 절도죄이고, 무거운 쪽으로 논한다.[372][373]

제2항 **아들, 손자 및 노비를 고살(故殺)하고 타인에게 도뢰(圖賴)하면[374] 장(杖) 70 도(徒) 1년 반이다. 아들이나 손자가 이미 죽은 조부모나 부모의 시신을, 노비나 고공(雇工)이 가장의 시신을 가지고 타인에게 도뢰하면 장 100 도 3년이다. 기친 존장**

372 조부모, 부모 및……논한다 : 《대명률》 〈형률 인명(人命)〉 존장위인살사화(尊長爲人殺私和) 조에 있다.

373 재물을……논한다 : 재물을 받으면 장(贓)을 계산하여 절도에 준하여 논하되, 무거운 쪽으로 과단(科斷)한다는 뜻이다.

374 타인에게 도뢰(圖賴)하면 : 타인에게 악한 일을 뒤집어씌워서 죄에 빠지게 하여 복수를 꾀하는 것으로, 다른 사람이 죽였다고 무함하고 그 사람이 목숨으로 갚게 하여 자기 원한을 풀고자 하는 것이다. 《大明律例諺解 卷22 49張》《大淸律輯註(下) 695쪽》

의 시신이면 장 80 도 2년이고, 대공 이하의 시신이면 차례로 1등급을 줄인다. 존장이 이미 죽은 비유(卑幼)나 타인의 시신을 가지고 다른 사람에게 도뢰하면 장 80이다. ❶ 관에 고발하면 고발한 바의 경중에 따라 무고율(誣告律)에 따라 논죄한다. 이로 인하여 속여서 재물을 취하면 절도에 준하여 논하고,[375] 재물을 억지로 빼앗으면 백주창탈(白晝搶奪)[376]에 준하여 논한다.[377] 〈율〉

375 절도에 준하여 논하고 : 절도를 행하였으나 재물을 얻지 못하면 태 50이고 자자(刺字)는 면해 준다. 《大明律 刑律 盜賊 竊盜》

376 백주창탈(白晝搶奪) : 대낮에 타인의 재물을 창탈하면 장 100 도 3년이다. 장(贓)을 계산하여 무거우면 절도죄에 2등급을 더한다. 타인을 상해하면 참형이다. 《大明律 刑律 盜賊 白晝搶奪》

377 아들……논한다 : 《대명률》 〈형률 인명(人命)〉 살자손급노비도뢰인(殺子孫及奴婢圖賴人) 조에 있다.

제1항 아버지가 타인에게 맞아 상해가 중하여 아들이 그 사람을 때려 죽게 하면 사형을 감하여 정배(定配)한다. 〈속〉

제2항 조부모나 부모가 타인에게 맞을 때 아들이나 손자가 즉시 구호하면서 되받아 때린 경우 절상(折傷) 이상이면 ❶ 절상이 아니면 논하지 않는다. **일반인이 다툰 경우의 죄[378]에서 3등급을 줄인다.** ❷ 죽게 되면 통상의 율[379]에 따른다. ❸ 아들이나 손자가 수종(隨從)하지 않거나 함께 모의하지 않고 같이 때린 것이 곧 이 경우이다. 만약 함께 모의하여 때렸으면 일반인 수범과 종범으로 논한다.[380]

제3항 조부모의 존장이 조부모를 때려서 그 존장을 때리면 존장을 때렸을 때 적용하는 율[381]에 따른다. ❶ 남편의 조부모·부모와

378 일반인이……죄 : 손이나 발로 타인을 때렸으나 상해하지 않았으면 태 20이고, 상해하였거나 다른 물건으로 타인을 때렸으나 상해하지 않았으면 태 30, 상해하였으면 태 40이다.《大明律 刑律 鬪毆 鬪毆》

379 통상의 율 : 손, 발, 다른 물건, 쇠붙이를 따지지 않고 모두 교형이다.《大明律 刑律 人命 鬪毆及故殺人》

380 조부모나……논한다 :《대명률》〈형률 투구(鬪毆)〉 부조피구(父祖被毆) 조에 있다.

381 존장을 때렸을……율 : 비유(卑幼)가 본종(本宗)이나 외인(外姻)의 시마인 형이나 누나를 때리면 장 100, 소공을 때리면 장 60 도 1년, 대공을 때리면 장 70 도 1년 반이다. 존속(尊屬)을 때리면 또 각각 1등급을 더한다.《大明律 刑律 鬪毆 毆大功以下尊長》

처의 조부모·부모가 서로 때리면 자부(子婦)는 어느 편도 들 수 없다. 범하면 통상의 율[382]에 따른다.

제4항 **조부모나 부모가 타인에게 살해되었는데 아들이나 손자가 함부로 살인자를 죽이면 장(杖) 60이다.** 〈율〉 ❶ 처가 남편의 원수에게 복수하거나 어머니가 아들의 원수에게 복수하여 함부로 죽인 경우에도 율이 같다. 〈속〉 ❷ 계모가 아버지를 살해하여 되받아 계모를 살해하면 함부로 살인자를 죽였을 때의 율에 따른다. **그 자리에서 바로 죽이면 논하지 않는다.**[383] 〈율〉

제5항 **아버지가 살해되어 옥사가 이루어졌는데 조사가 끝나기를 기다리지 않고 함부로 원수를 죽이면 사형을 감하여 정배(定配) 한다.**

제6항 **아버지가 타인과 싸우다가 물려 상해를 입은 곳이 썩어서 사망하였는데 60일 뒤에 아들·딸이나 며느리가 원수를 함부로 죽이면, 《대명률부례(大明律附例)》의 지체를 부러뜨리거나 어긋나게 할 경우 보고 기한(保辜期限)에 20일을 추가한다는 예**[384]

382 통상의 율 : 손이나 발로 타인을 때렸으나 상해하지 않았으면 태 20이고, 상해하였거나 다른 물건으로 타인을 때렸으나 상해하지 않았으면 태 30, 상해하였으면 태 40이다. 《大明律 刑律 鬪毆 鬪毆》

383 조부모나……않는다 : 《대명률》〈형률 투구(鬪毆)〉 부조피구(父祖被毆) 조에 있다.

384 지체를……예 : 본조 고한(辜限) 2항 참조.

에 따라, 함부로 죽인 경우에 대한 율[385]을 적용한다. 부녀(婦女)는 용서한다.

제 7 항 **아버지가 살해되었는데 사화(私和)하고 장례비를 받았다가 오래 지난 뒤에 함부로 죽이면 사화에 대한 율[386]을 적용한다.** 〈속〉

385 함부로……율 : 조부모나 부모가 타인에게 살해되었는데 자식이나 손자가 함부로 살인자를 죽이면 장 60이다. 《大明律 刑律 鬪毆 父祖被毆》 부모의 원수와는 같은 하늘 아래에서 살 수 없기 때문에 함부로 죽였더라도 장 60으로 가볍게 처벌하는 것이다. 《大明律附例箋釋 卷20 33張》

386 사화에 대한 율 : 조부모, 부모, 남편, 가장이 타인에게 살해되었는데 아들, 손자, 처·첩, 노비, 고공인이 사화하면 장 100 도 3년이다. 기친 존장이 살해되었는데 비유(卑幼)가 사화하면 장 80 도 2년이다. 대공 이하는 각각 1등급을 줄인다. 《大明律 刑律 人命 尊長爲人殺私》

제1항 **초검(初檢)은 서울에서는 해당 부(部)의 관원이, 지방에서는 지방관이 한다. 복검(覆檢)은 서울에서는 한성부 낭관이 하고, 지방에서는 관찰사가 차원(差員)을 정하여 시신의 상처를 검험하게 한 뒤에 입안(立案)을 만들어 준다.** ❶ 죽은 자가 비록 다른 읍의 사람이라도 시신이 있는 곳의 지방관이 검시한다. 〈속〉 ❷ 검시하는 법에는 《무원록(無冤錄)》을 적용한다. ❸ 초검장(初檢狀)과 복검장(覆檢狀)에는 검험관이 실인(實因)을 기록하고, 의견을 발사(跋辭)에 기록한다. ❹ 복검 후에는 시신을 회봉(灰封)하여 지키고, 형조가 제사(題辭)를 내주기를 기다린다. 〈보〉 ❺ 초검과 복검의 내용은 법적으로 감히 서로 알 수 없도록 되어 있다. 검험하는 아전이 사사로이 누설하면 엄히 형추(刑推)하고 정배(定配)한다. ❻ 정직인(正職人)이나 잡직인(雜職人)의 처와 사족(士族)의 부녀(婦女)는 비록 사람을 죽여 사형되더라도 검험하지 않는다. 〈증〉 ❼ 수령이 관할하는 백성을 때려서 죽게 한 경우 검시는 논하지 않는다.

제2항 **초검과 복검의 실인(實因)에** ❶ 인하여 죽게 된 실제 원인이다. **만약 의심스러운 단서가 있으면 삼검(三檢)과 사검(四檢)을 한다.** 〈속〉 ❷ 초검은 해당 부(部)의 관원이 하되 한성부의 아전을 정해서 보내고, 복검은 한성부의 낭청이 하되 형조의 아전을 정해서 보내고, 삼검은 형조가 계품하여 낭관을 보내되 복검에 참여하지 않은 아전을 데리고 가게 한다. 〈속〉 〈보〉 ❸ 사람을

살해하고 몰래 묻은 경우에는 검험한다. 그 밖에는 이미 매장하였으면 파내어 검험하지 않되, 혹 부득이 파내어 검험해야 하면 반드시 계문하여 거행한다.〈증〉〈보〉

제3항 **검시할 때 첩문(牒文)이 도착하였는데도 즉시 검험하지 않아 시신이 변질되게 하거나, 직접 가서 살펴보지 않고 이졸(吏卒)에게 떠넘기거나, 초검 관리와 복검 관리가 서로 만나 시신의 상태에 대해 담합하거나, 검험에 마음을 쓰지 않아서 시신의 상처 부위를 바꾸거나 가볍게 하거나 무겁게 하거나 더하거나 줄여 사실대로 하지 않아서 죽게 된 근본 원인을 확정하는 것이 분명하지 않게 되면 논죄한다.** ❶ 정관(正官)은 장(杖) 60, 수령관(首領官)은 장 70, 이전(吏典)은 장 80이다. 오작(仵作) 및 항인(行人)[387]도 죄가 같다. 이로 인하여 범인의 죄가 늘거나 줄면 실수로 타인의 죄를 가볍게 하거나 무겁게 한 죄로 논한다. ❷ 재물을 받고 고의로 검험을 사실대로 하지 않으면 고의로 타인의 죄를 가볍게 하거나 무겁게 한 죄로 논한다. 장(贓)이 무거우면 왕법(枉法)[388]으로 보되 무거운 쪽으로 논한

387 오작(仵作) 및 항인(行人) : '오작'은 검시·매장을 하는 사람이고, '항인'은 검시하는 사명(使命)의 통칭이다. 도살인을 오작 및 항인으로 삼는 일이 많기 때문에 '도항(屠行)'이라고도 한다.《大明律例諺解 卷29 26張》 오작은 쇄장(鎖匠)이고, 항인은 사령의 부류이다.《增修無冤錄諺解 卷1 檢覆 檢覆摠說》

388 왕법(枉法) : 왕(枉)은 굽힌다는 뜻으로, 관리가 마땅히 법을 집행해야 하는데 스스로 한쪽으로 치우치고 굽혀 남의 뜻을 따르는 것이다.《大淸律輯註(下) 851쪽》

다.[389] [390] 〈율〉

제 4 항 살옥(殺獄)은 반드시 상세하고 신중히 해야 하니, 나이가 아직 차지 않은 ❶ 15세 이하이다. **아이는 증인으로 삼지 않는다.** 〈속〉

제 5 항 지경 안에 죽은 사람이 있는데 이장(里長)이나 이웃 사람이 관에 보고하여 검험하게 하지 않고 다른 곳으로 옮기거나 매장하면 장(杖) 80이고, 시신을 잃게 하면 장 100이다. ❶ 시신을 훼손하거나 물속에 버리면 장 60 도(徒) 1년이다. 물속에 버렸지만 잃어버리지는 않았거나, 머리털을 없애버렸거나, 손상만 입혔으면 1등급을 줄인다. 이로 인하여 의복을 훔치면 절도에 준하여 논한다.[391] [392] 〈율〉

제 6 항 계하받은 죄인이 사망하면 해당 아문이 한성부에 공문을 보내고, 한성부가 검시한 뒤에 해당 아문이 단자(單子)로 입계한다.

389 무거운 쪽으로 논한다 : 장죄(贓罪)가 무거우면 장죄를 따르고, 타인의 죄를 가볍게 하거나 무겁게 한 죄가 장죄보다 무거우면 이를 따르는 것이다. 《大明律 刑律 受贓 官吏受財》

390 검시할……논한다 : 《대명률》 〈형률 단옥(斷獄)〉 검험시상불이실(檢驗屍傷不以實) 조에 있다.

391 절도에 준하여 논한다 : 절도를 행하였으나 재물을 얻지 못하면 태 50이고 자자(刺字)는 면해 준다. 재물을 얻었으면 일주위중(一主爲重)과 병장(倂贓)으로 논한다. 《大明律 刑律 盜賊 竊盜》 여기서는 의복과 재물을 모두 의미한다.

392 지경……논한다 : 《대명률》 〈형률 도적(盜賊)〉 발총(發塚) 조에 있다.

제7항 **정배 죄인(定配罪人)이 사망하면 지방관이 검험하여** ❶ 흑산도(黑山島)는 별장이 한다. **순영에 보고하고, 순영에서 계문한다.** 〈속〉 ❷ 해당 관사는 장부에 기록해 둔다.〈경〉 ❸ 국옥(鞫獄) 외의 일로 정배된 종친·훈신과 문관·무관·음관으로서 하대부(下大夫) 이상 및 시종신(侍從臣)을 거친 자는 배소에서 사망하여도 검험하지 않는다. 사족(士族)의 부녀(婦女)도 같다.〈증〉

제16조 발총(發塚)

제1항 **무덤을 파헤쳤는데 관곽에 이르지 않았으면 장(杖) 100 도(徒) 3년, 관곽을 드러내면 장 100 유 3000리, 관을 열어 시신을 드러내면 교형이다.** ❶ 무덤이 이미 파헤쳐져 무너져 있거나 아직 출빈(出殯)하거나 매장하지 않았는데 시신이 든 관을 훔치면 장 90 도 2년 반이고, 관을 열어 시신을 드러내면 교형이다. 무덤의 기물이나 벽돌을 훔치면 일반적인 절도에 준하여 논한다.[393] ❷ 비유(卑幼)가 존장의 무덤을 파헤치면 일반인인 경우와 같이 논한다. 관을 열어 시신을 드러내면 참형이고, 시신을 버리고 무덤이 있는 땅을 팔면 죄가 같다. 만약 무덤을 파헤치고 관을 버리거나, 다른 곳에 개장(改葬)하고 무덤이 있는 땅을 팔았을 경우 시신을 노출하지 않았으면 관을 드러낸 경우로 논한다. 그 땅을 산 사람이나 중개인이 실정을 알았으면 장 80이고, 값을 추징하여 관에 들이며, 땅은 동종(同宗)에게 돌려준다. 존장이 비유의 무덤을 파헤쳐 관을 열어 시신을 드러내는 경우 시마이면 장 100 도 3년이고, 소공 이상은 차례로 1등급을 줄이고, 아들이나 손자이면 장 80이다. ❸ 타인의 무덤에서 여우나 너구리를 잡으려고 연기를 피우다가 이로 인하여 관곽을 태우면 장 80 도 2년이고, 시신을 태우면 장

393 일반적인……논한다 : 절도를 행하였으나 재물을 얻지 못하면 태 50이고 자자(刺字)는 면해 준다. 재물을 얻었으면 일주위중(一主爲重)과 병장(倂贓)으로 논한다.《大明律 刑律 盜賊 竊盜》

100 도 3년이다. 시마 이상의 존장이면 차례로 1등급을 더하고, 비유이면 차례로 1등급을 줄인다. 아들·손자가 조부모·부모의 무덤에서, 노비·고공(雇工)이 가장의 무덤에서 여우나 너구리를 잡으려고 연기를 피우면 장 100, 관곽을 태우면 장 100 도 3년, 시신을 태우면 교형이다. **4** 땅을 파다가 시신을 발견하였는데 즉시 덮어서 묻지 않으면 장 80이다.[394] 〈율〉

제 2 항 **산빈(山殯)을 파헤치고 허물어서 옷이나 이불을 벗겨 내어 가지거나, 죽은 사람의 살을 먹으면 강도율(强盜律)[395]로 논한다.** **1** 해골을 파내어 가진 경우도 율에 따라〈속〉 - **1** 관을 열어 시신을 드러나게 한 죄에 대한 율이다.〈보〉 - **과단(科斷)하고, 체포하면 논상(論賞)한다.**〈속〉

제 3 항 **시신을 훼손하거나,** **1** 시신이 집에 있거나 들에 있어서 아직 출빈(出殯)하거나 장사 지내지 않았을 때이다. **시신을 물속에 버리면 장(杖) 100 유(流) 3000리이다.** **2** 시마 이상 존장의 시신을 훼손하거나 버리면 참형이다. 시신을 버렸지만 잃어버리지 않았거나, 머리털을 모두 없애 버렸거나, 손상만 입혔으면 각각 1등급을 줄인다. 시마 이상 비유(卑幼)의 시신이면 일

394 무덤을 파헤쳤는데……80이다 : 《대명률》 〈형률 도적(盜賊)〉 발총(發塚) 조에 있다.

395 강도율(强盜律) : 강도를 행하였으나 재물을 얻지 못하면 모두 장 100 유 3000리이다. 단, 재물을 얻으면 수범과 종범을 구분하지 않고 모두 참형이다. 《大明律 刑律 盜賊 强盜》

반인의 예에 따르되 차례로 1등급을 줄이고, 아들이나 손자의 시신이면 장 80이다. 아들이나 손자가 조부모나 부모의 시신을, 노비나 고공(雇工)이 가장의 시신을 훼손하거나 버리면 참형이다. 남편과 아내는 시마 이상 존장이나 비유의 시신을 훼손하거나 버린 죄에 대한 율에 따른다. 만약 유언에 따라 시신을 태우거나 물속에 둔 것이면 논하지 않는다.[396] [397] 〈율〉

396 유언에……않는다 : 《대명률》에서는 장 100으로 논죄한다고 하였다. 《大明律 禮律 儀制 喪葬》

397 시신을 훼손하거나,……않는다 : 《대명률》 〈형률 도적(盜賊)〉 발총(發塚) 조, 〈예율 의제(儀制)〉 상장(喪葬) 조에 있다.

제17조 실화(失火)

제 1 항 **실화하여 자기의 건물을 태우면 태(笞) 40, 불이 번져 관이나 민간의 건물을 태우면 태 50, 인명을 상하게 하면 장(杖) 100이다. 불이 번져 종묘나 궁궐을 태우면 교형이고, 사(社)를 태우면 1등급을 줄인다. 산릉의 묘역 안에서 실화하면 장 80 도(徒) 2년이고, 불이 번져 숲의 나무를 태우면 장 100 유(流) 2000리이다. 관부(官府)의 공해(公廨)나 창고 안에서 실화하면 장 80 도 2년이다.** ❶ 외부에서 실화하여 불이 번져 타면 각각 3등급을 줄인다. 주수(主守)하는 사람[398]이 그로 인하여 재물을 횡령하면 감수자도(監守自盜)[399]로 논한다.[400] 〈율〉 ❷ 조심하지 않아 창고를 불태운 창리(倉吏)나 고자(庫子)는 장 100을 치고 도내(道內)의 잔역(殘驛)에 도 3년이고, 물간사전(勿揀赦前)[401]한다.〈속〉

398 주수(主守)하는 사람 : 창고·옥수(獄囚)·잡물 따위를 지키거나 관장하는 관리로, 고자(庫子)·두급(斗級)·찬전(攢典)·난두(攔頭)·금자(禁子) 등이다.《大明律 名例律 稱監臨主守》

399 감수자도(監守自盜) : 감림(監臨)이나 주수(主守) 자신이 창고의 전량이나 그 밖의 물건을 훔치면 수범과 종범을 구분하지 않고 병장(併贓)으로 논죄한다.《大明律 刑律 盜賊 監守自盜倉庫錢糧》 자세한 내용은 39쪽 주76 참조.

400 실화하여 자기의……논한다 :《대명률》〈형률 잡범(雜犯)〉 실화(失火)조에 있다.

401 물간사전(勿揀赦前) : 사령(赦令)이 내리기 전에 지은 죄에 대해 사령이 내리더라도 사면받지 못하는 것이다.

제 2 항 **방화하여 고의로 자기의 건물을 태우면 장(杖) 100, 불이 번져 관이나 민간의 건물 및 쌓아 둔 물건을 태우면 장 100 도(徒) 3년이다.** ❶ 이로 인하여 재물을 훔치면 참형이다. 사람을 살상하면 고의로 살상한 것[402]으로 논한다. **고의로 관이나 민간의 건물, 청사 및 창고, 쌓아 둔 관의 물건을 태우면 모두 참형이다.[403] 고의로 타인의 빈 건물이나 밭에 쌓아 둔 물건을 태우면 1등급을 줄인다.** ❷ 물건이 불타 줄어든 만큼의 값을 계산해서 범인의 재산 한도 내에서 절좌(折剉)[404]하여 배상하게 해서 관에 돌려주거나 주인에게 주되, 재산이 충분하지 않으면 면해 준다.[405] [406] 〈율〉

제 3 항 **능상(陵上)에 방화하면 의금부로 이송하여 국청(鞫廳)을 연다.** ❶ 종범은 죄의 경중을 구분하여 절도(絶島)나 극변(極邊)에 정

402 고의로 살상한 것 : 다투다 때려 살인하면 손, 발, 다른 물건, 쇠붙이를 따지지 않고 모두 교형이다. 고의로 살인하면 참형이다.《大明律 刑律 人命 鬪毆及故殺人》

403 고의로 관이나……참형이다 : 들판에 쌓아 둔 것, 별도의 건물 안에 저장한 것, 건물 담장 안에 노적한 것을 고의로 태우면 수범과 종범 모두 참형이다.《大淸律輯註(下) 949쪽》

404 절좌(折剉) : '절(折)'은 값에 해당하는 것을 절산(折算)하는 것이고, '좌(剉)'는 그 액수를 쪼개는 것이다.《大淸律輯註(下) 947쪽》 화폐로 물건의 수량에 걸맞게 하는 것을 '절', 균등하게 쪼개어 나누는 것을 '좌'라고 한다.

405 재산이……준다 : 가산이 다 떨어지면 더 이상의 추징을 면해 주고, 매우 가난하면 그 죄만 과단한다.《大淸律輯註(下) 946쪽》

406 방화하여……준다 :《대명률》〈형률 잡범(雜犯)〉 방화고소인방옥(放火故燒人房屋) 조에 있다.

배(定配)한다.

제 4 항 노(奴)가 그 주인집의 사판(祠版)에 방화하면 교형이다.

제 5 항 **송전(松田)에** ❶ 영애(嶺隘) 금양처(禁養處)의 표지(標識)로 정해 놓은 곳 안쪽도 같다. 산허리를 한계로 삼는다. **방화하면 사형으로 논한다.** ❷ 산지기와 감관이 적발하지 못하면 불각실수율(不覺失囚律)[407]로 논한다. 재물을 받고 죄인을 고의로 놓아주면 왕법(枉法)으로 논한다. ❸ 봉산(封山)에서의 실화(失火)가 만약 봉산 밖의 원전(元田)을 태운 것 때문이면 밭 주인은 장(杖)을 치고 정배하고, 감관과 색리는 무거운 쪽으로 곤(棍)을 친다.〈속〉 ❹ 송전에 실화하였으면 감관과 산지기는 무겁게 곤을 치고, 수령은 파직하지 않는다.〈증〉

407 불각실수율(不覺失囚律) : 옥졸이 제대로 각찰(覺察)하지 못하여 수인(囚人)을 놓치면 수인의 죄에서 2등급을 줄인다.《大明律 刑律 捕亡 主守不覺失囚》

제18조 사위(詐僞)

제 1 항 **인신(印信)을 위조하면 인문(印文)이 아직 완성되지 않았더라도 참형이다.**〈경〉 ❶ 어보(御寶)이면 부대시참(不待時斬)이고, 아문의 인신이면 대시참(待時斬)이다.〈보〉 ❷ 처자(妻子)는 여러 읍의 노비로 영구히 소속시킨다. ❸ 위조한 자를 체포·고발하면 범인의 재산을 준다.〈경〉 ❹ 인신을 위조하여 새기거나 전문(篆文)을 모사하여 그리면 모두 사형으로 논한다.〈속〉 ❺ 인문이 없는데도 문안(文案)을 작성하여 대벽(大辟)에 해당시키는 일은 신중히 살펴서 한다.〈보〉 ❻ 호장인(戶長印)의 인신을 위조하면 절도(絶島)로 보내어 노비로 삼고 물간사전(勿揀赦前)한다.〈속〉

제 2 항 **역일(曆日), 부험(符驗), 야순동패(夜巡銅牌)를 위조하면 참형이고,** ❶ 고발·체포하면 상으로 은 50냥을 준다. **관방인기(關防印記)이면 장(杖) 100 도(徒) 3년이다.** ❷ 고발·체포하면 상으로 은 30냥을 준다. ❸ 종범이거나 실정을 알면서도 사용한 자는 각각 1등급을 줄인다. 위조하려고 하였으나 완성하지 못하였으면 또 1등급을 줄인다. 해당 관사에서 알면서도 들어주어 시행하면 더불어 같은 죄이다.[408]〈율〉

제 3 항 **호패(號牌)를 위조하면 인신(印信)을 위조하였을 때 처벌하는**

408 역일(曆日)……죄이다 : 《대명률》〈형률 사위(詐僞)〉 위조인신역일등(僞造印信曆日等) 조에 있다.

율[409]로 논한다.

제4항 **사사로이 전문(錢文)을 주조하면 장인(匠人) 및 주조하는 일을 도운 사람은 모두 부대시참(不待時斬)이다.** ❶ 체포·고발한 사람은 강도를 체포한 예에 따라 논상(論賞)한다. ❷ 장소를 제공하거나, 함께 모의하여 이익을 나누기로 했으면 사형으로 논한다. 화로(火爐)를 설치하였으나 아직 사용하지 않았으면 차율(次律)로 논한다.

제5항 **가짜 은(銀)을 제조하면 사사로이 동전을 주조하였을 때 처벌하는 율[410]로 논한다.**

제6항 **부삼(附蔘)이나 조삼(造蔘) 따위는 은전(銀錢)을 위조하였을 때 처벌하는 율[411]에 따른다.** ❶ 물건은 속공(屬公)한다.〈속〉

제7항 **제서(制書)를 위조하면 참형이다.** ❶ 종범은 장(杖) 100 유(流) 3000리이다. ❷ 아직 시행되지[412] 않았으면 1등급을 줄인다. 해

409 인신(印信)을……율 : 여러 아문의 인신이나 역일(曆日), 부험(符驗), 야순동패(夜巡銅牌), 차인(茶引), 염인(鹽引)을 위조하면 참형이다.《大明律 刑律 詐僞 僞造印信曆日等》

410 사사로이……율 : 동전을 사사로이 주조하면 교형이다. 장인(匠人)도 죄가 같다.《大明律 刑律 詐僞 私鑄銅錢》

411 은전(銀錢)을……율 : 금이나 은을 위조하면 장 100 도 3년이다.《大明律 刑律 詐僞 私鑄銅錢》

412 시행되지 : 본래 조문에서는 담당 관사에 교부된 것을 의미한다. 비록

당 관사가 알면서도 들어주어 시행하면 더불어 같은 죄이다. ❸ 조지(詔旨)를 거짓으로 전달하면 참형이고, 의지(懿旨) -❶ 황후의 조령(詔令)이다.- 나 황태자의 영지(令旨)이면 교형, 친왕(親王)의 영지이면 장 100 유 3000리이다. 해당 관사에서 알면서도 시행하면 더불어 같은 죄이다. ❹ 각 아문에서 전량(錢糧) 추징이나 형사 사건 국문(鞫問) 등의 공사를 처리할 때, 해당 관리가 주문(奏聞)하여 재가받아서 그에 따라 시행해야 하는 사안에 대해 조지를 받들었다고 거짓말하고 추문(追問)[413]하면 참형이다.[414]

제8항 **대제(對制)[415]나 주사(奏事), 상서(上書)를 할 때 속이고 사실대로 하지 않으면 장(杖) 100 도(徒) 3년이다. 비밀로 해야 할 일이 아닌데도 비밀로 해야 할 것이 있다고 거짓말하면 1등급을 더한다. 제서(制書)를 받들어 추문(推問)하거나 안문(按問)한[416] 사안을 황제에게 보고하면서 사실대로 하지 않으면 장**

담당 관사를 거치지 않았더라도 말을 거짓 전달하거나 제서 내용을 증감하여 접수하였다면 역시 시행한 것이 된다.《譯註 唐律疏議 367條 詐僞制書及增減》

413 추문(追問) : 사안을 깊이 따지고 자세히 묻는 것이다.《吏學指南》

414 제서(制書)를……참형이다 : 《대명률》 〈형률 사위(詐僞)〉 사위제서(詐僞制書) 조에 있다.

415 대제(對制) : 황제를 직접 알현하고 질문에 답하는 것이다.《譯註 唐律疏議 368條 對制上書不以實》 혹은 제명(制命)을 받들고 회주(回奏)하는 것이다.《大淸律輯註(下) 893쪽》

416 제서(制書)를……안문(按問)한 : 조지(詔旨)를 받들어 범죄의 진상을 추국하는 것이 '추문(推問)'이고, 조지를 받들어 그 허실을 자세히 조사하는

80 도 2년이다. ❶ 사안이 중하면[417] 타인의 죄를 가볍게 하거나 무겁게 한 죄[418]로 논한다.[419]

제9항 **상서로운 징조라고 거짓으로 속이면 장(杖) 60 도(徒) 1년이다.** ❶ 재앙이나 상서가 발생하였는데도 흠천감(欽天監)에서 사실대로 보고하지 않으면 2등급을 더한다.[420]

제10항 **오군도독부(五軍都督府), 육부(六部), 간원(諫院), 감찰어사(監察御史), 총병장군(總兵將軍), 도지휘사(都指揮使), 수어(守禦)하는 관군(管軍) 아문의 문서를 위조하거나, 서명을 모사하거나, 인신(印信)을 도용하면 장(杖) 100 유(流) 3000리이다. 그 밖의 아문은 장 100 도(徒) 3년이다.** ❶ 종범은 각각 1등급을 줄인다. ❷ 아직 시행하지 않았으면 1등급을 줄인다. 규피(規避)[421] 한 일이 있어 사안이 무거우면 무거운 쪽으로 논한다. 해당 관

것이 '안문(按問)'이다.《大清律輯註(下) 894쪽》

417 사안이 중하면 : 사안이 장 80 도 2년보다 중한 경우이다.《律條疏議(下) 515쪽》

418 타인의……죄 : 늘리거나 줄인 만큼의 죄로 논한다.《大明律 刑律 斷獄 官司出入人罪》 자세한 내용은 22쪽 주25 참조.

419 대제(對制)나……논한다 :《대명률》〈형률 사위(詐僞)〉 대제상서사불이실(對制上書詐不以實) 조에 있다.

420 상서로운……더한다 :《대명률》〈형률 사위(詐僞)〉 사위서응(詐爲瑞應) 조에 있다.

421 규피(規避) : '규(規)'는 무언가 구하는 바가 있어서 행하는 것이고, '피(避)'는 무언가 피하는 바가 있어서 숨기는 것이다. 재물이나 이익은 구하여 찾고, 범한 죄는 피하는 것이다.《律條疏議(下) 511쪽》

사에서 알면서도 들어주어 시행하면 죄가 같다. **3** 1품, 2품 아문 관원의 구두 명령을 각 아문에 거짓으로 전달하여 공무를 지시할 때 규피한 일이 있으면 장 100 도 3년이다. 3품, 4품 아문 관원의 구두 명령이면 장 100, 5품 이하 아문 관원의 구두 명령이면 장 80이다. 종범은 각각 1등급을 줄인다. 재물을 얻으면 불왕법(不枉法)[422]으로 논한다. 이로 인하여 법을 어기면 왕법(枉法)으로 보되, 무거운 쪽으로 논한다.[423] 해당 관사에서 알면서도 들어주어 시행하면 더불어 같은 죄이다.[424]〈율〉

제11항 **궁방(宮房)에서 차견(差遣)된 자가 도서(圖署)를 훔쳐서 찍거나, 관문(關文)이나 첩정(牒呈)을 위조하면 엄히 형추(刑推)하고 원지(遠地)에 정배(定配)한다.** **1** 영읍(營邑)에서 은닉하고 보고하지 않으면 엄하게 감처(勘處)한다.〈증〉

422 불왕법(不枉法) : 법을 어기지 않고 공정하게 처리하는 것으로, 불왕법장(不枉法贓)은 타인에게 재물을 받았으나 법을 어기지 않은 것이다. 《大明律 刑律 受贓 官吏受財》

423 재물을……논한다 : 왕법이나 불왕법으로 재물을 얻은 죄를 처벌하는데, 거짓으로 전달하여 규피한 본죄와 비교해 보아 죄가 무거운 쪽으로 논하는 것이다. 《大明律集說附例 卷7 104張》 1품, 2품 아문 관원의 구두 명령을 거짓 전달하고 장(贓)을 받았을 경우 장을 계산하여 그에 대한 처벌 형량이 구두 명령을 거짓으로 전달했을 때 처벌하는 장 100 도 3년보다 무거우면 장죄로 논하고, 이보다 가벼우면 장 100 도 3년을 따르는 것이다. 《大明律集解附例 1806쪽》

424 오군도독부(五軍都督府)……죄이다 : 《대명률》 〈형률 사위(詐僞)〉 사위제서(詐僞制書) 조에 있다.

제12항 재상(宰相)의 서간(書簡)을 위조하였는데 관계됨이 중하면 변원(邊遠)에 정배(定配)한다.〈속〉

제13항 가짜 관직을 사칭하거나, 가짜로 타인에게 관직을 주면 참형이다. ❶ 실정을 알고도 가짜 관직을 받으면 장(杖) 100 유(流) 3000리이다. 해당 관사가 알면서도 들어주어 시행하면 더불어 같은 죄이다.[425]

제14항 관직이 있다고 사칭하고 요구하는 것이 있거나, 관에서 차견(差遣)하였다고 사칭하며 사람을 체포하거나, 관원의 이름을 사칭하면 장(杖) 100 도(徒) 3년이다. 현임 관원의 가인(家人)[426]이라고 사칭하며 현임 관원의 관할 지역에서 요구하는 바가 있으면 장 100이다. ❶ 종범은 각각 1등급을 줄인다. **재물을 얻으면 절도에 준하여 처리하되[427] 무거운 쪽으로 논한다.** ❷ 해당 관사에서 알면서도 들어주어 시행하면 같은 죄이다.[428]〈율〉 ❸ 관원의 명호(名號)를 사칭하거나 위조한 경우는

425 가짜 관직을 사칭하거나……죄이다 : 《대명률》〈형률 사위(詐僞)〉 사가관(詐假官) 조에 있다.

426 가인(家人) : 이성(異姓)이나 무복친을 구분하지 않고, 단지 동거만 하면 모두 가인이다. 《大明律附例(下) 161쪽》 《대명률》에는 가인 외에 아들, 손자, 동생, 조카, 총령(摠領)도 사칭의 대상에 포함되어 있다. 《大明律 刑律 詐僞 詐假官》

427 절도에 준하여 처리하되 : 절도를 행하였으나 재물을 얻지 못하면 태 50이고 자자(刺字)는 면해 준다. 재물을 얻었으면 일주위중(一主爲重)과 병장(倂贓)으로 논한다. 《大明律 刑律 盜賊 竊盜》

428 관직이……죄이다 : 《대명률》〈형률 사위(詐僞)〉 사가관(詐假官) 조에

〈병조〉의 〈잡령(雜令)〉 조에 보인다.〈보〉

제15항 **내사**(內使) **및 도독부**(都督府), **사보**(四輔), **간원**(諫院), **육부**(六部), **감찰 어사**(監察御史), **안찰사**(按察司) **관원이라고 사칭하고 지방에서 사무를 직접 살피면서 관부**(官府)**를 거짓말로 속이거나, 인민을 선동하여 현혹하면 참형이다.** ❶ 실정을 알고도 수행(隨行)하면 1등급을 줄인다. 해당 관사가 알면서도 들어주어 시행하면 더불어 같은 죄이다. ❷ 근시(近侍)하는 사람이 지방에서 사행(私行)을 사칭하고 사무를 직접 살펴서 인민을 선동하여 현혹하면 참형이다.[429] [430]

제16항 **사신**(使臣)**을 사칭하여 역마**(驛馬)**를 타면 장**(杖) **100 유**(流) **3000리이다.** ❶ 종범은 1등급을 줄인다. 역관이 알면서도 요구에 응하여 역마를 내주면 같은 죄이다. 실정을 몰랐더라도 검문을 제대로 하지 못하였으면 태(笞) 50이다.[431]〈율〉

있다.

429 근시(近侍)하는…참형이다 : 근시는 황제 가까이 있는 사람이므로 사행을 사칭하면 백성을 어지럽히고 대중을 현혹할 수 있다.《大明律釋義 卷24 11張》 근시 관원이 되어 천자의 중요한 권력에 가탁하여 이를 훔치는 것이므로 참형으로 처벌한다.《大明律集說附例 卷7 115張》

430 내사(內使)……참형이다 :《대명률》〈형률 사위(詐僞)〉 사칭내사등관(詐稱內使等官) 조에 있다.

431 사신(使臣)을……50이다 :《대명률》〈형률 사위(詐僞)〉 사칭내사등관(詐稱內使等官) 조에 있다.

제17항 **성명을 바꾸고 표류한 중국인이라고 사칭하며 시골 백성을 미혹시키거나 나라를 기망(欺罔)하면 부대시참(不待時斬)이다.** 〈속〉

제18항 **관원이나 이전(吏典)이 질병을 사칭하고 일에 임하여 어려움을 피하면 태(笞) 40이다. 회피한 사안이 무거우면 장(杖) 80이다.** ■ 해당 관사가 실정을 알고서도 들어주어 시행하면 같은 죄이다.[432]

제19항 **죄를 범하여 심문을 기다리면서 고의로 자신을 상해하여 잔질(殘疾)이 되면 장(杖) 100이다. 죽었다고 사칭하면 장 100 도(徒) 3년이다.** ■ 회피한 사안이 무거우면 각각 무거운 쪽으로 논한다.[433] 회피한 일은 없지만 고의로 자신을 상해하여 잔질이 되면 장 80이다. 대가를 받고 고용되어 타인을 상해하여 잔질이 되게 하면 범인과 같은 죄이고, 죽게 하면 다투다 죽인 죄[434]에서 1등급을 줄인다. 해당 관사가 실정을 알고서도 들어주어 시행하면 같은 죄이다.[435]

432 관원이나……죄이다 : 《대명률》〈형률 사위(詐僞)〉 사병사상피사(詐病死傷避事) 조에 있다.

433 회피한……논한다 : 고의로 자신을 상해하여 잔질(殘疾)에 이르거나 죽음을 사칭한 죄와 회피한 죄의 형량을 비교하여 과단하는 것이다. 회피한 죄가 장 100이나 장 100 도 3년보다 중하면 본죄를 따르고, 가벼우면 상해하여 잔질에 이르거나 죽음을 사칭한 죄로 과단한다. 《大淸律輯註(下) 907쪽》《大明律集解附例 1832쪽》《大明律附例箋釋 卷24 15張》

434 다투다 죽인 죄 : 다투다 때려 살인하면 손, 발, 다른 물건, 쇠붙이를 따지지 않고 모두 교형이다. 《大明律 刑律 人命 鬪毆及故殺人》

435 죄를……죄이다 : 《대명률》〈형률 사위(詐僞)〉 사병사상피사(詐病死傷

제20항 거짓말로 타인을 꾀거나 서로 어울려 한패가 되어, 타인으로 하여금 법을 어기게 하고는 도리어 자신이 체포·고발하거나 타인으로 하여금 체포·고발하게 하여 상을 받으려 하거나, 타인을 함정에 빠뜨려 죄짓게 하고자 하면 범인과 더불어 같은 죄이다.[436]

제21항 익명(匿名) 문서를 투서하여 타인의 죄를 고발하면 교형이다. 익명 문서를 보면 즉시 불태우거나 찢어 버린다. 이를 관사에 들여보내면 장(杖) 80이고, 관사에서 접수하여 처리하면 장 100이다. ❶ 고발당한 사람은 처벌하지 않는다. 문서와 함께 작성자를 잡아서 관에 보내면 상으로 은 10냥을 준다. 고발당한 사람이 고발한 자를 직접 붙잡은 경우에는 상을 주지 않는다.[437] 〈율〉 ❷ 익명 문서는 비록 국사(國事)에 관계된 것이라 하더라도 부자지간인 경우조차 말을 전해서는 안 된다. 말을 전하거나, 여러 날 그냥 두고 태워 없애지 않으면 율에 따라 논한다.〈경〉 ❸ 체포·고발하면 극악한 도적을 체포·고발한 예에 따라 논상(論賞)한다.〈속〉

避事) 조에 있다.

436 거짓말로……죄이다 : 《대명률》 〈형률 사위(詐僞)〉 사교유인범법(詐教誘人犯法) 조에 있다.

437 익명(匿名)……않는다 : 《대명률》 〈형률 소송(訴訟)〉 투익명문서고인죄(投匿名文書告人罪) 조에 있다.

제19조 소고(訴告)

제 1 항 **원통한 일을 하소연할 경우 서울에서는 주장관(主掌官)에게 정장(呈狀)하고, 지방에서는 관찰사에게 정장한다. 그렇게 하고도 원통함이 있으면 사헌부에 고소하고, 또 원통함이 있으면 신문고를 친다.** 〈경〉 ❶ 신문고는 궐문 안쪽에 있다. -❶ 《경국대전》에는 의금부 당직청(當直廳)에 있다고 되어 있다. - ❷ 동가(動駕)할 때 위외(衛外)[438]에서 징을 치는 것을 격쟁(擊錚)이라고 한다. 〈보〉 ❸ 형벌이 자신에게 미치는 일이나 부자(父子)·적첩(嫡妾)·양천(良賤)의 분별 등의 사건사(四件事) 및 아들이나 손자가 아버지나 할아버지를 위해, 처가 남편을 위해, 동생이 형을 위해, 노(奴)가 주인을 위해 사건사 이외에 지극히 원통한 일이 있어서 격쟁하는 경우 예(例)대로 형추(刑推)하고[439] 공초를 받는다. 이 밖에는 모두 엄히 형추할 것을 계달하고, 격쟁을 들어주지 않는다. ❹ 이치에 맞지 않는 일로 소송하기를 좋아하여 격쟁하면 장(杖) 100 유(流) 3000리이다. ❺ 수령을 더 머무르게 하고자 하여 격쟁하면 장 100이고, 사리(事理)가 중하면 도(徒) 3년이다.[440] ❻ 산송(山訟)에서 패소한 뒤 묘를 파서 옮기지 않

438 위외(衛外) : 임금이 교외에 거둥할 때에 대가(大駕)가 머무는 곳은 궐내와 같다고 보고 시위하는데, 그 권역이 위내(衛內)이고, 시위하는 권역 밖이 위외이다.

439 예(例)대로 형추하고 : 엄하게 형추하지 않는 것이다.

440 사리(事理)가……3년이다 : 속이고 사실대로 하지 않은 죄로 처벌한다.《承政院日記 肅宗 30年 3月 9日》 대제(對制)나 주사(奏事), 상서(上書)를 할 때 속이고 사실대로 하지 않으면 장 100 도 3년이다.《大明律 刑律 詐僞

고서 속여서 격쟁하면 사불이실(詐不以實)한 죄[441]로 논한다. ❼ 고을 백성이 수령에게 장(杖)을 맞고 죽어서 격쟁한 경우 먼저 그 일을 조사하여 죄가 수령에게 있으면 수령을 죄주고, 속여서 기망한 것이면 부민(部民)이 고소(告訴)한 죄에 대한 율[442]로 논한다. 고소장에 자신의 절박하게 억울한 일 외에 관련 없는 일을 아울러 기록하면 《경국대전》에 따라〈속〉 -❷ 즉 아래 종사(宗社)에 관계되는 일에 대한 조문으로, 이전(吏典)이나 복례(僕隷)가 관할 관원을 고발하는 경우의 율문이다.[443]〈보〉 - 시행한다.〈속〉

제2항 **교외(郊外)에 동가(動駕)하였을 때 상언(上言)하여 원통함을 하소연하게 한다.**〈보〉 ❶ 사소한 일은 해당 도나 해당 관사에 정장(呈狀)할 수 있는데 외람되게 상언하면 월소율(越訴律)[444]에 따르고, 사리(事理)가 중하면 사불이실(詐不以實)한 죄에 대한 율에 따른다. 사리로 볼 때 시행해서는 안 되는데 해당 관사에서 접수하여 심리하면 엄히 조사한다.〈속〉 ❷ 상언한 자는 3일 내로 호구 단자(戶口單子)를 가지고 출두하게 하되, 3일이 지나

對制上書詐不以實》

441 사불이실(詐不以實)한 죄 : 대제(對制)나 주사(奏事), 상서(上書)를 할 때 속이고 사실대로 하지 않으면 장 100 도 3년이다.《大明律 刑律 詐僞 對制上書詐不以實》

442 부민(部民)이……율 : 민(民)이 관찰사나 수령을 고발하면 장 100 도 3년이다.《經國大典 刑典 訴冤》

443 즉……율문이다 : 본조 6항 참조.

444 월소율(越訴律) : 군인(軍人)이나 민인(民人)의 사송(詞訟)은 모두 반드시 아래로부터 위로 진고(陳告)한다. 자신을 관할하는 관사를 뛰어넘어 멋대로 상급 관사에 나아가 호소하면 태 50이다.《大明律 刑律 訴訟 越訴》

면 들어주지 않는다. ❸ 상언한 내용이 가볍지 않거나, 상언한 일이 은전(恩典)을 구하는 데 관계된 것이면 들어주지 않고, 장(杖) 100에 처하며 속전으로 대신하지 않는다. 만일 상언을 대신 작성해 주는 일이 있으면 같은 죄이다. ⟨증⟩

제3항 **거가(車駕)를 맞이할 때 하소연하거나, 신문고를 쳐서 하소연하는데 사실이 아니면 장(杖) 100이다. 사안이 무거우면 무거운 쪽으로 논한다.**[445] ❶ 사실이면 죄를 면한다.

제4항 **원통함을 하소연하는 것은 의장(儀仗) 밖에서 하도록 한다. 의장 안으로 함부로 들어와 하소연하였는데 그 내용이 사실이 아니면 교형이다.** ❶ 사실이면 죄를 면한다.[446]

제5항 **무릇 사송(詞訟)은 반드시 하급 관사에서부터 상급 관사로 올라가야 한다. 자신을 관할하는 관사를 뛰어넘어 상급 관사에 호소하면 태(笞) 50이다.**[447] ⟨율⟩

제6항 **종사(宗社)에 관계된 일이나 불법적인 살인 이외에 이전(吏典)**

445 사안이……논한다 : 사실이 아닌 경우 처벌하는 장 100보다 처벌이 무거운 사안일 경우이다. 사안이 중대하여 참형, 교형, 유형, 도형을 받아야 할 죄이면 무거운 쪽으로 논하여 처벌한다.

446 원통함을……면한다 : 《대명률》 〈병률 궁위(宮衛)〉 충돌의장(衝突儀仗) 조에 있다.

447 무릇……50이다 : 《대명률》 〈형률 소송(訴訟)〉 월소(越訴) 조에 있다.

이나 복례(僕隷)가 관할 관원을 고발하거나, 품관(品官)이나 이민(吏民)이 관할 관찰사나 수령을 고발하면 ❶ 몰래 타인을 사주하여 정장(呈狀)하게 한 경우도 같다. **접수하지 않으며, 장(杖) 100 도(徒) 3년이다.** ❷ 품관이나 이민은 고을에서 쫓아낸다. **자신의 억울함을 하소연하면 청리(聽理)하되, 무고(誣告)이면 장 100 유(流) 3000리이다.** ❸ 품관이나 이민은 고을에서 쫓아낸다.〈경〉

제 7 항 **소속 관원이 상급 관사에게 도리에 어긋나게 능멸이나 침학을 당하면 관련 사실을 낱낱이 적어서 곧바로 아뢰게 한다.**[448]

제 8 항 **타인을 태죄(笞罪)로 무고(誣告)하면 무고한 죄에 2등급을 더하고, 유죄(流罪)·도죄(徒罪)·장죄(杖罪)로 무고하면 3등급을 더하되, 각각 장(杖) 100 유(流) 3000리에 그친다.** ❶ 만약 무고당해 도배나 유배를 간 사람이 석방되어 돌아왔더라도, 범인으로 하여금 날짜를 계산하여 노비(路費)[449]를 추징하여 주게 한다. 전지(田地)나 가택을 팔았으면 값을 마련하여 되찾게 한다.[450] 무고한 자가 가난하면 그 죄만 과단(科斷)한다. ❷ 세

448 소속……한다 : 《대명률》〈명례율(名例律)〉 직관유범(職官有犯) 조에 있다.

449 노비(路費) : 배소나 역소에 갈 때 든 비용, 체포된 뒤 쓴 비용 모두가 이에 해당한다. 《大清律輯註(下) 819쪽》

450 전지(田地)나……한다 : 무고한 범인에게 책임을 지워, 무고당한 자가 노비 마련을 위해 판 전지나 가택을 되찾을 수 있도록 그 값을 마련하게 한다는 것이다.

사과전(說事過錢)하였다고 무고하면, 유형(流刑)에 견주어 반을 줄인 도 2년에 준하는 천사형(遷徙刑)에[451] 무고한 죄 3등급을 더하고,[452] 아울러 받아야 할 태(笞)·장(杖)을 합하여 통틀어 논한다.[453] ❸ 충군(充軍)의 죄로 무고한 자가 민(民)이면 충군하고, 군인이면 변원(邊遠)에 충군한다. **사죄(死罪)로 무고하여 이미 처결되었으면 사죄로 반좌(反坐)한다. 아직 처결되지 않았으면 장 100 유 3000리에 그친다.** ❹ 무고당한 사람이 사실이 아닌 것으로 속여 도리어 범인을 무고하면 각각 무고한 죄를 반좌하는 데에 그치고, 형량의 등급을 더하거나, 노비를 배상하거나, 판 전지나 가택을 되찾게 하지 않는다. ❺ 두 가지 이상의 일을 고발하였는데, 죄가 무거운 일은 사실대로 고발하

451 세사과전(說事過錢)하였다고……천사형(遷徙刑)에 : '세사과전'은 서리 따위의 사람이 몰래 자기의 소속 관원에게 뇌물 공여자를 대신하여 말로써 정리나 안면을 내세우고 뇌물을 전달하는 것이다.《六部成語註解 28쪽》 세사과전은 장 100에 천사의 죄로 처벌하였는데, 천사를 도 2년에 준하는 것으로 적용하여 실제 고향에서 1000리 밖으로 안치(安置)되는 죄를 면해 주었다.

452 무고한 죄……더하고 : 도년에서 1등급은 반년이므로 3등급을 더하면 유 2000리가 된다.

453 아울러……논한다 : 천사형은 도 2년에 준한다는 것이 정해진 형량이었다. 이렇게 도 2년으로 정해진 세사과전죄에 무고죄를 더하는 경우 장(杖) 없이 도 2년에 3등급을 더한 유 2000리가 되지만, 여기에 무고한 과전(過錢)을 반좌(反坐)해야 해서 그 과전의 양에 따라 태와 장을 별도로 논하여 과단해야 했다. 가령 장 70에 해당하는 돈을 과전하였다고 무고하면 세사과전한 죄 유 2000리에 더하여 반좌하여 받을 무고한 과전에 해당하는 장 70을 아울러 통틀어 논하는 것이다. 또 왕법장과 불왕법장은 모두 장 60에서 시작하는데 세사과전으로 돈을 받은 사람은 감등(減等)하여 과죄(科罪)하도록 되어 있어서 무록인(無祿人)의 경우 2등급을 감하면 태죄에 해당되기 때문에 받아야 할 장에 태까지 아울러 말한 것이다.《大淸律輯註(下) 846~847쪽》

고 가벼운 일은 거짓으로 진술하거나, 죄가 같은 여러 가지 일 가운데 하나의 일이라도 사실대로 고발하면 모두 죄를 면해 준다. 만약 죄가 가벼운 일은 사실대로 고발하고 무거운 일은 거짓으로 진술하거나, 하나의 일을 고발하였는데 죄가 가벼운 일을 무함하여 무겁게 만들면 모두 잉죄(剩罪)[454]를 반좌한다. 이미 처결하였으면 잉죄를 온전히 받고,[455] 처결하지 않았으면 태죄나 장죄는 속전을 받고, 도죄(徒罪)나 유죄(流罪)는 장 100에 그치고, 여죄(餘罪)[456]는 또한 속전을 받는다. 사죄(死罪)에 이르러 무고당한 사람이 이미 처결되었으면 사죄를 반좌하고, 아직 처결되지 않았으면 장 100 유 3000리에 그친다. **6** 두 사람 이상을 고발하였는데 한 사람이라도 사실이 아니면 죄가 비록 가벼워도 무고로 논한다. **7** 옥수(獄囚)가 수금되어 있으면서 평인(平人)[457]을 무함하여 지적하면 무고로 논한다. 본래 범한 죄가 무거우면 무거운 쪽으로 논한다. **8** 관리가 옥수를 국문할 때 법에 어긋나게 고신(拷訊)하면서 고의로 평인을 무함하여 지목하게 하면 고의로 타인의 죄를 무겁게 한 죄로 논

454 잉죄(剩罪) : 원래 정해진 수 없이 죄의 경중과 허실을 비교하여 상쇄하고 계산해서 본죄를 공제한 나머지 죄이다. 《大淸律輯註(下) 822쪽》

455 잉죄를 온전히 받고 : 장(杖)으로 절산(折算)하거나 속전(贖錢)을 받는 규정을 적용하지 않는 것이다. 《大明律附例箋釋 卷22 15張》 예컨대 장 70의 죄를 장 100 도 3년의 죄라고 무고하면 잉죄인 장 30 도 3년을 온전히 고발인에게 적용한다.

456 여죄(餘罪) : 장 100과 같이 먼저 정해진 수가 있고 얻은 죄를 이것과 비교하고 계산하였을 때 정해진 수를 넘은 나머지 죄이다. 《大淸律輯註(下) 822쪽》

457 평인(平人) : 죄가 없는 사람이다.

한다. **9** 전량(錢糧)을 추징할 때 위협하면서 평인을 무함하여 지목해서 대납하게 하면 추징한 재물을 계산하여 좌장(坐贓)으로 논하고, 그 재물은 주인에게 돌려준다. **10** 무고당한 사람을 정당한 이유 없이 잡아 두고 지체하여 3일 동안 석방하여 돌려보내지 않으면 태 20이고, 3일마다 1등급을 더하되 장 60에 그친다.[458]〈율〉

제9항 **아들·손자·처·첩·노비가**〈경〉 **1** 고공(雇工)은 1등급을 줄인다. 무고(誣告)이면 줄이지 않는다.[459]〈율〉 **2** 옛 노비나 고공이면 2등급을 줄인다. **조부모·부모·남편·가장을 고발하면 내용이 모반(謀叛)·모역(謀逆)·모반(謀反)인 경우 외에는 교형이다.** **3** 노(奴)의 처(妻)나 비부(婢夫)가 배우자의 가장을 고발하면 장(杖) 100 유(流) 3000리이다.〈경〉 **기친 존장이나 외조부모를 고발하면 비록 그 내용이 사실이더라도 장 100이고, 대공 이하는 차례로 1등급을 줄인다. 노비가 가장이나 가장의 시마 이상의 친속을 고발하면 아들·손자·비유(卑幼)와 죄가 같다.** **4** 고공은 1등급을 줄인다. 무고이면 줄이지 않는다. **5** 무고한 죄가 무거우면[460] 각각 무고한 죄에 3등급을 더한다. **6** 비록 고발한

458 타인을……그친다 : 《대명률》〈형률 소송(訴訟)〉 무고(誣告) 조, 〈형률 단옥(斷獄)〉 옥수무지평인(獄囚誣指平人) 조에 있다.

459 고공(雇工)은……않는다 : 무고이면 해당 율인 《대명률》〈형률 소송(訴訟)〉 무고(誣告) 조의 율을 적용한다. 고공이 가장이나 가장의 친속을 고발하면 노비의 죄에서 1등급을 줄이며, 무고이면 줄이지 않는다. 《大明律 刑律 訴訟 干名犯義》

460 무고한 죄가 무거우면 : 기친 존장이나 외조부모를 고발했을 때 처벌

내용이 사실이더라도 고발당한 기친 존장, 대공 존장, 외조부모, 처부모는 자수한 것과 같이 보아 죄를 면해 주고,[461] 소공 존장이나 시마 존장은 본죄(本罪)에서 3등급을 줄인다. ❼ 아들이 아버지를 고발한 경우 고소장이 있거나 해당 관사에 구두로 고발해야 처벌하며, 만약 외부 사람에게 말한 것이면 장 80에 그친다. ❽ 모반(謀反)·모역·모반(謀叛)이나 첩자를 숨겨 준 것, 적모·계모·자모(慈母)·생모가 자신의 아버지를 죽인 것, 양부모가 친부모를 죽인 것, 기친 이하의 존장에게 재산을 침탈당하거나 자신을 때려서 상해 입힌 것을 고발하면 그 고발을 들어준다. ❾ 사위가 처부모와 의절할 만한 상황이 있으면 서로 고발하는 것을 허용하고, 각각 일반인의 예로 논한다.[462]

제10항 **조부모·부모·외조부모가 아들·손자·외손이나 아들·손자의 아내나 첩을 무고(誣告)하거나, 남편이 자신의 첩을, 가장이 노비나 고공(雇工)을 무고하면 논하지 않는다. 기친 비유(卑幼)이면 무고한 죄에서 3등급을 줄이고,** ❶ 남편이 본처를 무

하는 장 100보다 무고한 죄가 무거울 경우이다.

461 비록 고발한……주고 : 〈명례율(名例律)〉에 서로 용은(容隱)할 수 있는, 즉 서로 숨겨 줄 수 있는 관계에 있는 친속 범위가 규정되어 있고, 타인을 관에 보내 대신 자수하게 하거나, 법에서 서로 용은할 수 있는 자가 죄인을 위해 자수하거나 죄인을 고발하면 각각 죄인 본인이 자수한 법과 똑같이 처리하도록 되어 있다.《大明律 名例律 親屬相爲容隱, 犯罪自首》 즉 고발한 자가 기친 존장 이하와 용은 관계에 있으므로 고발하더라도 이들을 대신하여 자수한 것으로 보아 처벌하지 않는 것이다.

462 기친 존장이나……논한다 : 《대명률》〈형률 소송(訴訟)〉 간명범의(干名犯義) 조에 있다.

고하거나 본처가 첩을 무고한 경우도 같다. **대공 비유이면 2등급, 소공·시마 비유이면 1등급을 줄인다.** ❷ 비록 고발한 내용이 사실이더라도 고발당한 기친 비유, 대공 비유 및 사위 역시 자수한 것과 같이 보아 죄를 면해 주고, 소공·시마 비유는 본죄(本罪)에서 3등급을 줄인다.[463] 〈율〉

제11항 **친모나 친형제를 타인의 노비라고 거짓으로 아뢰어 고발하면 부대시교(不待時絞)이다.** 〈속〉

463 조부모……줄인다 : 《대명률》〈형률 소송(訴訟)〉 간명범의(干名犯義)조에 있다.

제20조 **청리(聽理)** 산송(山訟) 항목을 붙임

제 1 항 **전지(田地)와 노비에 관한 청송(聽訟)은 각각 담당하는 관사가 있다.** ❶ 한성부는 전지와 가택을 관장하고, 형조는 전지·가택·노비에 관한 법률을 아울러 관장한다. ❷ 성균관 노비에 관한 소송은 법사(法司)에서 직접 판결할 수 없고, 성균관에 이송해서 조사하여 처리하게 한다. ❸ 종친가(宗親家)의 일로 잡송(雜訟)에 관계된 것이면 종부시에 정장(呈狀)하지 않고 형조에 고발해서 추문(推問)하여 다스리도록 한다.〈속〉 ❹ 내시가 소송할 일이 있으면 먼저 내시부에 정장하고, 내시부에서 계문한다. 만약 내시부에서 전계(轉啓)한 점련(粘連) 문서가 없으면 일절 청리하지 않고, 바로 초기(草記)를 올린다. 서울과 지방이 같다.〈보〉 ❺ 군(軍)을 관할하는 관원이 본분을 벗어나 민(民)의 소송을 수리(受理)하면 태(笞) 50이다.[464]〈율〉 **만일 한 통의 문기(文記) 안에 전지와 노비를 함께 기재하였으면 나누어 맡지 않고 함께 청리한다.** ❻ 노비만 소송하고 전지와 가택은 다투지 않거나, 전지와 가택만 소송하고 노비는 다투지 않으면 다투지 않는다는 뜻으로 원고에게 진술을 받은 뒤에 소송하는 건만 청리한다.〈속〉 ❼ 관리에게 쟁론 등의 일이 있으면[465] 가인(家人)을 시켜 관에 고소하도록 하고, 공문을 보내는 것은 허락하

464 군(軍)을……50이다 : 《대명률》〈형률 소송(訴訟)〉 군민약회사송(軍民約會詞訟) 조에 있다.

465 쟁론……있으면 : 혼인, 금전, 토지 등의 일이나 이보다 더 무거운 사안으로 다툴 일이 있는 경우이다.

지 않는다. 어기면 태 40이다.[466] 〈율〉

제 2 항 **추열(推閱)하는 공사(公事)는 호구(戶口)를 제출하게 하여 문서의 첫머리에 실어 기록한다.** ❶ 추열할 때 먼저 호적을 살핀다. 호적에서 빠졌으면 본죄(本罪)에 등급을 더한다.

제 3 항 **원고와 피고가 제출한 참고 문서는 관리가 살펴 봉인하고, 원고와 피고가 함께 서명하고 치부(置簿)하여 훗날 검토할 근거가 되도록 한다.** ❶ 소송의 판결이 난 후 패소(敗訴)한 측의 문권 위조가 확실하고 정상(情狀)이 미워할 만하면 관에서 봉인하여 두고 태우는 것을 금한다. ❷ 만력(萬曆) 임진년(1592, 선조 25) 5월 이후부터 무술년(1598, 선조31) 12월 이전까지 매매한 문기(文記)는 비록 사출(斜出)하지 못하였더라도 참고할 만한 증거가 분명하면 시행하도록 한다. 〈속〉 ❸ 위조 문기에 대한 내용은 아래의 〈징채(徵債)〉 조에 보인다. 〈보〉

제 4 항 **원고나 피고 중 한쪽이 지방에 있으면 그 원고나 피고가 있는 곳의 관아에서 소송하며, 서울의 법사(法司)에서 붙잡아 올 수 없다.**

제 5 항 **사송(詞訟) 아문의 결등 공사(決等公事)는 10일마다 기록하여**

466 관리에게……40이다 : 《대명률》 〈형률 소송(訴訟)〉 관리사송가인소(官吏詞訟家人訴) 조에 있다.

보고한다. ❶ 사정이 있으면 다음 10일의 5일 전에 거행한다.[467] 형조도 마찬가지다.〈속〉 ❷《경국대전》의 법에 따라 계절의 마지막 달마다, 형조·한성부·개성부 당하관이 결송(決訟) 건수를 보고하고, 기준 건수를 맞추지 못하면 품계를 강등한다.〈보〉 **결송 날짜는 달마다 갖추어 형조에 보내고, 형조에서 근태를 살펴 처리한다.** ❸ 서울과 지방의 관리가 제때 처결하지 않아서 죄수를 오랫동안 가두어 두고 해를 보내면 조사하여 파직한다.〈속〉 ❹ 기한에 대해서는 위의 〈추단(推斷)〉 조에 보인다.〈보〉

제6항 **사송관(詞訟官)이 법을 어겨 청리하면 제서유위율(制書有違律)[468]로 논한다.**〈속〉 ❶ 잘못인 줄 알면서 오결(誤決)하거나, 고의로 은폐하고 시일을 끌면 장(杖) 100을 치고 영구히 서용하지 않는다. 사면을 받으면 단지 영구히 서용하지만 않는다. ❷ 오결한 사안이 부자(父子)·적첩(嫡妾)·양천(良賤)을 분간하는 등의 정리(情理)가 절박한 일이면 즉시 다른 관사에 소송하도록 한다. 그 외의 일은 판결한 당상관과 방장(房掌)이 교체된 뒤에 다시 소송하며, 교체된 뒤 2년이 지나면 청리하지 않는다.〈경〉 –❶ 이 또한 3년의 기한 내에 해야 하며 3년이 지나면 청리

467 사정이……거행한다 : 결등 공사를 보고하는 날 사정이 있으면 다음 10일을 기다려야 하는데 그러면 적체가 될 염려가 생기므로 다음 10일이 되기 5일 전에 녹계(錄啓)하도록 한 것이다.《受教輯錄 刑典 決獄日限》

468 제서유위율(制書有違律) : 제서를 받들어 시행할 때에 어기면 장 100이다. 황태자의 영지(令旨)를 어기면 같은 죄이다.《大明律 吏律 公式 制書有違》

하지 않는다. – ❸ 본관(本官)이 오결하여 억울한지의 여부를 가리지 못한 경우 외에는 법을 어기고 월소(越訴)하는 것은 청리하지 않는다. ❹ 오결에 대해 정장(呈狀)하면 임금에게 아뢰어 다른 관사로 이송해서 먼저 관리가 정결(正決)했는지 오결했는지를 판별한다. 혹 소송인이 판결한 관리에게 잘못을 돌리거나, 법에서 규정한 것 외의 상피(相避)로 다른 관사에 이송하면 승정원에서 조사하여 다스린다.〈속〉

제7항 전지(田地)와 가택에 관한 소송은 5년이 지나면 청리하지 않는다. ❶ 훔쳐서 팔거나, 소송 중이어서 아직 판결이 나지 않았거나, 부모의 전지와 가택을 모두 차지하거나, 남의 전지를 빌려 경작하다가 영구히 차지하거나, 세 들어 살다가 영구히 차지하면 청리의 연한을 두지 않는다. 소장을 제출하고 송정(訟庭)에 나오지 않은 채 5년이 지나면 또한 청리하지 않는다. 노비의 경우도 같다.〈경〉

제8항 오래된 전지(田地)와 노비를 두고 서로 소송하는 경우에 대한(大限)이나 소한(小限)을 정한다. ❶ 대한은 60년이고 소한은 30년이다. ❷ 선조의 전지나 노비를 모두 차지하거나, 훔쳐서 판 경우에 대한 소송 및 도망치거나 누락된 공천(公賤)에 대한 소송에는 이 기한을 적용하지 않는다. ❸ 도형(徒刑)·유형(流刑)·충군(充軍)에 처해졌거나, 공무(公務)로 지방에 차임된 사람인데 대신 소송할 수 있는 아들·사위·노비가 없는 경우 외에는 지방에 있던 연월(年月)을 대한이나 소한의 날짜 계산에

서 제하지 않는다. **4** 《경국대전》에 규정된 5년이나 3년의 〈속〉 –**1** 즉 위 조항의 '교체된 뒤 2년이 지나면 청리하지 않는다.'라는 문장을 가리킨다. 〈보〉 – 청리하지 않는 기한은 달수로 계산하고, 《속대전》에 규정된 60년이나 30년의 기한은 햇수로 계산한다. **내수사 노비는 선두안(宣頭案)에 기록하고, 역노비(驛奴婢)는 형지안(形止案)에 기록하는데, 본래의 주인이라고 하면서 추심(推尋)하는 경우에는 소한을 적용하여 30년 전에 있었던 일이면** **5** 열 번의 식년(式年) 동안 탈이 없었던 경우이다. **청리하지 않는다.** **6** 주인을 배반하고 투속(投屬)하여 본래의 주인이 소송에서 승소하였으나 도피하여 30년이 지났으면 대한을 적용한다. **조상의 도망친 노비라고 하거나, 노(奴)와 양처(良妻) 사이의 소생이라 일컬으며 소송하는 경우 당사자[469]가 현재 살아 있지 않으면 대한을 적용하여 60년 전에 있었던 일은 청리하지 않는다.** **7** 60년 전에 있었던 일이고, 2대(代)를 걸쳐 양역(良役)을 졌으면 비록 자신의 노비라고 하더라도 청리하지 않는다. 함부로 침해하면 압량위천(壓良爲賤)한 죄에 대한 율[470]로 논한다. **8** 비록 2대를 걸쳐 양역을 졌더라도 투속하였거나, 이미 소송에 들어가 판별 중에 있으면 대수(代數)를 따지지 않는다. **서로 소송하여 승소한 횟수가 서로 같으나 60년 전에**

469 당사자 : 도망쳤거나 노와 양처 소생인 노비 당사자로, 소송 대상인 노비이다. 《承政院日記 肅宗 8年 6月 16日》

470 압량위천(壓良爲賤)한……율 : 《대명률》의 타인을 유취하거나 약매한 경우[略人略賣]에 비의(比擬)하여 장 100 유 3000리이다. 《典律通補 刑典 律名 諸律名》

있었던 일이면 현재 차지하고 있는 자를 주인으로 한다.

제9항 **속공(屬公)된 노비에 대한 소송은 3년이 지나면 들어주지 않는다.** ❶ 36개월을 기한으로 한다. ❷ 압량위천(壓良爲賤)한 경우는 비록 3년이 지나더라도 그 소송하지 못한 까닭을 변별하여 율에 따른다.〈속〉

제10항 **사채(私債)에 대한 소송은 1년이 지나도록 관아에 신고하지 않으면 청리하지 않는다.**

제11항 **전지(田地), 가사(家舍), 노비의 매매는 15일이 지나면 바꾸지 못한다.**〈경〉 ❶ 15일의 기한 안에 정장(呈狀)하였어도 30일이 지나도록 송정(訟庭)에 나오지 않으면 청리하지 않는다. ❷ 노비를 매매한 뒤에 노비가 도망가면 2년을 기한으로 하고, 2년의 기한이 지나면 도로 물리는 것을 허락하지 않는다. ❸ 도망간 군병(軍兵)의 전지를 혹 팔아서 번가(番價)에 충당한 경우 도망간 군병이 돌아오면 기한에 구애되지 않고 전지를 돌려주고, 전지의 값은 추후에 배상하게 한다.〈속〉 **우마(牛馬)는 기한이 5일이다.**〈경〉 ❹ 역마(驛馬)는 3개월이다.

제12항 **퇴도지(退賭地) 매매는 10년을 기한으로 한다.** ❶ 10년이 차면 값을 받지 않고 환퇴(還退)하고, 5년 이후면 반값을 주고 환퇴한다. 만약 본가(本價)에 준하면 비록 1, 2년이 지났더라도 환퇴한다.〈속〉 ❷ 전당 잡힌 전지(田地)나 가택 등의 물건에 대한

약정 기한이 찼는데도 전당물을 내놓으려 하지 않으면 태(笞) 40이다. 기한이 지난 뒤에 해마다 얻은 수익을 추징하여 업주(業主)에게 준다. 비록 기한이 찼으나 업주가 전당물을 되찾을 능력이 없으면 이 율에 구애되지 않는다.471 〈율〉

제13항 **서로 소송하고 있는 노비의 경우 해당 소송에 참여하지 않은 자에게는 주지 않는다.** ❶ 부모 소유의 노비이면 반을 줄여서 준다. 전지(田地)나 가택도 동일하다.〈경〉 ❷ 전지나 노비에 대해 소송하는 자가 당초 연명(聯名)으로 소장(訴狀)을 냈으나 중간에서 소송의 추이를 관망하다가 판결에 임박하여 나누어 가지려고 하면 소송에 참석한 날수를 살펴서 3분의 1만 준다. 한 번도 송정(訟庭)에 나가지 않았으면 논하지 않는다.〈속〉

제14항 **서로 소송하고 있는 노비의 경우 원고나 피고 중에서 이치상 질 것을 스스로 알고 여러 달 동안 송정(訟庭)에 나타나지 않아서 두 차례 그 집의 종을 가둔 뒤 30일이 찼는데도 나타나지 않거나, 소송을 시작한 뒤로 50일 이내에**〈경〉 ❶ 관원이 좌기(坐起)하지 않은 날은 제외한다.〈속〉 **정당한 이유 없이 송정에 나오지 않은 지 30일이 지나면 송정에 나온 자에게 준다.** ❷ 송정에 나아와서 직접 착명(着名)한 것을 증거로 삼는다. 비록 오결(誤決)이라고 정소(呈訴)하더라도 청리하지 않는다. 다만

471 전당……않는다 : 《대명률》 〈호율 전택(田宅)〉 전매전택(典買田宅) 조에 있다.

직접 착명할 때 간사한 속임수가 있으면 다시 청리하도록 한다.〈경〉 ❸ 소송을 시작한 뒤 50일이 차지 않아도 판결할 수 있는 경우는 다음과 같다. 가령 갑(甲)이 30일이 지나도록 송정에 나오지 않으면 을(乙)이 송정에 나온 날이 비록 30일이 차지 않더라도 을에게 노비의 소유권을 주되, 을이 직접 착명한 날이 반드시 21일에 이르러야 하고, 갑이 송정에 나아오지 않은 날이 반드시 30일이 찬 뒤에야 을에게 준다. 또 갑이 이치상 소송에서 질 것이라고 생각하여 물러가 피하고 을이 송정에 나아온 지 21일 가까이 되면, 갑이 비록 하루 이틀 송정에 나타났다고 하더라도 을이 직접 착명한 사실을 무시하고 갑이 나타나 간간이 착명한 점을 인정해서는 안 된다. 모든 쟁송(爭訟)이 같다. ❹ 소송을 지연하고자 계획하고 송정에 나오지 않거나, 자신이 주장하는 이치가 옳다고 일컬으며 거역하면 특별히 더욱 적발하여 죄를 다스린다.

제15항 **소장을 제출한 뒤 기한 안에 원고와 피고가 일제히 출석하여 공초를 받은 경우 이외에 단지 한두 차례 추후에 소장을 제출하거나 한두 차례 상언(上言)한 것은 연송(連訟)으로 논하지 않는다.** ❶ 갑(甲)이 기한 안에 소장을 제출하고 장기간 기다리며 출석을 독촉하였으나 을(乙)이 끝내 출석하지 않아 기한을 넘기면 원고와 피고가 같이 출석하지 않았더라도 기한이 지난 것으로 논하지 않고 다시 소송하도록 한다. ❷ 조상의 노비를 두고 서로 소송하다가 누구도 승소하지 못한 채 기한이 지났는데 다른 자손을 몰래 사주하여 소장을 올리면 기한이 지난

것으로 논하고, 소송의 접수를 허락하지 않는다.〈속〉

제16항 **세 차례 소송에서 승소하면**〈경〉 ❶ 세 차례 소송하여 두 차례 승소한 것을 말한다.〈속〉 **다시 청리하지 않는다.**〈경〉 ❷ 두 차례 패소한 뒤에 다시 소송을 제기하면 비리호송률(非理好訟律)[472]로 논한다. ❸ 갑(甲)이 두 차례 승소한 뒤 을(乙)이 비록 다시 여러 차례 다시 승소하였더라도 인정하지 않는다. ❹ 지방에서 판결한 소송은 한 차례로 논한다. ❺ 두 차례 관(官)이 재주(財主)가 되었으면 두 차례 승소한 예에 따라 청리하지 않는다. ❻ 단송(短訟)으로 연이어 세 차례 승소하면 청리하지 않는다. ❼ 오결(誤決)이라고 정소(呈訴)하여 다른 관사로 옮겨 다시 승패를 가리는 경우는 소송 횟수로 계산하지 않는다. ❽ 일반 노비의 경우 그 주인의 족속(族屬)이 소송 당사자를 바꾸어 가면서 소송하더라도 두 차례 승소한 뒤에는 청리하지 않는다. 만약 이전의 소송과 관계없는 다른 사람이 명백한 문기(文記)를 가지고 와서 소송을 제기하면 다시 청리하도록 한다. ❾ 소송에서 패소하고 상언(上言)하는 경우 세 차례 소송을 거친 것이면 받아들이지 않는다.

472 비리호송률(非理好訟律) : 기한을 넘긴 일이나 세 차례의 소송에서 두 차례 승소한 일을 가지고 소송하면 이치에 닿지 않는 일로 소송하기 좋아하는 경우로 논하여 명종 8년 전가사변(全家徙邊)하였다.《受教輯錄 刑典 聽理 嘉靖癸丑承傳》 그러나 숙종조에 장 100 유 3000리로 조율하여, 영조 6년(1730년) 수교로 등재하고 법문화하였다.《承政院日記 肅宗 20年 3月 13日》《新補受教輯錄 刑典 贖良 雍正庚戌承傳》《續大典 刑典 訴冤》

제17항 **서로 소송 중인 노비의 경우 원고나 피고 모두 소유주로 합당하지 않으면 속공(屬公)한다.** ❶ 갑(甲)과 을(乙)이 다시 소송할 때 을이 이치상 졌다고 생각하고 송정(訟庭)에 나타나지 않으면 갑에게 주지 않고 그대로 속공한다.[473] ❷ 두 차례 승소한 뒤이면 속공도 청리를 거쳐야 하는 일이므로 속공하지 않는다.[474] ❸ 공천(公賤)과 사천(私賤)이 결혼하여 유기아(遺棄兒)를 수양(收養)해서 자식으로 삼았는데, 아이가 장성한 뒤에 부모의 주인이 서로 아이의 소유권을 두고 쟁송하는 경우 양쪽 모두 합당하지 않으면 속공하지 않고 양인이 되도록 한다.

제18항 **노비, 전지(田地), 가택을 팔고 난 뒤에 그 값이 전보다 갑절이 되자 환퇴(還退)하고자 도모하여 스스로 원고나 피고가 되어서 거짓으로 승부를 내고 그 이익을 나누면 지금의 값을 기준**

473 갑(甲)과……속공한다 : 처음 소송에서 갑과 을 모두 소유주로 합당하지 않다고 판결이 나서 속공된 노비를 두고 갑과 을이 재차 소송하는 경우이다. 이때 을이 소송에 질 것을 알고 송정에 나타나지 않으면 갑에게 소유권을 주지 않고 처음 소송 판결대로 속공한다.《受敎輯錄 刑典 聽理 康熙戊申承傳》

474 속공하지 않는다 : 소송을 거쳐 두 번 승소한 사건에 대해 다시 격쟁했을 때 임금의 별판부(別判付)로 속공하지 않는다는 것을 의미한다. 1668년(현종9) 두 번 청리하여 승부가 난 사건을 가지고 격쟁한 일에 대해 논의하였는데, 속공의 규정이 비록 법전에 실려 있으나 별판부로 속공하는 것은 일의 체모가 타당하지 않다는 견해가 피력되었고 이에 현종이 속공도 청리를 거쳐야 하는 것이므로 앞으로는 격쟁이 있을 때 별판부로는 속공하지 않는 것을 정식으로 삼아 시행하도록 하였다.《顯宗實錄 9年 1月 12日》《承政院日記 顯宗 9年 1月 12日》

으로 징수하여 돌려준다.〈속〉

제19항 **전토(田土)나 노비를 은밀히 궁방(宮房)에 고하여 그 소송을 대신 담당하게 하면 엄히 형추(刑推)하고 변원(邊遠)에 정배(定配)한다.**〈증〉 ❶ 서로 분쟁 중에 있거나 타인 소유인 전산(田産)을 거짓으로 자신의 소유로 삼아 관원이나 토호(土豪) 등 세력 있는 사람에게 바치면 준 자와 받은 자는 장(杖) 100 도(徒) 3년이다. 전산 및 매년 얻은 화리(花利)[475]는 주인에게 준다.[476] 〈율〉

제20항 **타인이 현재 차지하고 있는 노비를 소송이 끝나기 전에 방매하거나, 전지(田地)나 노비를 소송이 판결 난 뒤에도 그대로 차지하고 있으면 장(杖) 100 도(徒) 3년이다.**〈속〉 ❶ 타인의 노비를 차지하고 있으면 장 100 도 3년이고, 역가(役價)를 징수하여 주인에게 준다.

제21항 **도매(盜賣)하였으면 도매한 값은 도매한 사람에게 징수한다.** 〈경〉 ❶ 노비나 전지(田地)이면 역가(役價)나 화리(花利)도 아울

475 화리(花利) : 전택(田宅) 등에서 나오는 수익이다. 전택을 이용하면서 매년 생산되는 것을 거두는 일이 곧 전택이라는 뿌리에서 꽃이 피고 꽃에서 그 열매를 거두는 것과 같으므로 화리라고 한다.《大明律例諺解 卷8 21張》《經國大典註解 後集 戶典 收稅條》

476 전토(田土)나……준다 :《대명률》〈호율 전택(田宅)〉 도매전택(盜賣田宅) 조에 있다.

러 징수한다.〈속〉 2 산 사람은 그 값을 징수하고, 본래 주인은 역가와 화리를 징수한다. 3 역가의 경우 노(奴)는 목(木) 2필, 비(婢)는 1필 반이며, 3년만 징수한다. 화리는 소출에 따라 해마다 징수하여 준다. 4 한광처(閑曠處)에 미리 입안(立案)을 내는 것에 대한 규정은 〈호전〉의 〈양전(量田)〉 조에 보인다.〈보〉

제22항 **중복으로 전매(典賣)하면[477] 값을 계산하여 절도에 준하는 것으로 논한다.[478]** 1 값은 추징하여 주인에게 돌려주고, 전지(田地)나 가택은 원래 전매한 주인의 소유로 한다. 중복 전매한 사람 및 중개인이 실정을 알았으면 범인의 죄와 같고, 값을 추징하여 관에 들인다.[479]〈율〉

제23항 **전임관(前任官)이 이미 판결하였으나 입안(立案)을 작성하지 않고 체차되었으면 교대한 경우가 아니더라도 후임관이 작성하여 준다.** 1 전해 얻거나 사서 얻은 노비의 경우 기한 안에 소장을 제출하면 1년이 지난 뒤라도 입안을 작성해 준다.〈속〉

－1 《경국대전》에 전해 얻은 노비, 전지(田地), 가택은 1년 안에 관

477 중복으로 전매(典賣)하면 : 전지나 가택을 전당 잡히고 또 다른 데 전당 잡히거나, 팔고서 또 다른 데 파는 것, 혹은 전당 잡히고 다시 팔거나 이미 팔고서 다시 전당 잡히는 것 등이다.《大明律集解附例 618쪽》

478 절도에……논한다 : 절도를 행하였으나 재물을 얻지 못하면 태 50이고 자자(刺字)는 면해 준다. 재물을 얻었으면 일주위중(一主爲重)과 병장(併贓)으로 논한다.《大明律 刑律 盜賊 竊盜》

479 중복으로……들인다 : 《대명률》〈호율 전택(田宅)〉 전매전택(典買田宅) 조에 있다.

에 고하고 입안을 받는다고 되어 있다.〈보〉 – 1년 뒤에 또 1년이 지나면 들어주지 않는다.〈속〉 ❷ 전지, 가택, 노비를 매매하면 100일 안에 관에 고하고 입안을 받는다. 작지(作紙)를 납부한 뒤에 입안을 작성해 준다.〈경〉〈속〉 ❸ 전지나 가택을 전매(典買)할 때 세계(稅契)[480]하지 않으면 태(笞) 50이고, 전지나 가택 값의 절반을 추징하여 관에 들인다.[481]〈율〉 ❹ 사송(詞訟)을 기한 안에 판결하도록 한 규정은 위의 〈추단(推斷)〉 조에 보인다.〈보〉

제24항 **노비 소송의 판결이 난 뒤 서울은 10일, 근도(近道)는 30일, 원도(遠道)는 50일 안에 노비의 명수(名數)를 기록하여 관에 바친다.** ❶ 기한을 넘기면 장(杖) 80이다.〈경〉

제25항 **악역(惡逆)[482]을** ❶ 십악(十惡)[483] 중에서 네 번째를 악역(惡逆)이라 한다. **고발하였는데 수리(受理)하지 않으면 장(杖) 100이다. 살인이나 강도를 고발하였는데 수리하지 않으면 장 80**

480 세계(稅契) : 전택(田宅)을 매입한 새 주인이 가격의 높고 낮음에 맞추어 관에 세금을 납부하고 관은 그 계권(契券)에 도장을 찍어 인증해 주는 것이다.《大明律附例箋釋 卷5 9張》

481 전지나 가택을……들인다 :《대명률》〈호율 전택(田宅)〉 전매전택(典買田宅) 조에 있다.

482 악역(惡逆) : 조부모나 부모, 남편의 조부모나 부모를 때리거나 죽이려고 꾀하는 것, 백숙 부모나 고모나 형이나 누이나 외조부모 및 남편을 죽이는 것이다.《大明律 名例律 十惡》

483 십악(十惡) : 모반(謀反), 모대역(謀大逆), 모반(謀叛), 악역(惡逆), 부도(不道), 대불경(大不敬), 불효(不孝), 불목(不睦), 불의(不義), 내란(內亂)이다.《大明律 名例律 十惡》

이다. 투구(鬪毆), 혼인(婚姻), 전택(田宅) 등의 일을 수리하지 않으면 각각 범인보다 2등급을 줄이되, 장 80에 그친다. ❷ 재물을 받았으면 왕법(枉法)[484]으로 보되, 무거운 쪽으로 논한다.[485] [486] 〈율〉

제26항 **사족(士族)이 상중(喪中)에 꺼리지 않고 소송하는 것은 청리하지 않는다.** ❶ 산송(山訟)은 논하지 않는다. ❷ 대신 소송할 사람이 없는데 일의 형세가 급박하면 장사를 지낸 뒤에 다시 소송하는 것을 허락한다. 피고인이 상중이면 또한 장사를 지낸 뒤에 청리한다.

제27항 **소송을 판결하는 아문에 오래 머물면서 사람을 가르치거나 꾀어 쟁송하게 하는 것을 업으로 삼는 자는 장(杖) 100 유(流) 3000리이다.** ❶ 강도의 예에 따라 사람들에게 체포·고발하도록 하고, 상으로 포(布) 50필을 준다. ❷ 한 사람이 두세 곳에서 이치에 닿지 않는 일로 소송을 하는 경우도 같은 율이다. 〈속〉

제28항 **사송(詞訟)을 교사(敎唆)하거나,** ❶ 교(敎)는 고소할 수 없는 사

484 왕법(枉法) : '왕(枉)'은 굽힌다는 뜻으로, 관리가 마땅하게 법을 집행해야 하는데 스스로 한쪽으로 치우치고 굽혀 남의 뜻을 따르는 것이다. 《大淸律輯註(下) 851쪽》

485 무거운 쪽으로 논한다 : 받은 장(贓)과 범한 죄를 비교해서 더 무거운 쪽을 따라 논하는 것이다.

486 악역(惡逆)을……논한다 : 《대명률》〈형률 소송(訴訟)〉 고장불수리(告狀不受理) 조에 있다.

람을 가르쳐서 고소하게 하는 것이고, 사(唆)는 고소하고자 하지 않는 사람을 부추겨서 고소하게 하는 것이다. **남을 위하여 소송 문서를 작성하면서 실정이나 죄상을 더하거나 줄여 타인을 무고(誣告)하면 범인과 같은 죄이다. 고용되어 타인을 무고하면 자신이 무고한 것과 같다.** 2 재물을 받으면 왕법(枉法)으로 보되 무거운 쪽으로 논한다.[487] [488]〈율〉

제29항 **송관(訟官)을 얽어서 모함하면 장(杖) 80이고, 이런 일을 자주 저지르면 장 100이고, 사리(事理)상 무거우면 도(徒) 3년이다.** 1 패거리를 지어 송관을 침해하고 욕보이면 모두 원지(遠地)에 정배(定配)한다.

제30항 **친족이 서로 소송하면서 존장을 능욕하거나 비유(卑幼)를 협박하면 먼저 그 죄를 바로잡은 뒤에 청리한다.** 1 친형제나 숙질 사이에 아무 이유 없이 싸움의 단서를 일으키면 계문하여 처벌한다.〈속〉

제31항 **지방의 사송(詞訟)은 사송 업무 정지** 1 춘분일부터이다. **후부터 사송 업무 시작** 2 추분일부터이다. **전까지 십악(十惡), 간음, 도적, 살인이나 도망 노비를 붙잡아서 관아에 넘기거나 남**

487 무거운 쪽으로 논한다 : 장(贓)이 무거우면 장을 따르고, 무고한 죄가 무거우면 무고한 죄를 따른다.《大明律附例(下) 366쪽》

488 사송(詞訟)을……논한다 :《대명률》〈형률 소송(訴訟)〉 교사사송(教唆詞訟) 조에 있다.

에게서 빼앗은 노비를 계속 부리는 일 등 ❸ 타인의 전지(田地)를 함부로 차지하거나 몰래 농사짓거나 몰래 파는 경우도 같다. **일체 풍속에 관계되거나 타인에게 침손을 끼친 경우를 제외하고 잡다한 소송은 청리하지 않는다.** ❹ 서울의 경우 지방에서 계속 살고 있는 자가 돌아가 농사짓는 것만 들어주고, 판결에 임하여 형세를 보고 돌아가 농사짓고자 하는 자는 들어주지 않는다.[489] 〈경〉

제32항 **흉년이면 형조에서 임금의 분부를 받아 해당 도(道)에 공문을 보내어 노비 추쇄나 빚을 징수하는 일 등을 일절 정지하게 한다.** 〈속〉

제33항 **청송관(聽訟官)은 수업을 받은 스승이나 예전에 원한이 있던 사람에 대해서는 공문을 보내어 청리를 회피한다.** ❶ 어기면 태(笞) 40이다. 만약 죄를 늘리거나 줄이면 고의로 타인의 죄를 가볍게 하거나 무겁게 한 죄로 논한다.[490] 〈율〉 ❷ 노비나 전택에 대해 입안(立案)을 받을 때는 각각 그 거주지에서 관에 신고한다. 상피(相避)해야 할 사람이 있으면 다른 고을

489 서울의……않는다 : 서울에서 소송하는 경우 지방에 거주하는 자로서 계속 소송하기를 스스로 원하는 자 외에는 모두 돌아가 농사짓는 것을 들어준다. 그러나 원척 중 한 명이 계속 소송하기를 원하거나 판결에 임하여 형세를 보고 상황이 불리하다 생각되어 돌아가고자 하는 경우는 들어주지 않는다.《成宗實錄 2年 5月 25日》

490 청송관(聽訟官)은……논한다 : 《대명률》〈형률 소송(訴訟)〉 청송회피(聽訟回避) 조에 있다.

로 이송한다.[경] ❸ 친인척 사이의 상피에 대해서는 〈이전〉의 〈상피(相避)〉 조에 보인다.[보]

제34항 **소송을 제기한 자는 해당 소송에 사용되는 작지(作紙)를 납부한다. 승소하였을 경우 가사(家舍)는 기와집 1칸에 2권(卷)이고, 초가집 1칸에 1권이고, 전지(田地)는 10부(負)에 2권이고, 노비는 1구(口)에 3권이다.**[속] ❶ 공물(貢物) 10섬(石)은 노비 1구에 준한다.[보] **사출(斜出)[491]의 경우 기와집 1칸에 1권이고, 초가집 1칸에 10장(張)이고, 전지는 10부에 1권이고, 노비는 1구에 1권이다.** ❷ 모두 저주지(楮注紙)를 쓰되 20권을 넘을 수 없다.[속] ❸ 1권의 대목(代木)은 1필이다.[보] ❹ 공대(空垈) 4칸은 기와집 1칸에 준한다. ❺ 죽거나 늙어 면역(免役)되면 작지목(作紙木)을 받지 않는다. ❻ 보충대(補充隊)의 작지목은 1구에 전(錢) 2냥이며, 사출의 경우 1냥이다.

제35항 **산송(山訟)도 일체 소송의 격식을 갖추어 시행한다.** ❶ 소송의 논리가 잘못된 것을 관이 적간(摘奸)할 때 변론하지 않고 30일이 되도록 계속 소송에 임하지 않으면, 송정(訟庭)에 직접 출석하여 착명(着名)한 사람에게 승소로 판결해 준다.

제36항 **사대부 분묘의 보수(步數)**[속] ❶ 보수는 〈예전〉의 〈상제(喪祭)〉

491 사출(斜出) : 입안(立案)이나 문권(文券) 등 증명서를 발급해 주는 일로, 이때도 작지를 납부한다.

조에 보인다.〈보〉 **안에 금장(禁葬)을 어기고 몰래 장사 지내면 파서 옮기게 한다.** ❷ 자손이 제사를 폐하고 타인이 침범해 장사 지내는 일을 금하지 않는 것이 2, 3년에 이른 뒤이면 《경국대전》의 전지(田地)와 가택에 대한 소송에서 5년이 지난 경우의 예에 따라 청리하지 않는다. 분묘를 범하면 이 규정을 적용하지 않는다. ❸ 비록 보수가 적용되지 않는 사람〈속〉 –❶ 유음 사인(有蔭士人)이다.〈증〉 –이라 하더라도 용호(龍虎) 안의 양산처(養山處)에 타인이 들어와 장사 지내는 것을 허락하지 않는다. 용호 밖은 비록 양산처라도 넓게 차지하는 것을 허락하지 않는다. ❹ 용호가 아주 넓어서 더러 5, 6백 보에 이르는 경우는 일률적으로 용호에 준할 수 없으므로, 오직 송관이 피차의 도국(圖局)[492]과 산세의 원근을 헤아려 참작해 처결하는 것에 맡긴다.〈속〉 ❺ 노속(奴屬)이 주인 산의 장사를 금하는 곳을 범하면 세 차례 엄히 형추(刑推)하고, 멀고 사정이 나쁜 절도(絶島)에 유배하여 그대로 본역(本役)에 충정(充定)하며, 물간사전(勿揀赦前)한다.〈보〉

제37항 **주인이 있는 산이나 인가(人家) 근처에 몰래 장사 지내는 것을 금단한다.** ❶ 비록 한 사람이 사는 집이라도 100보 이내에는 장사를 지낼 수 없다. 몰래 장사한 자를 100일 내에 찾아내지 못하면 산 주인이 관에 고발하도록 허락하고, 계문한 뒤에 관에서 파서 옮긴다. ❷ 큰 마을 안이나 타인의 무덤과 아주 가까운

492 도국(圖局) : 집터나 묏자리가 앉은 형국(形局)이다.

곳을 함부로 차지한 뒤 소송을 일으키면 그곳에 무덤을 쓰도록 지시한 지사(地師)는 형추(刑推)하여 징계하고, 상사(喪事)를 주관한 사람은 정배(定配)하고, 승소로 판결해 준 송관(訟官)은 논죄한다.

제38항 **향교(鄕校) 안산(案山)으로 향교가 바라보이는 곳에 장사를 지내면 장사 지낸 집의 가장을 논죄하고, 기한을 정해 강제로 파서 옮기게 한다.** 〈속〉 **1** 능의 화소(火巢)와 외안산(外案山)에 매장을 금하는 것은 〈예전〉의 〈능묘(陵廟)〉 조에 보인다. 경성(京城) 10리 안에 매장을 금하는 것은 아래 〈금제(禁制)〉 조에 보인다. 〈보〉

제39항 **오래된 무덤을 장지(葬地)로 쓰면 발총률(發塚律)[493]에 따른다.** **1** 무덤을 파도록 허가한 자와 지관(地官)도 죄가 같다. 〈경〉 **2** 타인의 무덤을 평평하게 하여 농경지로 만들면 장(杖) 100이다. 주인이 있는 묘역에 몰래 묻으면 장 80이며, 기한을 정해 강제로 이장시킨다.[494] 〈율〉

제40항 **매장을 금하는 곳을 산소로 차지하였다가 패소하거나, 매장을**

493 발총률(發塚律) : 무덤을 파헤쳐 관곽(棺槨)을 드러내면 장 100 유 3000리이고, 관곽을 연 뒤 시신을 드러내면 교형이다. 파헤치되 관곽에 이르지 않으면 장 100 도 3년이다. 《大明律 刑律 盜賊 發塚》

494 타인의……이장시킨다 : 《대명률》 〈형률 도적(盜賊)〉 발총(發塚) 조에 있다.

금해야 할 곳이 아닌데 매장을 금하였다가 패소하면 형추(刑推)**하여 징계한다.**

제41항 **사대부가 억지로 장사 지내거나, 남을 꾀어서 장사 지내거나, 몰래 장사 지내는 따위는 엄히 금한다. 범하면 여염집을 빼앗아 들어간 죄에 대한 율**[495]**에 따른다.** ❶ 수령이 알고도 금하지 않으면 잡아다 처리한다. ❷ 상민(常民)이나 천민 부모의 무덤으로 대대로 장사 지내 왔던 곳을 사대부가 차지하여 빼앗은 경우도 같은 율이며, 기한을 정해 강제로 이장시킨다. ❸ 감사나 수령이 도내(道內)나 경내(境內)에서 산소 자리를 차지하면 잡아다 심문하여 죄목을 정하고, 기한을 정해 강제로 이장시킨다.

제42항 **파 옮기겠다고 공초를 바친 뒤에 도망가 숨으면 결후잉집**(決後仍執)**한 죄에 대한 율**[496]**로 논한다. 관리가 판결할 때 법리**(法理)**를 어긴 점이 있으면, 잘못인 줄 알면서도 법리에 어긋나게 판결한 죄에 대한 율**[497]**로 논한다.**

제43항 **장사 지내는 것을 사사롭게 금하다가 법을 어기고 소란을 피**

495 여염집을……율 : 도 3년 정배이다.《續大典 刑典 禁制》

496 결후잉집(決後仍執)한……율 : 판결이 난 뒤에도 그대로 차지하고 있으면 장 100 도 3년이다.《經國大典 刑典 私賤》

497 잘못인……율 : 장 100을 치고 영불서용(永不敍用)한다.《經國大典 刑典 決獄日限》

우면 무겁게 논한다. ❶ 패거리를 지어 벌상(伐喪)하거나 상여를 부수면 무덤을 파헤치되 관곽에 이르지 않은 죄에 대한 율에 따른다. 널을 범하면, 무덤을 파헤쳐 관곽을 드러낸 죄에 대한 율[498]에 따른다. ❷ 금정(金井)을 깨뜨리거나 축회(築灰)를 훼손하면, 타인의 무덤을 평평하게 하여 농경지로 만든 죄에 대한 율[499]에 따른다. ❸ 광(壙)을 판 곳에 방화하거나 오물을 던져 넣으면, 오물을 타인의 입이나 코 안에 부어 넣은 죄에 대한 율[500]에 따른다. ❹ 봉분을 만든 뒤에 방화하거나 나무를 박으면, 불이 번져 관이나 민간인의 건물을 태운 죄에 대한 율[501]에 따른다. ❺ 일꾼을 동원하여 서로 싸우거나, 칼을 빼 들거나 총을 쏘거나 활을 쏘면 장(杖) 100 도(徒) 3년이다. 타인에게 상해를 입힌 정도가 중하면 장 100 유(流) 3000리이다. ❻ 부녀(婦女)를 데리고 산에 올라가 장사 지내는 것을 금하면 가장을 죄주고, 가장이 없으면 거느리고 사는 아들을 정배(定配)한다.

제44항 산송(山訟)으로 인해 신하로서 감히 할 수 없는 말로 타인을

498 무덤을 파헤쳐……율 : 무덤을 파헤쳐 관곽(棺槨)을 드러내면 장 100 유 3000리이고, 관곽을 연 뒤 시신을 드러내면 교형이다. 《大明律 刑律 盜賊 發塚》

499 타인의……율 : 장 100이다. 《大明律 刑律 盜賊 發塚》

500 오물을 타인의……율 : 타인의 치아 1개 또는 손가락이나 발가락 1개를 부러뜨리거나, 타인의 한쪽 눈을 다치게 하거나, 타인의 귀나 코를 훼손하거나, 타인의 뼈에 금이 가게 하거나, 끓는 물, 불, 구리물, 쇳물로 타인을 상해하면 장 100이다. 오물을 타인의 입이나 코 안에 부어 넣으면 죄가 또한 같다. 《大明律 刑律 鬪毆 鬪毆》

501 불이……율 : 태 50이다. 《大明律 刑律 雜犯 失火》

무함하며 상언(上言)하거나 관에 정장(呈狀)하면, 엄히 신문하여 실정을 밝히고, 장(杖) 100을 치고 ❶ 속전(贖錢)을 받지 않는다. **도배(島配)한다.** 〈속〉 ❷ 망령되게 무함하여 격쟁(擊錚)한 경우는 위의 〈소고(訴告)〉 조에 보인다.

제45항 **치총(置塚)이 있더라도 먼저 장사를 지낸 자가 주인이 된다.** 〈보〉 ❶ 치총을 진짜 무덤이라고 하면 사불이실(詐不以實)한 죄에 대한 율[502]에 따른다.

제46항 **종친과 재상(宰相) 본인이 관계된 소송으로 해당 관사에서 청리할 수 있는 사안이면 번거롭게 계달할 수 없다.** ❶ 어기면 엄히 추고한다.〈속〉

제47항 **상사(上司)와 군문(軍門)에 소속된 자가 송옥(訟獄)에 관계되었으면 한편으로는 처결한다.**[503] 〈증〉 ❶ 왕자방(王子房)에 소속된 자가 송옥에 관계되었으면 곧바로 수색하여 붙잡아 온다. 〈보〉

502 사불이실(詐不以實)한……율 : 대제(對制)나 주사(奏事), 상서(上書)를 할 때 속이고 사실대로 하지 않으면 장 100 도 3년이다. 《大明律 刑律 詐僞 對制上書詐不以實》

503 한편으로는 처결한다 : 한편으로는 진래(進來), 즉 소속된 자의 체포 사유를 상사와 군문에 통보하고, 한편으로는 처결한다. 《大典通編 刑典 禁制》

제21조 **징채(徵債)**

제1항 **국고(國庫)를 축내거나 몰래 써 버린 경우 일체 추징해야 할 물건 및 아직 거두지 않은 전세(田稅)·공물(貢物)을 서울은 한성부에, 지방은 모든 고을에 공문을 보내어 징수하도록 독촉한다.** ❶ 1년이 지나도록 징수하지 않은 관원은 1자급을 내린다. 징수하고 납부하지 않으면 파출하며, 전직 관원이면 고신(告身)을 거둔다. 아전(衙前)이나 고자(庫子)는 율에 따라 논하며, 납부를 마칠 때까지 가두어 두고 징수한다. ❷ 맡아 지키는 곡물은 축났으나 다른 곡식이 남아 있으면, 축난 수량에 준하여 옮겨 채운다. 조(租)·염(鹽)·모(麰) 1말은 미(米) 4되로 대신하고, 적두(赤豆) 1말은 미 6되, 직(稷) 1말은 미 3되, 당서(唐黍) 1말은 미 4되 2홉, 서(黍)·속(粟)·맥(麥)·황두(黃豆) 1말은 미 5되로 대신한다. ❸ 궐 안의 금그릇, 은그릇이 유실되면 동일한 그릇으로 징수하지 말고 같은 품질의 금·은으로 액수에 준하여 징수한다.〈속〉 ❹ 각 관사의 축나거나 유실된 물건으로, 금그릇·은그릇·놋그릇·동그릇이나 포백(布帛) 10필 이상, 미면(米麪) 10섬 이상 외에는 한성부에 공문을 보내지 말고 각 관사에서 자체적으로 징수한다.〈보〉

제2항 **공사(公私)의 채무를 진 경우**〈경〉 ❶ 세공(稅貢)인 미(米)·면(麪)을 받고 납부하지 않거나, 이전(移轉)하는 미·면·잡물을 축내거나, 공물가(貢物價) 및 역가(役價)를 대신 납부하거나, 금그릇·은그릇·놋그릇·쇠그릇을 받아 놓고 납부하지 않거나, 북경

(北京)에 갔던 통사(通事)와 의원(醫員)이 당물(唐物)을 사고 납부하지 않거나, 고의로 패선(敗船)시키거나, 공사의 오래된 채무를 진 경우이다.〈경〉〈속〉 ❷ 통사와 의원에 대해서는 계문하여 처벌하고 추징한다.〈속〉 **비록 본인이 죽더라도 처(妻)·자(子)의 재산이 있으면 징수를 허락한다. 잡물(雜物)을 축낸 경우는**〈경〉〈속〉 ❸ 맡아 관리하는 소·말·양·돼지·염소·기러기·오리·닭이 죽거나 유실되거나, 사기(砂器)·목기(木器)·지둔(紙芚)·석자(席子)를 축내거나, 그릇이나 잡물을 손상하거나 깨뜨리거나, 어세(魚稅)·염세(鹽稅)·공세(工稅)·상세(商稅)를 거두어 합쳐 두지 않거나, 잡물을 다시 징수하고 납부하지 않거나, 잡물을 착오로 잘못 지급하거나, 선군(船軍)의 월과(月課)를 납부하지 않은 경우이다. **본인이 죽으면 징수를 면제한다.**

제3항 공사(公私)의 채무를 진 경우 친부자(親父子) 외의 형제 및 일족(一族)으로 함께 사는 사람에게는 일절 침징(侵徵)하지 않는다. ❶ 공채(公債)가 600냥 이상이면, 양인이나 공천(公賤)·사천(私賤)으로 비록 납물 당상(納物堂上) 가선대부라도 처(妻)·자(子)도 아울러 모두 해당 관의 노비로 삼고 부채는 탕감하며, 잡직 당상(雜職堂上) 가선대부는 정배(定配)하고, 처·자는 모두 노비로 삼는다. 그러나 본인이나 자손이 채무의 액수만큼을 추후 납부하면 각각 본역(本役)으로 되돌리는 것을 허락한다. ❷ 지방의 색리가 나라의 곡식을 훔쳤을 경우 장물(贓物)을 계산하여 이미 사형으로 감죄(勘罪)하였으면 곡물은 탕감하고 일족에게 침징하지 않는다. ❸ 공채를 진 자를 논죄할 때에 당

초 뇌물을 받고 내준 감관과 색리는 범인보다 1등급을 줄인다. ❹ 공채는 전토(田土)나 가사(家舍)로 대납하는 것을 허락하지 않는다. 이미 대납하였으면 매년 그 전세(田稅)를 거두어 본전과 이자에 준하게 된 뒤에 돌려준다.

제 4 항 **빚을 징수할 때에 공채(公債)나 사채(私債)를 막론하고 이자가 한 달에 2할을 넘으면 장(杖) 80 도(徒) 2년이다.** ❶ 곡식으로 빚을 주고 돈으로 이자를 받으면 빚을 진 자가 고발하는 것을 허락하고, 범한 자는 장 100 유(流) 3000리이며, 그 재화는 속공(屬公)한다. 갑리(甲利)로 빚을 주면 장 100을 치고 정배(定配)하며, 비록 10년이 지나더라도 1년의 이자만 징수한다. 어기면 장 100이다. ❷ 사채를 진 자가 죽으면 이자는 받지 않는다.

제 5 항 **사채를 징수하는 자가 전토(田土)로 대신 받거나 채무자의 자녀를 강제로 노비로 삼으면 장(杖) 100을 치고 정배(定配)하고, 전토와 자녀는 찾아서 돌려준다.** ❶ 빚을 주면서 퇴도지(退賭地)를 전당 잡고 전토를 도지 기간이 지난 뒤에도 계속 차지하면 사채를 전토로 대신 받은 죄에 대한 율[504]에 따른다. ⟨속⟩ ❷ 호강(豪强)하며 권세 있는 사람이 사채를 이유로 채무자가 기르던 가축이나 산업(産業)[505]을 강제로 빼앗으면 장 80이다.

504 사채를 전토로……율 : 장 100을 치고 정배한다. 《續大典 戶典 徵債》
505 산업(産業) : 전포(田圃), 산림(山林), 가옥 따위이다. 《大明律例諺解 卷13 7張》

시가(時價)를 조사해 보아 원금과 이자를 넘으면 더 많이 받은 재물을 계산하여 좌장(坐贓)으로 논하고, 더 많이 받은 액수만큼 추징하여 돌려준다. ❸ 사채를 약속을 어기고 돌려주지 않는 경우 5관(貫) 이상은 3개월을 어기면 태(笞) 10이고, 1개월마다 1등급을 더하되 태 40에 그친다. 50관 이상은 3개월을 어기면 태 20이고, 1개월마다 1등급을 더하되 태 50에 그친다. 250관 이상은 3개월을 어기면 태 30이고, 1개월마다 1등급을 더하되 장 60에 그친다.[506] 〈율〉 ❹ 타인의 처·첩이나 자녀로 준절(準折)[507]한 경우는 위의 〈간범(姦犯)〉 조에 보인다. 〈보〉

제 6 항 **사채의 경우 증인과 필집(筆執)이 있는 문기(文記)를 갖추고 있으면 징채를 허락한다.** 〈경〉 ❶ 언문(諺文)으로 쓰였거나 증인과 필집이 없으면 들어주지 않는다.

제 7 항 **상역(商譯)이 공채를 빌려 쓰는 것을 일절 금한다.** 〈속〉 ❶ 많이 빌려 썼으면 장(贓)을 계산하여 지방의 색리가 국곡을 훔친 죄에 대한 율[508]로 논한다. 〈증〉 **감림(監臨) 관리가 관할 내에서 빚**

506 호강(豪强)하며……그친다 : 《대명률》 〈호율 전채(錢債)〉 위금취리(違禁取利) 조에 있다.

507 준절(準折) : 본래의 재물이 아닌 다른 재물로 바꾸어 지급하는 것이다. 처·첩이나 자녀는 사람인데 재물을 사람으로 준절하기 때문에 장 100의 형벌이 부과된다. 《大明律例諺解 卷13 8張》

508 지방의……율 : 관의 조적(糶糴)을 투식(偸食)한 색리, 고자(庫子) 등은 장(贓)을 계산하여 50관(貫)이 넘으면 모두 사형에 해당한다. 《新補受敎輯錄 刑典 推斷》

을 놓으면 장(杖) 80이다. ❷ 어길 경우 더 받은 이자는 장(贓)을 계산하여, 죄가 무거우면[509] 불왕법(不枉法)으로 논한다.[510]

〈율〉

509 죄가 무거우면 : 장 80보다 무거운 것이다.

510 감림(監臨)……논한다 : 《대명률》 〈호율 전채(錢債)〉 위금취리(違禁取利) 조에 있다.

제22조 **공천(公賤)** 사천(私賤)

제 1 항 **공천(公賤)의 경우 3년마다 속안(續案)을 작성하고,** ❶ 각 관사의 관원이 추쇄하여 사실을 조사하고, 마감(磨勘)하여 장적(帳籍)을 작성한다.〈경〉 –❶ 《경국대전》에 장례원(掌隷院)의 관원과 함께 마감한다고 되어 있다.〈보〉 – 지방은 수령이 추쇄하여 관찰사에게 보고한다. **20년마다 정안(正案)을 작성하여 형조·의정부·본사(本司)·본도(本道)·본읍(本邑)에 보관한다.** ❷ 내수사의 노비는 정안과 속안을 작성하여 형조·본사·본도·본읍에 각각 한 부씩 보관한다.〈경〉 ❸ 장례원이 혁파되어 형조에 소속된 뒤 시노비(寺奴婢)에 관련된 일은 호조가 담당하고, 면천(免賤)이나 상송(相訟) 등의 일은 형조가 담당한다.〈증〉

제 2 항 **각 관사의 노비는 식년마다, 내수사의 노비는 10년을 기한으로 추쇄한다.** ❶ 내수사가 추쇄할 때 관찰사가 별도로 염찰(廉察)하여, 노비를 침탈한 자는 계문하여 정배(定配)한다. 각 관사의 차인(差人)이 매우 지나치게 징수한 경우 본도(本道)에서 장(杖)을 치고 정배한다.〈속〉 ❷ 시노비(寺奴婢)의 출생과 사망을 해마다 해당 고을에서 조사하여 호조에 보고한다.〈증〉

제 3 항 **각 아문의 경노비(京奴婢)의 출생과 사망을 해당 관사에서 한성부에 보고하고, 한성부에서 세초(歲抄)에 계문한다.**〈속〉

제 4 항 **천인의 자식은 모역(母役)을 따른다.** ❶ 승인(僧人)이 낳은 자식

은 비록 양인이라도 천인의 역을 따른다.〈경〉 ❷ 승려가 간음하여 낳은 자식을 진고(陳告)[511]하여 소송하는 사람은 논상(論賞)한다.〈경〉〈속〉 ❸ 공천·사천이 자신의 비(婢)를 취하여 낳은 자식은 공천은 관(官)에, 사천은 주인에게 주고, 처(妻)의 비를 취하여 낳은 자식은 처의 관이나 주인에게 준다. 양인 처를 취하고 또 그 양인 처의 비를 취하여 낳은 자식은 공천은 관에, 사천은 주인에게 주되, 만약 양인 처에게 다른 남편과의 사이에서 낳은 자녀가 있으면 그 자녀에게 준다.〈경〉

제5항 **공천·사천이 양인 처를 취하여 낳은 자식은 모두 모역(母役)을 따른다.**〈속〉 ❶ 영조 신해년(1731, 영조7) 1월 1일 자시(子時)를 기점으로 그 이후에 낳은 자식은 모역을 따른다.〈속〉〈증〉

제6항 **역리(驛吏)가 양인 여자를 취하여 낳은 자식은 남자는 역리로 삼고 여자는 역녀(驛女)로 삼는다.** ❶ 공천·사천을 취하여 낳은 자식은 모두 모역(母役)을 따르되, 속량하면 부역(父役)으로 올린다. **역녀가 양인 남자에게 시집가서 낳은 자식은 남자는 역리로 삼고 여자는 역(驛)에 소속시키지 않는다.** ❷ 공천·사천에게 시집가서 낳은 자식은 남자는 모역을 따르되 속량을 허락하여 역리로 삼고, 여자는 역(驛)에 소속시키지 않는다. **역노(驛奴)가 공천·사천을 취하여 낳은 자식은 남자는 부역(父役)**

511 진고(陳告) : 진술하여 아뢰는 것을 '진(陳)'이라고 하고, 아뢰어 소송하는 것을 '고(告)'라고 한다. 《經國大典註解 後集 刑典 賤妻妾子女條》

을 따르고, 여자는 모역을 따른다. ❸ 양인 여자를 취하여 낳은 자식이 역역(驛役)을 자원하면 역리로 올리고, 그 자녀는 일체 역(驛)에 소속시킨다. ❹ 내수사의 비(婢)가 역노에게 시집가서 낳은 자식은 역(驛)에 소속시키지 않는다. ❺ 삼수(三水)·갑산(甲山)이나 육진(六鎭)의 관비가 역리나 역노에게 시집가서 낳은 자식은 남녀 모두 모역을 따른다. 그 나머지 단천(端川) 이북의 경우 여자는 모역을 따른다. **역비(驛婢)가 양인이나 천인 남자에게 시집가서 낳은 자식은 모두 역노비(驛奴婢)에 소속시킨다.** ❻ 역에는 역리(驛吏)·역녀(驛女)·역노(驛奴)·역비(驛婢)의 4가지 명목이 있는데, 우관(郵官)이 돈을 받고 청탁을 들어주어 역노를 역리로 올리거나, 역비를 역녀로 올리면 건수의 많고 적음에 상관없이 관찰사가 계문하고 죄목을 정한다.

제7항 귀화한 남자가 공천이나 사천인 여자를 취해 낳은 자식은 남자는 부역(父役)을 따르고 여자는 모역(母役)을 따른다. 귀화한 여자가 공천이나 사천에게 시집가서 낳은 자식은 모두 예조에 소속시킨다.〈속〉

제8항 정속(定屬)된 노비는 그 역(役)을 본인에 한한다. ❶ 속공(屬公)된 경우는 그렇지 않다.〈보〉

제9항 각 고을의 공천이 늙어서 역(役)이 면제되거나 사망하면 형조에 관문을 보내고, 형조에서 입안(立案)을 작성하여 보낸다. 〈속〉〈보〉 ❶ 사망한 경우 서울은 본사(本司) 및 공천이 살던 부(部)

의 관원이, 지방은 수령이 직접 살펴보고 소관인(所管人)512·일족(一族)·가까운 이웃[切隣] 등의 공초를 받아 입안을 작성하여 형조·본사·본도(本道)·본읍(本邑)에 각각 한 부씩 보관하고, 또 죽은 자의 친족에게도 주어 훗날 살펴볼 때 전거로 삼는다.〈경〉 2 석 달이 지나도록 작성해 주지 않는 수령은 파직한다. 3 살아 있는 자를 죽었다고 하면 장(杖) 100 유(流) 3000리이다.〈속〉 4 사망한 지 3일 안에 관에 보고하고 5일 안에 입안을 작성한다. 이 격식을 어기면 역의 면제를 허락하지 않는다.〈보〉 5 사망하였더라도 해당 고을의 검시장(檢屍狀)이 없으면 인정하지 않는다.〈증〉 **도망하여 30년이 지났으면 속안(續案)을 마감(磨勘)할 때에 근거가 될 만한 문서를 형조에 올려보내 역을 면제한다.** 6 부모가 살아 있으면 '도망(逃亡)'으로 기록하지 않는다. 7 도망한 자가 70세 이상이면 노령으로 인한 역의 면제를 허락하되, 속안의 기록은 그대로 둔다. **외안(外案)에 기록된 노비가 도망하여 서울에 살고 있으면 그대로 머물게 하고, 속안에 기록하여 사역(使役)한다.** 8 양계(兩界)의 사람은 하나하나 조사하여 돌려보낸다. 9 침선비(針線婢)나 의녀(醫女) 같은 자가 서울로 올라온 뒤에 낳은 자식은 조사하여 본관(本官)에 돌려보낸다.〈속〉 10 경노비(京奴婢)가 도망하여 지방에 살고 있으면, 논죄하고 붙잡아서 돌려보낸다.〈경〉 11 도망한 노비를 받아 주어 살게 하여 1년이 되었으면 노비를 숨겨두고 사역한

512 소관인(所管人) : 서울은 수령(首領), 지방은 권농(勸農)·이정(里正)·통주(統主)이다.《經國大典 刑典 逃亡》

죄와 같다. 도망한 역리를 받아 주어 살게 해 주어도 같은 죄이며, 역가를 징수하여 본역(本驛)에 준다.〈속〉 ⓬ 떠돌아다니는 공천은 본관(本官)에서 상사(上司)에 보고하고, 상사에서 여러 도(道)에 공문을 보내면 도에서 신원을 파악하여 추심해서 돌려보내는데, 그 당시 공천이 머무르고 있는 곳에서 안정적으로 역을 지고 있으면 그대로 머무르게 하고 속안에 기록한다. 검거하지 못한 관리 및 알고도 고발하지 않은 소관인(所管人)이나 가까운 이웃[切隣]은 제서유위율(制書有違律)[513]로 논한다. ⓭ 역을 피해 승니(僧尼)가 된 자는 장 100을 치고 극변(極邊) 황폐한 고을의 관노비로 영구히 소속시킨다. 실정을 알고 있던 스승 승니는 제서유위율로 논하고 환속시켜 신분에 해당하는 역에 차정한다. 사천은 논죄하고 주인에게 준다.〈경〉

제10항 **실지로 신공(身貢)을 바치는 노비를 3구(口) 이상 누락하면 개인적인 정으로 봐준 색리는 장(杖) 100 도(徒) 3년이고, 수령은 추고한다.** ❶ 5구 이상이면 색리는 장 100을 치고 원지(遠地)에 정배(定配)하며, 수령은 파직한다. 10구 이상이면 색리와 수령 모두 등급을 더하여 논한다. **나이를 줄이는 등의 여러 가지 방법을 쓴 인원이 5구 이상이면 수령과 색리는 3구 이상을 누락한 데 대한 율에 따른다.** ❷ 7구 이상이면 5구 이상을 누락한 경우와 같다.〈속〉 ❸ 시노(寺奴)의 경우 거짓으로 역(役)을 면제

513 제서유위율(制書有違律) : 제서를 받들어 시행할 때에 어기면 장 100이다. 황태자의 영지(令旨)를 어기면 같은 죄이다.《大明律 吏律 公式 制書有違》

하거나 속안(續案)에서 누락한 인원이 3구 이상이면 수령을 잡아다 심문한다.〈속〉〈증〉 **숨겨서 사역하는 일이 있으면 그 인원수의 많고 적음, 사역 기간의 길고 짧음을 따지지 않고 장 100 도 3년이며, 역가(役價)를 징수한다.** ❹ 사천도 같다. ❺ 면임(面任)이나 이임(里任), 가까운 이웃[切隣]이 알면서도 고발하지 않거나 수령이 검거하지 않으면 제서유위율(制書有違律)로 논하고, 물간사전(勿揀赦前)한다.〈속〉 ❻ 사역한 공천이 도망하거나 죽으면, 숨겨서 사역한 자에게 역가를 징수한 뒤에 그의 노비로 갚게 한다. 사천도 같다.〈경〉 ❼ 공천·사천이 공천·사천을 숨겨서 사역하면 장 100 유(流) 3000리이고, 역가를 징수한다. ❽ 숨긴 자가 자수하면 죄를 면하고, 역가도 징수를 면한다. 도망하거나 누락된 사람이 자수하면 죄를 면하고, 이전의 신공가(身貢價)도 징수를 면한다. ❾ 내수사의 노비를 함부로 차지하면 양민을 함부로 차지한 죄에 대한 율[514]로 논한다.

제11항 도망하거나 누락된 것으로 드러난 수를 세초(歲抄)마다 보고한다.

제12항 속공(屬公)된 노비 및 강도의 처와 자녀는 관찰사가 세초(歲抄)에 소명(小名)을 계문한다. ❶ 경사(京司)에 속한 노비의 소명도 형조에 공문을 보내 장부에 적어 놓고 점검한다. ❷ 서로

514 양민을……율 : 전가사변(全家徙邊)이다.《受教輯錄 刑典 公賤》《增補典錄通考 刑典 公賤》

소송하여 속공된 노비의 자손도 소송 문안(文案)에 함께 기록하고, 노비 자손 본인에 한하여 속공한 후에 바로 속안(續案)에 올려 시행한다. 3 강도의 처와 자녀가 각 고을에 영구히 소속되면 소재지 고을의 재산이 있는 향호(鄕戶)가 보수(保授)하여 구휼하게 한다. 관찰사가 순행할 때 엄히 살펴서 만약 도망한 자가 있으면 수령과 보수인(保授人)을 논죄한다. 4 죄를 범하여 속공된 사람이 본래 공천이면 각각 그 본래의 관사로 돌려보낸다. 5 공천이 도둑질을 범해 노비가 되어 변보(邊堡)에 정배(定配)되었는데 이미 배소에서 사역하고 있으면 본래의 신역(身役)을 줄여 준다.〈속〉

제13항 **노비로서 15세 이하나 60세 이상인 자, 독질(篤疾)이나 폐질(癈疾)인 자는 납공(納貢)이나 입역(立役)을 면한다.**〈경〉 1 《경국대전》의 법에 경노(京奴)로서 50세이면 악적(樂籍)에서 삭제하고 납공이나 입역을 면한다고 하였다.〈보〉

제14항 **공천의** 1 부모가 모두 공천인 경우이다. **자식 3구(口)가 납공(納貢)하거나 입역(立役)하면** 2 실제 신공을 바치거나 실제 역을 지는 것이다. **부모는 납공·입역을 면하고, 6구가 납공하거나 입역하면 1구의 납공·입역을 면한다.** 3 비록 부모가 모두 죽었더라도 형제 5구가 납공하거나 입역하면 1구의 납공·입역을 면하고, 10구가 납공하거나 입역하면 2구의 납공·입역을 면한다.〈속〉 4 70세 이상으로서 자식 3구 이상이 납공하거나 입역하면 1구의 납공·입역을 면한다. 80세 이상이면 또 시정(侍

丁)[515] 1구를 주고, 90세 이상이면 전부 시정을 주는데[516] 부모가 비록 공천이 아니더라도 또한 준다. **5** 시정으로 납공·입역을 면제받은 노비는 3년마다 추쇄하여 입안(立案)을 고쳐서 준다.〈경〉

제15항 **궁녀는 다만 각 관사의 하전(下典)으로 선발하여 들인다.** **1** 내비(內婢)는 궁녀로 선발하여 채울 수 있으나, 시비(寺婢)는 특별 교지가 아니면 선발할 수 없고, 양가(良家)의 여자는 일절 논할 수 없다. 양인이나 시비를 혹 천거해 들이거나 투탁해 들어가면 장(杖) 60 도(徒) 1년이다. **2** 종친부와 의정부의 노비는 시녀(侍女)나 별감(別監)으로 뽑아 정하지 못한다.〈속〉

제16항 **공신에게 사패(賜牌)하는 노비는 시노비(寺奴婢)로 하고 구사(丘史)는 관노비(官奴婢)로 하는데, 본가(本家)에서 지명(指名)하여 망정(望定)하면 형조에서 입계하여 정하여 지급한다.**〈속〉〈보〉 **1** 1등 공신은 노비 13구(口)와 구사 7구, 2등 공신은 노비 9구와 구사 4구, 3등 공신은 노비 7구와 구사 2구이다. **2** 구사는 삼남(三南)의 직로가 아닌 완읍(完邑) 소재의 노비 중에서 정하여 지급한다.〈속〉 **3** 구사는 공신이 사망하고 나서 3년 뒤에 본역(本役)으로 돌리며, 공신의 처가 생존해 있으면 그대로 둔

515 시정(侍丁) : 부모가 나이가 많을 때 역(役)을 면제받고 부모를 봉양하던 아들을 말한다.

516 90세……주는데 : 90세 이상이 된 사람의 모든 아들에게 다 시정을 주는 것, 즉 모든 아들을 시정으로 삼는 것이다.《世宗實錄 14年 8月 29日》

다. 구사에게 탈이 있더라도 충원하지 않는다.〈경〉 **4** 오래전에 사패하였거나, 상을 내렸는데 미처 받아내지 못한 경우는 각각 해당 가문의 장로나 현관(顯官)이 보증을 서서 간사한 짓을 막는다. **궁가(宮家)에 사패하는 노비는 시노비로 정해 지급하며, 관노비는 일절 허락하지 않는다.** **5** 관노비를 도모하여 내주면 해당 관원까지 아울러 무거운 율로 다스린다. **6** 사패 노비나 구사는 사망한 경우 외에는 잡다한 탈을 이유로 대체하여 받을 수 없다. **7** 잔읍(殘邑)이나 직로에 있는 관의 노비, 양도(兩都) 소재 노비나 예빈시의 노비는 모두 허락하지 않는다. 〈속〉 **8** 여러 궁방(宮房)이나 각 아문에 사패한 노비는 새로 사패한 노비와 예전에 사패한 노비를 막론하고 한꺼번에 받으며, 계속해서 거듭 받을 수 없다.〈증〉

제17항 **공천이 자녀 없이 죽으면 노비, 전택은 본사(本司)나 본읍(本邑)에 소속시킨다.**〈경〉 **1** 사천은 그 재산까지 아울러 본래의 주인이 처리하도록 허락하는데, 죽은 지 오래되었으면 시행하지 않는다. 살아 있을 때 증인과 필집(筆執)을 갖추어서 타인에게 팔았으면 이를 한데 섞여 들어가게 하지 않는다. 다른 비(婢)를 취하여 자손이 있는데, 그 주인이 사천의 재산을 자기 소유로 기록하여 올리면 제서유위율(制書有違律)로 논한다. 공천도 같다.〈경〉〈속〉 **2** 공천이 수양 자식을 두었는데 그대로 속안(續案)에 올리고 재산을 손자에게 전해 주면, 이 또한 기록해 올릴 수 없다.

第18항 공천·사천 및 관속(官屬)이 본래의 주인이나 본관(本官)을 배반하고 내수사에 투탁하면 본인에 한해 죽을 때까지 변방 고을의 관노로 삼는다.〈속〉 ❶ 정안(正案) 중에 부모나 조부모나 본인의 이름자가 분명히 드러나게 기록되어 있는 경우 외에 끌어다 투탁한 것[517]은 청리하지 않는다.〈경〉

第19항 성균관 노비는 본사(本司) 외 다른 역(役)에 차정하지 않고,〈속〉 ❶ 봉상시, 사학(四學), 제용감, 통례원의 노비도 같다.〈속〉〈보〉 **주사(舟師)나 격군(格軍)으로도 차정하지 않는다.** ❷ 사직서의 노비도 같다. ❸ 제주 3읍(濟州三邑)의 노비는 악공(樂工) 및 봉족(奉足)으로 차정하지 않는다.〈속〉 ❹ 관서(關西)의 노비는 서울에서 입역(立役)하는 노비의 봉족으로 차정하지 않는다.〈보〉

第20항 형조의 경노비(京奴婢)는 각 관사에서 망정(望定)할 수 없다.[518]

第21항 여러 관사의 노비가 힘든 곳을 피하여 헐한 곳에 가거나, 관리가 사사로운 청탁에 따라 제멋대로 옮겨 주면 장(杖) 100 도(徒) 3년이다. ❶ 쌀이나 밀가루를 맡고 있는 여러 관사의 노비

517 끌어다 투탁한 것 : 제사(諸司) 노비와 내수사 노비 등이 부모나 조부모의 말이라 일컬으며 이를 끌어다 투탁하였는데, 이런 경우는 수리(受理)하지 않도록 하였다.《成宗實錄 2年 5月 25日》

518 형조의……없다 : 1682년(숙종8) 형조에 소속된 서울 소재의 노비를 여러 관사가 망정하는 폐단을 일절 금하도록 하였다.《受教輯錄 刑典 公賤》《典錄通考 刑典 公賤》

는 사부(斜付)[519]하여 투속(投屬)하는 것을 허락하지 않는다. 2 각 관사의 노비가 다른 역(役)을 질 경우 원래 관사의 제조가 돌려줄 것을 계청할 수 없고, 비록 도제조라도 장인(匠人)에 대해서는 돌려줄 것을 계청할 수 없다. 다만 형조에 공문을 보내면 형조에서 각 관사의 인원이 많고 적은 현황을 파악하고 참작해서 점련(粘連)하여 아뢴다.

제22항 **관노비를 여러 관사로 옮겨 소속시키는 것을 금단하고 파하여 돌려보낸다.** 1 관노가 시비(寺婢)를 취하여 낳은 자식을 각 고을에서 가관속(假官屬)이라 일컬으며 입역(立役)하게 하면 적발해서 추문(推問)하여 논죄한다. 2 영노비(營奴婢)를 관찰사가 조정에 품의하지 않고 서원에 떼어 주는 것을 엄히 막는다.

제23항 **도망치거나 장적(帳籍)에서 누락된 노비를 진고(陳告)하면, 수령이 직접 허실을 조사하여 상벌을 시행한다.** 1 6구(口)마다 1구를 상으로 주되 5구를 넘지 않는다. 30구 이상이면 공천은 면천하고, 사천은 공천을 대신 지급하고 면천한다. 5구 이하를 신고하면 신고한 노비의 3년 신공(身貢)을 준다. 2 관노비는

519 사부(斜付) : 고역(苦役)을 회피하여 다른 관사에 옮겨 소속되는 것이다.《明宗實錄 21年 2月 4日》 역이 수월한 곳으로 가기 위해 각 관사의 노비들은 세력 있는 사람들에게 연줄을 대거나 청탁하여 사부되는 경우가 많았다. 조선 초부터 성균관·사학(四學)·봉상시의 노비 이외의 다른 각 관사의 노비들은 모두 사부할 수 있었는데, 이 조문은 미면(米麵) 관련 관사의 노비는 사부하지 못하도록 한 것이다.《中宗實錄 29年 4月 9日》

관노비를, 각 관사의 노비는 각 관사의 노비를 진고한 뒤에 면천한다. ❸ 북도(北道)의 노비를 진고하면 다른 도의 노비를 상으로 준다. ❹ 진고한 노비가 모두 도망가면 상으로 준 노비를 도로 속공(屬公)한다.〈속〉 ❺ 이름이 정안(正案)이나 속안(續案)에 기재되어 있으면 5년이 지난 뒤에야 진고하는 것을 허락한다. 4세 이하 60세 이상인 사람은 구수(口數)를 계산하여 상을 주는 예를 적용하지 않는다.〈경〉 ❻ 진고된 공천으로서 속안 중에 그의 조부모 이름이 있고 그의 호적 및 관문서와 딱 들어맞아 의심할 여지가 없으면 청리한다. 속안에 근거할 만한 계제가 없으나 혹 오래된 노비의 자손이라고 일컬을 경우 그의 호적과 한 글자라도 다른 점이 있으면 청리하지 말고 무고율(誣告律)로 논한다. ❼ 관노비가 현재 사역하고 있으나 관안(官案)에만 실려 있고 속안에는 기록되어 있지 않은 경우 누락된 노비라고 일컬으며 진고하여 상을 받으면 수령 및 추쇄한 차사원(差使員)을 기망률(欺罔律)로 논한다. **아무 때나 진고하는 것은 일절 막고, 식년 추쇄 때에 비로소 진고를 허락한다.**〈속〉 ❽ 10세 이하 및 유복친은 진고할 수 없다.〈경〉〈속〉

제23조 사천(私賤)

제 1 항 부조(父祖)에서 전해 내려온 노비는 일반 노비에게 증여하거나 방매할 수 없다.[520]〈속〉

제 2 항 매매한 노비는 반드시 관에 신고하며, 사화(私和)하여 매매하면 노비와 매매한 값을 관에서 몰수한다.〈경〉

제 3 항 흉년에 버려진 어린아이는 타인이 수양(收養)하여 구활(救活)해서 자식으로 삼거나 노비로 삼는 것을 허용한다. ❶ 3세 이전으로 한정한다. 만약 연이은 흉년이나 심한 흉년을 만나면 8, 9세나 15세로 한정하되, 양쪽의 사정이나 원하는 바를 듣는다. 더러 그 후의 소생도 아울러 영구히 노비로 삼거나 본인에 한하여 사역하거나 기한을 정하여 사역하는데, 흉황의 심한 정도와 수양의 기간에 따라 한결같이 그 당시 사목(事目)을 기준으로 삼는다. 사목 이외의 경우나 수양 기간이 60일 안 되었으면 시행하지 않는다. ❷ 수양을 원하면 아이의 나이와 용모를 갖추어 관에 보고하는데, -❶ 서울은 해당 부(部)에, 지방은 각각 그 관(官)에 보고한다.- 아이의 부모 및 이임(里任)이나 가까운 이웃[切隣]을 상세히 조사하여 진술을 받아 진휼청에 보고하면, 진휼청에서 입안(立案)을 만들어 주고 아이의 옷에 도

520 부조(父祖)에서……없다 : 1522년(중종17) 2월 9일 장례원의 수교(受敎)이다.《大典後續錄 刑典 私賤》

장을 찍어 간위(姦僞)를 막는다. 수양 기한이 찼으면 양인, 공천, 사천을 막론하고 수양인이 소유하는 것을 허락한다. 그 부모나 친족이 3개월 전에 도로 찾으면 수양에 쓴 곡물을 갑절로 배상하고 도로 데리고 가도록 허락하며, 기한이 지났으면 들어주지 않는다. 호세가(豪勢家)에서 협박하여 강제로 수양하면 약탈로 논하고, 한통속이 된 관리는 왕법(枉法)으로 논하고, 구제하여 살렸는데 후에 꺼리어 피하면 주인을 배반한 것으로 논하고, 위세를 부려 도로 빼앗으면 왕법으로 논한다. 양가 부모가 서로 모의하여 타인에게 맡겨 수양하도록 하면서 훗날 면천의 계획으로 삼는 것을 엄히 금한다.〈속〉 ❸ 버려지거나 집을 잃은 어린아이는 한성부나 본읍(本邑)에서 양육하기를 원하는 사람에게 보수(保授)하고, 관에서 의복과 식료품을 준다. 10세가 넘도록 돌려 달라고 신고하는 사람이 없으면 양육하기를 원하는 사람이 사역하도록 허락한다.〈경〉

제4항 **친속의 비(婢)를 취(娶)하여 낳은 자식이 비의 본래의 주인과 오촌 이하의 친척이 되면, 입역(立役)에서 벗어난 노비가 낳은 자식의 예에 따라**〈속〉 ❶ 노비가 입역에서 벗어난 뒤에 낳은 자식은 원래 주인의 자손이 사역한다.〈경〉 **본래의 주인이 사역하도록 허락한다.** ❷ 비첩(婢妾) 소생의 오촌이나 육촌은 친속 관계가 점점 멀어져서 부리는 것이 본디 안 될 것이 없으므로 속공(屬公)하지 않는다.

제5항 **서울 및 타도(他道) 사람이 소유한 양계(兩界) 노비는 신공(身**

貢)을 거두기만 하고 데리고 와서 부릴 수 없으며, 매매는 일절 허락하지 않는다.** 1 몰래 서로 매매하면 문권을 불태우고 인정하지 않는다. 2 만일 노비를 추쇄하는 일이 있으면 수령이 직접 조사하여 사실을 확인하고, 정식(定式)에 따라 사금(四金)이나 육금(六金)으로 속량한다. 관에 정장(呈狀)하지 않고 침학하면 각별히 죄목을 정한다. 처음에 정밀하게 조사하지 않아서 본래의 주인이라고 하는 자가 계속 나타나면 수령을 계문하여 논죄한다.〈속〉 3 제주(濟州)의 사노(私奴)로 15세 이상의 속량값은 은 4냥이며, 관에서 징수하여 본래의 주인에게 보낸다. 북도(北道)의 장년(長年) 노비의 속량값은 6냥이고, 노약(老弱)은 2냥이다.〈보〉

제6항 은루(隱漏) 노비를 추심(推尋)할 경우 비록 여러 해가 지난 뒤라도 3년 치 신공(身貢)만 징수한다.〈속〉 1 노(奴)는 면포 1필이다. -1 《속대전》에 노는 면포 2필, 비(婢)는 면포 1필 반으로 되어 있다. -〈보〉

제7항 주인을 배반한 노비는 그대로 본역(本役)을 지고, 절도(絶島)에 정배(定配)한다.〈속〉

제8항 노비가 어떤 일의 공로로 양인이 되면, 주인에게는 공천으로 채워 준다.〈경〉

제9항 사천이 공장안(工匠案) 및 봉상시 숙수(熟手)에 입속(入屬)되면

주인에게 공천을 대신 지급한다. ■1 5년이 지난 뒤에 대신 지급한다.

제10항 **양계(兩界)의 양인을 함부로 자기 소유의 노비인 것처럼 하여 데려오면 장(杖) 100 유(流) 3000리이다.**

제11항 **아동을 유인하여 숨기고서 장성하기를 기다려 노비로 삼으면 장(杖) 100 유(流) 3000리이다.** ■1 관령(管領)이나 가까운 이웃[切隣]이 사정을 알고도 고발하지 않으면 1등급을 줄이고, 보고하지 않은 관리는 엄하게 추고한다.〈속〉

제12항 **방책을 써서 모략(謀略)[521]을 꾸며 양인을 유인하여 취해서 노비로 만들거나, 모략을 꾸며 팔아서 노비로 만들면 장(杖) 100 유(流) 3000리이고, 처·첩·자·손으로 만들면 장 100 도(徒) 3년이다. 그로 인하여 사람을 상해하면 교형, 사람을 죽이면 참형이다.** ■1 모략에 넘어가 유인되거나 모략으로 팔린 사람은 처벌하지 않고 부모에게 돌려준다. 거짓으로 걸양(乞養)이나 과방(過房)이라고 하면서 양인 집의 자녀를 사서 다시 팔면 죄가 같다. ■2 서로 동의하에 양인을 유인하거나 팔아서 노비로 만들면 장 100 도 3년이고, 처·첩·자·손으로 만들면 장 90 도 2년 반이다. 서로 동의하에 유인된 사람은 1등급을

521 모략(謀略) : '약(略)'은 겁략(劫略)이나 노략(擄略)으로 위협한다는 뜻도 있다.《大淸律輯註(下) 616쪽》

줄인다. 10세 이하이면 비록 동의하였더라도 모략에 넘어가 유인된 데에 대한 법과 같다. ❸ 아직 팔지 않았으면 각각 1등급을 줄인다. ❹ 타인의 노비이면 각각 1등급을 줄인다.[522] ❺ 남의 집의 잃어버린 자녀를 거두었다가 팔아서 노비로 만들면 장 100 도 3년이고, 처·첩·자·손으로 만들면 장 90 도 2년 반이다. 잃어버린 노비이면 1등급을 줄인다. 팔린 사람은 처벌하지 않고 부모에게 돌려준다. 도망 중인 자녀를 거두었다가 팔아서 노비로 만들면 장 90 도 2년 반이고, 처·첩·자·손으로 만들면 장 80 도 2년이다. 도망 중인 노비이면 각각 1등급을 줄인다. 팔린 사람은 또 각각 1등급을 줄인다. 도망 중인 죄가 무거우면 무거운 쪽을 따라 논한다. 스스로 노·비·처·첩·자·손이 되면 죄가 같고, 숨겨 감추면 장 80이다. 매득한 자나 중개인이 사정을 알았으면 범인의 죄에서 1등급을 줄이고, 값을 추징하여 관에 들인다. 몰랐으면 처벌하지 않고, 값을 추징하여 주인에게 돌려준다. ❻ 양인을 함부로 제 것처럼 하여 노비로 만들면 장 100 도 3년이고, 처·첩·자·손으로 만들면 장 90 도 2년 반이다. 타인의 노비를 제 것처럼 하면 장 100이다.[523]

제13항 아들·손자를 모략을 꾸며 팔아 노비로 만들면 장(杖) 80이고, 아우, 누이 및 조카, 질손, 외손, 자신의 첩, 아들·손자의 부인

522 타인의……줄인다 : 타인의 노비를 약매(略賣)하거나 화유(和誘)하면 각각 양인을 약매하거나 화유한 죄에서 1등급을 줄인다.

523 방책을……100이다 : 《대명률》〈형률 도적(盜賊)〉 약인약매인(略人略賣人) 조에 있다.

이면 ❶ 첩은 2등급을 줄인다. **장 80 도**(徒) **2년이고, 동당**(同堂)**의 아우·누이, 당질**(堂姪)**, 질손이면 장 90 도 2년 반이다.** ❷ 서로 동의하여 팔았으면 1등급을 줄이고, 아직 팔지 않았으면 또 1등급을 줄인다. 팔린 비유(卑幼)는 처벌하지 않고 부모에게 돌려준다. ❸ 처 및 대공 이하의 친족 – ❶ 나이 어린 존속(尊屬)이다. – 을 팔면 일반인을 서로 동의하에 팔거나 모략을 꾸며 판 경우에 따른다. ❹ 매득한 자가 사정을 알았으면 범인의 죄와 같다. ❺ 중개인은 각각 1등급을 줄이고, 아울러 값을 추징하여 관에 들인다. 몰랐으면 처벌하지 않고, 값을 추징하여 주인에게 돌려준다.[524]〈율〉

제14항 **스스로 자신을 팔면 처를 판 죄에 대한 율로 논한다.** ❶ 매득한 자도 같은 죄이다.〈속〉

524 아들……돌려준다 : 《대명률》〈형률 도적(盜賊)〉 약인약매인(略人略賣人) 조에 있다.

제24조 **분재(分財)**

제1항 **나누지 못한 노비는** ❶ 전지(田地)도 같다. **자녀의 생몰 여부를 막론하고 나누어 준다.** ❷ 나누어 줄 수(數)에 차지 않으면 적자녀(嫡子女)에게 균등하게 준다. 만약 남는 수가 있으면 승중자(承重子)에게 먼저 주고, 또 남는 수가 있으면 장유(長幼)의 차례대로 준다. 적실에게 자녀가 없으면 양첩(良妾) 자녀에게 주고, 양첩에게 자녀가 없으면 천첩 자녀에게 마찬가지로 준다.〈경〉 ❸ 자녀가 사망했는데 자손이 없으면 주지 않는다. 그 처가 수절하면 준다.〈속〉 ❹ 장자(長子)가 사망하고 후사가 없는 장자부(長子婦)는 중자(衆子)의 예에 따르는데 〈예전〉의 〈입후(入後)〉 조에 보인다.〈보〉 ❺ 전지 10부(負)는 노비 1구(口)에 준한다.

제2항 **부모의 노비에 대해** ❶ 전택도 같다. **화회(和會)하지 못하면 관에 정소(呈訴)하여 나누어 갖는다.**〈속〉

제3항 **적실에게 자녀가 있으면 승중한 아들에게 5분의 1을 더 주고,**〈경〉〈보〉 ❶ 중자녀(衆子女)에게 각각 5구(口)를 주고, 승중한 아들에게 6구를 주는 따위이다. **중자녀에게는 균등하게 나누어 주고, 양첩(良妾) 자녀에게는 7분의 1을 주고,** ❷ 적실 자녀에게는 각각 6구를 주고, 양첩 자녀에게는 각각 1구를 주는 따위이다. 아래도 같다. ❸ 적모의 노비는 주지 않는다. 천첩 자녀도 같다. **천첩 자녀에게는 10분의 1을 준다.**

제 4 항 **적실에게 자녀가 없으면**⟨경⟩ ❶ 계후자(繼後子)가 있으면 나누어 주는 몫은 적자가 승중한 경우로 논한다.⟨속⟩ **양첩(良妾) 자녀에게 균등하게 나누어 주되, 승중한 아들에게는 5분의 1을 더 주고, 천첩 자녀에게는 5분의 1을 준다.**

제 5 항 **적실에게 아들이 없고 딸이 있어서 양첩(良妾)의 아들이 승중하면 그 몫에**⟨경⟩ ❶ 즉 7분의 1인 1구(口)이다.⟨해⟩ **2분(分)을 더 준다.**⟨경⟩ ❷ 가령 적실 딸의 몫이 6구이면 양첩의 승중한 아들은 자기 몫에 2구를 더해 3구가 된다.⟨해⟩

제 6 항 **적실 및 양첩(良妾)에게 자녀가 없으면 천첩 자녀에게 균등하게 나누어 주되, 승중한 아들에게는 5분의 1을 더 준다.**

제 7 항 **적실 및 양첩(良妾)에게 모두 아들이 없고 딸이 있어서 천첩의 아들이 승중하면 그 몫에**⟨경⟩ ❶ 즉 10분의 1이다.⟨해⟩ **2분(分)을 더 준다.**

제 8 항 **적실에게 자녀가 없고 양첩(良妾)에게 아들이 없고 딸이 있어서 천첩의 아들이 승중하면 5분의 1에 2분(分)을 더 준다.**

제 9 항 **적모에게 자녀가 없으면** ❶ 적모의 노비이다. **양첩(良妾) 자녀에게 7분의 1을 주되**⟨경⟩ ❷ 적모의 사손(使孫)[525] 등과 함께 7분

525 사손(使孫) : 자녀가 없는 자의 노비에 대하여 그 친족의 범위 내에서

의 1이다.〈해〉 **승중한 아들에게 3분(分)을 더 주고, 천첩 자녀에게 10분의 1을 주되 승중한 아들에게 2분을 더 준다. 남는 것은 본족(本族)에게 돌려주고,**〈경〉 ❸ 본족은 아래 〈사손도(使孫圖)〉에 보인다.〈보〉 ❹ 형제가 없으면 삼촌에게 주고, 삼촌이 없으면 사촌에게 준다. 본족의 숫자가 비록 많더라도 한꺼번에 준다. 만일 노비의 숫자가 적으면 첩자녀(妾子女)에게 먼저 준다. **본족이 없으면 속공(屬公)한다.** ❺ 아래도 같다.〈경〉 ❻ 《경국대전》의 "형제가 없으면 삼촌에게 주고, 삼촌이 없으면 사촌에게 준다."라는 법은 대체로 형제가 모두 죽은 뒤에는 삼촌에게 주고, 삼촌이 모두 죽은 뒤에는 사촌에게 준다는 것을 말한다. 법의 뜻을 거듭 밝혀서 생몰 여부를 막론하고 균등하게 준다.〈속〉

제10항 **적모에게 아들이 없고 딸이 있는 경우** ❶ 적모의 노비이다. **양첩(良妾)의 아들이 승중하면 7분의 1을 주되 3구(口)를 넘지 않고, 천첩의 아들이 승중하면 10분의 1을 주되 3구를 넘지 않는다.**

제11항 **전모(前母)나 계모에게 자녀가 없으면** ❶ 전모나 계모의 노비이다. **의자녀(義子女)에게 5분의 1을 주되**〈경〉 ❷ 전모나 계모의 사손(使孫) 등과 함께 5분의 1이다.〈해〉 **승중한 아들에게 3분(分)을 더 준다.**

마땅히 부릴 수 있는 사람이다.《經國大典註解 後集 刑典 私賤條》

제12항 **전모(前母)나 계모에게 자녀가 있는 경우** ❶ 전모나 계모의 노비이다. **의자(義子)가 승중하면 9분의 1을 준다.**

제13항 **양부모(養父母)에게 자녀가 없으면** ❶ 양부모의 노비이다. **양자녀(養子女)에게** ❷ 시양 자녀(侍養子女)이다. **7분의 1을 주고,**〈경〉 ❸ 사손(使孫) 등과 함께 7분의 1이다.〈해〉 **3세 전이면** ❹ 3세 전에 수양(收養)된 자녀이다. **전부 준다.** ❺ 환관이 환관을 아들로 삼을 경우 3세 전이면 전부 주는 예에 따른다.〈경〉 ❻ 후사를 세우면 적실에게 아들이 있는 예에 따라 시양 자녀에게 10분의 1을 주고, 수양 자녀에게 7분의 1을 준다.〈해〉 ❼ 3세 전에 거두어 기른 양자녀 및 승중한 의자(義子)는 곧 친자녀와 같으므로, 비록 유서에 본족(本族) 이외 타인에게 주지 말라는 말이 있더라도 이 유서를 적용하지 않는다.〈경〉〈보〉

제14항 **양부모(養父母)인 적실에게 자녀가 있으면** ❶ 양부모의 노비이다. **양자녀(養子女)에게 10분의 1을 주고, 3세 전에 거두어 길렀으면 7분의 1을 준다.**

제15항 **양부모(養父母)인 적실에게 자녀가 없고 첩자녀(妾子女)가 있으면, 아버지의 노비는 시양 자녀(侍養子女)에게 7분의 1을 주고 나머지는 첩자녀에게 준다. 어머니의 노비는 규정된 몫에 따라 첩자녀와 시양 자녀에게 주고 나머지는 본족(本族)에게 돌려준다.** ❶ 양첩 자녀(良妾子女)와 수양 자녀(收養子女)가 있으면 아버지의 노비는 수양 자녀와 더불어 균등하게 나누어 주

고, 천첩 자녀이면 5분의 1을 준다. 어머니의 노비는 규정된 몫에 따라 첩자녀에게 주고 나머지는 수양 자녀에게 준다.〈경〉

제16항 **적실에게 딸이 있고 계후자(繼後子)도 있고 양자녀(養子女)도 있으면, 적실의 딸과 계후자에 똑같이 나누어 주되 계후자에게는 봉사조(奉祀條)를 더 주고, 양자녀는 단지 정해진 몫에 따른다.**

제17항 **반부(班祔)하는 사람의 노비는 제사를 주관하는 자에게 5분의 1을 주되, 10명을 넘지 않는다. 나머지는 사손(使孫)에게 준다.** ❶ 남녀를 불문하고 후사가 없어서 반부해야 하는 자식이 비록 부모보다 먼저 죽었더라도 형제간에 재산을 나눌 때에는 받아야 할 액수 내에서 그 몫을 떼어 내고 나머지는 사손에게 준다. 만약 몫이 적으면 제사를 주관하는 자에게만 준다. 전지(田地)도 같다.〈속〉

제18항 **자녀가 없는 부(夫)나 처(妻)의 노비는 생존한 배우자가 처리하되 본족(本族) 외에 다른 곳에는 줄 수 없다.**〈경〉 ❶ 다른 곳에 줄 수 없으므로 자연히 방매할 수도 없고, 방매 문기(放賣文記)도 사급(斜給)하지 않는다.〈속〉 **첩자녀(妾子女), 의자녀(義子女), 양자녀(養子女)가 있더라도 그 몫을 넘을 수 없다.** ❷ 처가 타인에게 개가하면 처가 처리한 것은 적용하지 않는다.〈경〉 ❸ 계모가 남편의 물건을 별급(別給) 또는 방매라 일컬으며 자신의 자식에게 몰아준다면 전모(前母)의 아들이 생활해 나갈 방도가

없게 된다. 자녀가 없는 부나 처의 노비를 생존한 배우자가 처리한다는 것이므로 자녀가 있는 부나 처의 노비는 처리할 수 없다는 법의 뜻을 다시 밝힌다. 전택도 같다.

제19항 **자녀가 있는 전모(前母)의 노비를 그 아들이 물려받아 소유하다가 자녀 없이 죽으면 이복형제에게 물려준다.**

제20항 **아내가 남편이 죽은 뒤에 자신의 일족을 수양(收養)하여 자녀로 삼으면 남편 쪽의 노비는 봉사조(奉祀條)로 정해진 몫에 따라 나누어 준다.** 1 남편도 아내에 대해서 이와 같이 한다. 전지(田地)도 같다.

제21항 **처음에 자녀가 없던 자의 노비나 전택을 이미 처리하였는데 나중에 자녀가 생기면 돌려주는 것을 허락한다.** 1 받은 자가 이미 죽었더라도, 죽은 뒤에는 고치지 못한다는 법[526]에 구애되지 않는다.

제22항 **유모(乳母) 및 신노비(新奴婢)는**〈속〉 1 속칭 교전비(轎前婢)이다. 〈보〉 **으레 문권(文券)이 없으니, 서로 분별하여 어느 한쪽에 귀속된 경우 외에는 원래의 노비를 처리하는 예에 따라 공평하**

526 죽은……법 : 상속 재산을 분배한 후에 고쳐서 다시 주고자 할 경우 사유를 갖추어 관에 신고하면 고쳐 주고, 상속 재산을 받은 자가 사망하였으면 고쳐 줄 수 없다. 《經國大典 刑典 私賤》

게 나누어 준다. ❷ 유모나 신노비를 얻은 뒤에 이들이 낳은 소생은 으레 나누어 가지는 몫에 넣지 않지만, 혹 형제 중에 유모나 신노비가 없고 또 나누어 가질 다른 노비가 없는 자는 분명 생활해 나갈 수 없는 폐단이 있을 것이므로 4분의 1을 덜어서 준다. ❸ 자녀가 없는 전모(前母)나 계모의 노비를 의자녀(義子女)에게 몫으로 나누어 줄 때 유모나 신노비의 소생은 제사를 받들고 복상(服喪)하는 의자녀에게 전부 준다.〈속〉

제23항 **공신전(功臣田)은 자손에게 물려주고,** ❶ 승중한 자에게 3분의 1을 더 준다. ❷ 딸이 죽은 뒤에는 성(姓)을 이은 자손에게 옮겨 준다. ❸ 적실에게 자손이 없으면 양첩(良妾)의 자손에게 물려 준다. 양첩의 자손이 없으면 천첩 자손으로 승중한 자에게 제전(祭田) 30결만 주고, 나머지는 속공(屬公)한다. **가묘(家廟)를 세운 가사(家舍)는 제사를 주관하는 자손에게 물려준다.**〈경〉

제24항 **조부모나 부모가 생존해 있는데 자손이 호적을 달리하고 재산을 나누면 장(杖) 100이다.** ❶ 조부모나 부모가 직접 고발해야 처벌한다. ❷ 부모의 상중에 형제가 호적을 달리하고 재산을 나누면 장 80이다. 기친 존장이 직접 고발해야 처벌한다.[527]〈율〉

제25항 **후사가 없는 사람의 노비는 수양(收養)과 사손(使孫) 등이 3년**

527 조부모나……처벌한다 : 《대명률》〈호율 호역(戶役)〉 별적이재(別籍異財) 조에 있다.

내에 서로 나누어 가질 수 없다. ❶ 전택과 재산도 같다.

제26항 **분집(分執)이 공평하지 않거나 합집(合執)하여 이익을 독차지 하면 논죄한다.** ❶ 그렇게 하여 얻은 노비와 전택은 속공(屬公)한다.〈경〉 ❷ 존장이 집안의 재산을 나눌 때 공평하게 하지 않으면 20관(貫)에 태(笞) 20이고, 20관마다 1등급을 더하되 장(杖) 100에 그친다.[528]〈율〉

제27항 **부모의 노비에 대한 화회 문기(和會文記)는 한 사람이라도 착명(着名)하지 않으면 시행하지 않는다.** ❶ 부모가 나누어 주지 않은 노비는 자녀들이 화회하여 몫을 나누고 초문기(草文記)[529]를 작성해 두는데, 혹 한 사람이 사정이 있어서 착명하지 않았으나 각자 소유하여 수년간 부렸으면 문기를 작성하지 않은 것으로 논할 수 없으며 그대로 준다.〈속〉

제28항 **부모, 조부모, 외조부모, 처부모, 부(夫), 처, 첩 및 형제가 합의하여 몫을 나누어 가진 경우 외에는 관서 문기(官署文記)를 쓴다.** ❶ 자식이 부모에 대해서도 관서(官署)가 필요 없다.〈경〉 ❷ 계모의 전계 문기(傳係文記)는 관서를 쓴다. 적모나 서모(庶母)도 같다. ❸ 문기의 관서는 재주(財主)가 있는 곳에서 받은 것이

528 존장이……그친다 : 《대명률》 〈호율 호역(戶役)〉 비유사천용재(卑幼私擅用財) 조에 있다.

529 초문기(草文記) : 관련자가 아직 다 서명(署名)하지 않은 문기이다.

아니면 수리(受理)하지 않는다.〈속〉 **4** 반드시 증인과 필집(筆執)을 갖추어야 하는데, – **1** 족친 및 현관(顯官) 중 두세 사람이다. – 형제 이상이 문기에 직접 쓰면 반드시 갖출 필요는 없다. 전택도 같다. **고치고자 하는 경우 사유를 갖추어 관에 아뢰면 고쳐준다.**〈경〉 **5** 백문(白文)과 관서 문기 모두를 가리킨다. **6** 마땅히 백문을 써야 하는 경우 외에 법을 어긴 백문으로 죄를 면하기를 도모하면 타인의 노비를 차지한 죄에 대한 율[530]로 논한다.〈속〉 **받은 사람이 죽으면 고치지 않는다.** **7** 부모, 조부모, 외조부모가 자손에 대해서나, 남편이 처나 첩에 대해서는 고치는 것을 허락한다.

제29항 **조부모 이하의 유서(遺書)는 인정하여 쓴다.**〈경〉 **1** 외조부모의 유서는 모두 통틀어 인정하여 쓴다.〈속〉 **2** 조(祖) 및 부(父)는 반드시 직접 써야 하며, 조모(祖母) 및 모(母)는 반드시 족친 중 현관(顯官)이 증필(證筆)이 되어야 한다. 직접 쓰지 않은 사정을 뭇사람이 모두 알거나 질병이 있으면 부인(婦人)의 예에 따른다.

제30항 **재주(財主)가 문계(文契)를 작성하고 죽으면 병간호를 한 족친이나 노비를 불러 사실을 확인하고 입안(立案)을 준다.**〈경〉

530 타인의……율 : 타인의 노비를 차지하고 있거나 판결이 난 뒤에도 그대로 차지하고 있으면 장 100 도 3년이며, 역가(役價)를 징수하여 주인에게 준다.《經國大典 刑典 私賤》

제31항 문기(文記)를 위조한 사실이 탄로 나면 장(杖) 100 유(流) 3000리이다. 만약 그 선조가 한 일이면 등급을 줄여 논한다.

1 잃어버리거나 불타 버린 입안(立案)에 대해 간사하게 위조한 일이 탄로 나면 같은 율이다.〈속〉 **2** 증필(證筆)이 서인(庶人)이면 도(徒) 3년이다. 조관(朝官)이면 죄목을 정하고 영불서용(永不敍用)하며, 사면을 거쳤으면 영불서용만 한다.〈경〉

3 자신에게 자녀(子女)가 없을 경우이다.

사손도(使孫圖)

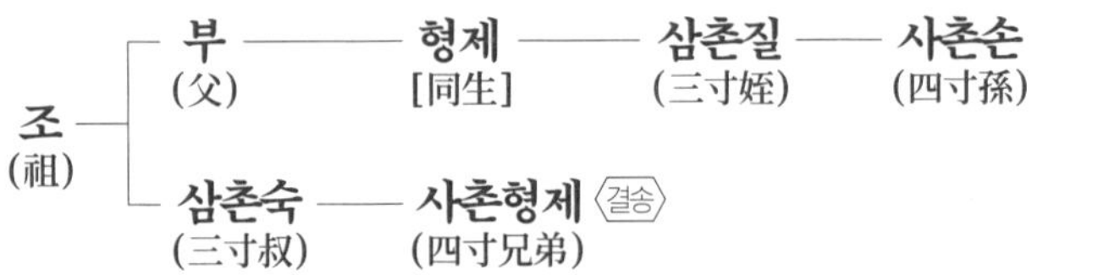

4 자녀가 없으면 그 소유물은 도로 부모에게 속하므로 형제, 삼촌질, 사촌손이 사손(使孫)이 되고, 삼촌숙과 사촌형제는 사손에 들어가지 않는다. 사촌손이 없는 후라면 소유물은 마땅히 조부모에게 속하므로 삼촌숙과 사촌형제가 사손이 될 수 있다.〈해〉

제25조 속량(贖良)

제1항 **2품 이상은 자신의 자녀를 낳은 공천첩(公賤妾)이나 사천첩(私賤妾)에 대해 자신의 비(婢)로서 속신(贖身)하게 하는 것을 허락한다.**[531] ❶ 사천은 본래의 주인이 진정으로 원하는 바를 따른다.〈경〉

제2항 **천처(賤妻)나 천첩의 자녀로 대왕성손(大王姓孫)인 경우 6대 위로는 속신(贖身) 없이 양인이 되게 한다.**〈속〉 ❶ 대왕의 적손은 대수의 제한 없이, 서손(庶孫)은 9대까지, 외손은 7대까지 공천·사천을 논하지 않고 다른 노비를 대신 세우고 속량한다.〈증〉 ❷ 속신해야 할 자가 상언(上言)하면 형조에서 돈녕부나 종부시에 공문(公文)을 보내고, 돈녕부나 종부시에서 그 대수를 살핀 뒤에 회계(回啓)한다.〈속〉〈보〉

제3항 **공신이 공천(公賤)을 취(娶)하여 낳은 자녀는 양인이 되는 것을 허락한다. 동·서반 3품 정직(正職)의 아들·손자나** ❶ 군직(軍職)으로서 첨사와 같은 부류는 이 예를 적용하지 않는다. **이조, 병조, 사헌부, 사간원, 홍문관, 도총부 관원 및 선전관을 지낸 관원의 아들이 공천을 취하여 낳은 자녀는 다른 노비를 대신 세우고 속량하는 것을 허락한다. 사족(士族)이나 조관(朝**

531 자신의 비(婢)로서……허락한다 : 자신의 비로 장례원에 신고하여 몸값을 치르고 속신(贖身)시키는 것을 허용한다.《經國大典 刑典 賤妾》

官)의 아들, 손자의 적처에게 후사가 없어 공천이 낳은 자식으로 승중한 경우이면 역시 다른 노비를 대신 세우고 속량하는 것을 허락한다. ⟨속⟩ **2** 조관인 자의 증손 이하인 경우 비록 속량을 허락하는 법은 없지만 분명히 이들은 사족이므로 그 부모, 형제, 조부모가 관에 신고하는 것을 허락한다. ⟨보⟩ **3** 공천으로서 다른 노비를 대신 세우고 속량하는 경우 대신하는 노비의 누적 식년의 호적을 상고하여 사실을 확인한 뒤에 나이가 서로 비슷한 자로 인원수를 계산해서 노(奴)는 노로 대속하고, 비(婢)는 비로 대속한다. 만약 함부로 속이면 당사자·감관·색리·두목은 장(杖) 100 유(流) 3000리이고, 수령은 삭직(削職)하고, 감사는 파직한다. ⟨속⟩ **4** 대신 세운 노비가 도망한 경우 속량한 본인이 살아 있으면 보충하여 입역(立役)시키고, 보충하여 입역시킬 수 없으면 도로 천인으로 삼으며,[532] 10년 안에 사망한 경우도 도로 천인으로 삼는다. ⟨경⟩ ⟨속⟩ **5** 《경국대전》의 법에 문관, 무관, 생원, 진사, 녹사(錄事), 유음 자손 및 적자손(嫡子孫)이 없어 첩의 자손으로 승중한 자가 공비(公婢)나 사비(私婢)를 취하여 낳은 자녀는 그 아버지가 – **1** 아버지가 없으면 적모(嫡母)가, 적모가 없으면 형제가, 형제가 없으면 조부모가 한다. –

532 대신 세운……삼으며 : 공천을 가리켜 말하는 것이다. 공천이 사망하면 검시하여 입안을 받는데, 검시의 입안이 없으면 모두 도망한 것으로 논한다. 그러므로 속신한 본인으로 하여금 다른 노비를 대신 세우게 하며, 대신 세울 수 없는 경우는 본인을 천인으로 되돌린다. 사천이 사망한 경우는 검시하여 입안을 받는 법이 없어서 사망과 도망을 구별하기 어려우므로 공천의 경우와 같이 논할 수 없다. 《經國大典註解 前集 刑典 賤妾條》

장례원(掌隸院)에 신고하면, 장례원에서 문안(文案)에 기록하고 병조에 공문을 보내어 보충대(補充隊)에 소속하게 한다는 조문이 있다.〈보〉

제4항 **종친 및 대소 원인(員人)이** ❶ 문관, 무관, 생원, 진사, 녹사(錄事), 유음 자손 및 적자손(嫡子孫)이 없어 첩의 자손으로 승중한 자이다. **첩을 삼아 집에 데리고 사는 창기나 여의(女醫)가 낳은 자녀 이외에는 양인이 되는 것을 허락하지 않는다.**〈경〉 ❷ 창기나 여의가 직무를 면하여 출입하지 않는 경우라야 집에 데리고 사는 첩으로 논할 수 있다.[533]

제5항 **공천의 경우 그 할아버지와 아버지가 출신(出身), 생원, 진사이며 그 자손이 양인으로 행세하면 그대로 양인이 되는 것을 허락한다. 아버지가 출신, 생원, 진사인데 그 아들이 양인으로 행세하거나, 할아버지가 비록 등과(登科)하지 않았으나 그 사실을 숨기고 양인 행세하다가 그 손자가 출신, 생원, 진사가 된 경우는 모두 다른 노비를 대신 세우고 속량한다.** ❶ 여자도 같다. ❷ 비록 3대 이전에 등과하였더라도 스스로 알린 뒤에야 위와 같이 논하며, 진고(陳告)하여 드러난 경우는 논하지 않는다.〈속〉

533 창기나 여의가 직무를……있다 : 창기는 공사(公私) 연회에 참석하며, 여의는 침구(鍼灸)와 간호 등의 일 때문에 타인의 집을 출입하게 되므로 이러한 직무를 면하여 타인의 집에 출입하지 않아야 집에 데리고 사는 첩으로 볼 수 있다.《中宗實錄 2年 7月 11日》

제6항 속량된 자는 모두 보충대(補充隊)에 소속된다.〈보〉 ❶ 보충대에 대한 입안(立案)을 다른 도(道)나 다른 읍(邑)에서 도모하여 내면[534] 이를 시행하지 않는다. ❷ 여성이 보충대에 소속되면 남정(男丁)과 똑같이 종량(從良)한다. ❸ 자기 비첩(婢妾)의 자녀를 보충대에 소속시키지 않으면 공천으로 정하는데, 다른 일로 인해 정상이 드러난 것 이외에 적족(嫡族)이 진고(陳告)한 것은 시행하지 않는다.[535] ❹ 속량된 자가 기한 안에 입안을 받지 않으면 속공(屬公)한다.〈속〉

제7항 양인이 비록 양적(良籍)이나 양족(良族)이 없더라도 양역(良役)을 진 지 이미 오래되었으면 진고(陳告)하여 천인이 되게 하는 것을 허락하지 않는다.〈경〉 ❶ 2대를 이어 양역을 지었거나, 60년 전에 있었던 일로 당사자가 생존해 있지 않으면 비록 보충대(補充隊)의 첩문(帖文)이 없더라도 공천에 들이지 않는다.

제8항 관비가 법에 따라 속신(贖身)하여 역을 면제받은 경우 외에 첩으로 삼아 데리고 살았으면 쇄환(刷還)하여 도로 천인으로 삼는다. ❶ 수령이 개인적으로 관비를 주거나 추환(推還)하지 않

534 보충대에……내면 : 보충대 및 타 노비 매매 시의 사출(斜出)에 드는 작전(作錢)은 소속한 도나 읍에 내야 하는데 이를 내지 않기 위해 다른 도나 다른 읍에서 사출받는 폐단이다.《承政院日記 英祖 7年 10月 2日》

535 적족(嫡族)이……않는다 : 보충대에 속하게 하지 않은 사실을 적족에게 고발당하면 공천으로 몰수되는데, 이는 매우 인륜을 손상하는 것이므로 다른 일로 발각된 경우를 제외하고 적족의 신고는 무효라는 취지의 조문이다.《續大典 刑典 補充隊》

으면 제서유위율(制書有違律)[536]로 논한다. 발각하지 못한 관찰사도 일체로 논한다. ❷ 품관(品官)이 역을 면제해 주고 데리고 살면 토호율(土豪律)로 논한다. ❸ 추쇄관(推刷官)이 자신이 데리고 산 관비를 진고(陳告)하여 면천되었다고[537] 핑계 대고 속여서 보고하면 삭직(削職)하고, 면천된 사람은 도로 천인으로 삼는다. ❹ 관노비를 대신 세우고 속량한 자는 도로 천인으로 삼는다. 가장은 장(杖) 100이고, 관찰사는 추고하고, 수령은 파직한다. ❺ 공천을 수령이 개인적으로 속량하거나, 진휼을 베풀 때 관노비의 속량을 남발하면 무거운 율을 적용한다. ❻ 공천이 거짓으로 속여 속량하면 도로 천인으로 삼는다. 색리는 장 100을 치고 원지(遠地)에 정배(定配)하며, 관원은 제서유위율로 논한다.

제9항 서북(西北)의 공천은 속량을 허락하지 않는다. ❶ 대왕성손(大王姓孫)은 속량을 허락한다.

제10항 함경도의 사천으로 다른 도(道)에서 옮겨 온 경우는 속량을 허락하지 않는다. 원래의 거주민으로서 속량을 원하면 그 주

536 제서유위율(制書有違律) : 제서를 받들어 시행할 때에 어기면 장 100이다. 황태자의 영지(令旨)를 어기면 같은 죄이다. 《大明律 吏律 公式 制書有違》

537 진고(陳告)하여 면천되었다고 : 도망치거나 누락된 노비 30명 이상을 진고할 경우 그 진고자가 공천이면 면천시키고 사천이면 사천의 주인에게 공천을 대신 주고 면천시킨다. 《續大典 刑典 公賤》

인에게 가서 속량하게 한다.

제11항 **성균관** ■1 사학(四學), 향교(鄕校), 봉상시도 같다. **노비는 면천을 허락하지 않는다.** ■2 비록 면천될 만한 공로가 있더라도 다른 상으로 논한다.

제12항 **군공(軍功)이나 납속(納粟)으로 인한 면천, 면역(免役), 면공(免貢)은 계하받은 공문이 아니면 시행하지 않는다.** ■1 공로로 승전(承傳)을 받은 것으로써 면천을 자원하는 경우 부·모·본인·처·형·동생·아들·딸·며느리·사위 이외에는 망정(望定)할 수 없다. 함부로 속이면 문서를 작성해 준 당상관과 낭관은 엄히 추고하고, 해당 관리는 원지(遠地)에 정배(定配)하고, 고장(告狀)을 올린 사람은 기망률(欺罔律)에 따르고, 면천된 사람은 도로 천인으로 삼는다.〈속〉 ■2 면천첩(免賤帖)을 입계할 때 서울과 지방의 장적(帳籍)을 조사하여 면천을 허락해야 할 자 이외에 거짓으로 남잡(濫雜)하게 한 것은 시행하지 않는다. 사적인 관계에 따라 면천을 허락하였으면 해당 당상이나 해당 도신을 감률(勘律)한다.〈증〉

제13항 **공장(工匠)을 대신하여 지급된 노(奴)의 속량값은 전(錢) 100냥을 넘을 수 없다. 지나치게 징수하면 사불이실(詐不以實)한 죄에 대한 율[538]로 논한다.** ■1 사노비의 속량값도 같다.

538 사불이실(詐不以實)한……율 : 대제(對制)나 주사(奏事), 상서(上書)를

제14항 **시노(寺奴)가 사천을 취(娶)하여 낳은 자식을 아내의 상전에게 속량하거나 사천의 자녀를 어머니의 상전에게 속량하면 양인이 되는 것을 허락하되, 아버지의 상전이 억압하여 노비로 만들면 압량위천(壓良爲賤)한 죄에 대한 율[539]로 논한다.**

제15항 **이미 속량된 노비에게 선물(膳物)이라 일컬으며 침징(侵徵)하거나, 선대 때 속량해 준 노비를 자손에 이르러서 시끄럽게 도로 빼앗으면 압량(壓良)한 죄에 대한 율로 논한다.** 1 속량하여 몇 대가 지난 뒤에 옛 상전이라 일컬으며 안면을 바꾸고 와서 침탈하는 경우도 같다.

제16항 **자신의 노비가 아닌데 허위로 속량해 주었다가 본래 주인이 추심하면, 허위로 속량한 값을 허위로 속량해 준 자에게 징수한다. 이미 속량된 노비는 침탈하지 못하며, 어기면 압량(壓良)한 죄에 대한 율로 논한다.**〈속〉

할 때 속이고 사실대로 하지 않으면 장 100 도 3년이다.《大明律 刑律 詐僞 對制上書詐不以實》

539 압량위천(壓良爲賤)한……율 : 장 100 유 3000리이다.《新補受敎輯錄 刑典 贖良》

제26조 **금제(禁制)**

제 1 항 **평안도의 강변 7읍(江邊七邑)[540]에서** ❶ 함경도 단천(端川) 이북도 같다. **전(錢)을 사용하면 사형으로 논한다.** ❷ 지방관과 도신은 차례로 등급을 줄여 감률(勘律)한다.

제 2 항 **함경도 부령(富寧) 이북에 상고(商賈)가 들어가면 제서유위율(制書有違律)[541]로 논한다.** ❶ 금령을 범하였는지의 여부를 막론하고 모두 금하며, 흥정하여 판 물건은 관에 몰수한다. 사정을 알면서 살피지 않은 수령은 같은 죄이다.

제 3 항 **해랑도(海浪島)에 왕래하거나, 북로(北路)에서 서관(西關)으로 왕래하면서 행장(行狀)이 없거나,** ❶ 순영에서 행장을 만들어 주고, 데리고 가는 사람과 말을 기록하여 증빙의 근거로 삼는다. 행장이 없으면 지방관이 잡아다 심문하여 죄목을 정한다. **사람을 끌어들여 양계(兩界)에 들어가게 하면** ❷ 끌어들인 사람의 많고 적음을 논하지 않는다. **사형으로 논한다.** ❸ 이미 들어갔으면 원적지(原籍地)로 쇄환(刷還)한다. 숨겨 주면 사람을 끌어들인 것과 같은 죄이고, 검거하지 않은 수령은 잡아다 처리한다. 어린아이가 유인되었는데 부모나 본래의 주인이 누구

540 평안도의 강변 7읍(江邊七邑) : 의주(義州), 강계(江界), 초산(楚山), 창성(昌城), 삭주(朔州), 위원(渭原), 벽동(碧潼)이다.《續大典 刑典 禁制》

541 제서유위율(制書有違律) : 제서를 받들어 시행할 때에 어기면 장 100이다. 황태자의 영지(令旨)를 어기면 같은 죄이다.《大明律 吏律 公式 制書有違》

인지 알지 못하면 속공(屬公)한다. **양계의 사람을 끌어들여 매매하면 차율(次律)로 논한다.** ❹ 양계의 변방 백성이 도망쳐서 내지(內地)로 옮겨 가면 형추한 다음 쇄환한다. 받아들여 살게 해 준 사람은 장(杖) 100 유(流) 3000리이다. ❺ 홍정하여 파는 사람들이 양계의 양인을 몰래 끌어내어 상경하게 하면 장 100 유 3000리이다. **변방 백성이 도망하여 야인(野人)의 땅으로 들어갔는데 수령이 숨기고 보고하지 않으면 파출하고, 면임(面任)이나 이임(里任) 등은 장 100 유 3000리이다.**

제4항 **제주 3읍(濟州三邑)[542]의 사람이 다른 지역으로 도망쳐서 옮기면 처벌하고 즉시 돌려보낸다. 받아들여 살게 해 준 사람은 장(杖) 100 유(流) 3000리이다.**

제5항 **객사(客使)가 나가거나 들어올 때에 길을 막고 호소하면 다른 도(道)의 원지(遠地)에 정배(定配)한다.** ❶ 수창자(首倡者)만 논한다. **대국(大國) 사람을 빙자하고 거간(居間)하여 뇌물을 받으면 사형을 감하여 정배한다.** ❷ 소통사(小通事)가 대국 사람을 빙자하여 폐단을 일으키면 장(杖)을 치고 정배한다.

제6항 **북경에 간 사람이 우리나라의 사정을 누설하면 장(杖) 100 도(徒) 3년이고, 관계되는 바가 무거우면 교형이다.** ❶ 검거하지

542 제주 3읍(濟州三邑) : 제주목(濟州牧), 대정현(大靜縣), 정의현(旌義縣)이다.

않은 서장관은 제서유위율(制書有違律)로 논한다. **다른 나라 사람에게 노정기(路程記)를 써 주거나 청나라 사람에게 빚을 지면 사형으로 논한다. 군인(軍人)의 성명을 거짓으로 만들어 들어가거나 몰래 숨어서 들어가면 장 100이다. 쇄마를 모는 사람이 도중에 도망쳐 저들 땅에서 떠돌아다니면 국경에서 참(斬)한다.** ❷ 쇄마를 모는 사람이 점고(點考)를 받지 않고 도망쳐서 돌아오면 장 100을 치고 다른 도(道)로 정배(定配)한다.

제7항 **왜관에 난입하면 사형으로 논한다.** ❶ 관리가 왜관을 출입하는데도 금지하지 못하면 훈도, 별차(別差)를 무겁게 다스린다. ❷ 왜인이 함부로 경계 밖으로 나가면 관수왜(館守倭)로 하여금 대마도(對馬島)에 통보하여 사형으로 처단하게 한다. **상고(商賈)가 왜관을 출입하며 매매를 핑계 대고 사정을 누설하거나,** ❸ 종범은 등급을 줄인다. **왜인에게 뇌물을 받고서 여자를 유인하여 몰래 들여보내 간음하도록 하거나,** ❹ 여인(女人)은 장(杖) 100을 치고 도배(徒配)한다. **왜인에게 빚을 지거나, 왜인의 물건을 훔쳐서 가지면 왜관 앞에서 참(斬)한다.**

제8항 **서북(西北) 연변(沿邊)에서 범월(犯越)하여 삼(蔘)을 캐거나, 나무를 베거나, 사냥하면 수범과 종범을 국경에서 참(斬)한다.** ❶ 수창자(首倡者)는 적몰(籍沒)한다. ❷ 범월한 사람을 받아 주어 살게 하거나, 국경을 넘도록 꾀면 범인과 같은 죄이다. 알면서도 고발하지 않으면 양인, 천인은 변방 쇠잔한 고을의 노(奴)로 삼고, 출신(出身) 이상은 변보(邊堡)에 충군(充軍)한다.

진고(陳告)하면 잠상(潛商)을 진고한 경우와 같은 상을 준다. 그 지계(地界)의 수령이나 변장(邊將)은 도(徒) 3년으로 정배(定配)하고, 좌수(座首)나 병방 군관(兵房軍官)은 도배(島配)한다. 수령이나 변장이 스스로 잡아서 바치면 그 공로만큼 죄를 감하고, 숨겨서 덮어 두고 범인에게 속전을 징수하면 장(贓)을 계산하여 논한다. 수령이나 변장이 적발하지 못하고 절도사에게 발각되어 붙잡히면 수령이나 변장을 변원(邊遠)에 충군(充軍)한다. 사정을 알고 있었으면 범인과 같은 죄이다. 절도사가 적발하지 못하였는데 관찰사에게 발각되어 붙잡히면 절도사를 삭직(削職)한다. 관찰사가 적발하지 못하였는데 다른 일로 인해 드러나면 관찰사를 삭직한다. 만약 범월하다가 일이 발생했는데 조사한 결과 나라를 욕되게 하였으면 관찰사 이하에게 등급을 더하여 죄목을 정한다.

제9항 **북경에 가는 사람이** 1 압록강을 건널 때에는 서장관, 지방관, 본도(本道)의 도사가 회동하여 일행의 복물(卜物)을 수색하여 검사한다. **삼화(蔘貨)를 가지고 가면 국경에서 참(斬)한다.** 2 중국으로 들어간 뒤에 발각되면 돌아왔을 때에 율을 적용한다. 수검관(搜檢官)도 아울러 잡아다 신문하고, 수역(首譯)·영장(領將)은 수금(囚禁)하여 처벌하되 실정을 알고 있었으면 범인과 같은 율이다. **팔포(八包)의 정수(定數) 이외에 은화(銀貨)를 가지고 가면 사형으로 논한다.** 3 수색하여 검사하기 전에 발각되면 극변(極邊)에 정배(定配)한다. 〈속〉 4 정해진 포수(包數) 외로 더 보내는 것은 초기(草記)를 올리고 윤허가 내리기

를 기다린 뒤 비로소 허락한다. 더 보내는 것을 마음대로 허락한 감사와 부윤은 금지된 물건을 몰래 판 죄에 대한 율[543]로 논한다. 〈증〉 **금이나 은을 먼저 보내 의주(義州)에 맡겨 두면 강도율(强盜律)[544]에 따른다. 이를 맡아 두거나, 알고도 고발하지 않으면 장(杖) 100 유(流) 3000리이다.** 5 타인이 체포·고발하는 것을 허락하고, 면포(綿布) 50필을 준다. 원래 관직이 있으면 품계를 올리고, -1 당상관은 올리지 않는다.- 향리(鄕吏)나 역리(驛吏)이면 역을 면하고, 천인이면 천인 신분을 면하고, 도형(徒刑)·유형(流刑) 이하이면 석방하고, 범인이 가지고 있던 물품을 준다. **상고(商賈)가 물화(物貨)를 사사로이 맡겨 두고 중국 물건을 거래하면, 맡아 준 사람과 맡긴 사람 모두 장 100 도(徒) 3년이다. 물화가 20관(貫) 미만이면 1등급을 줄인다.** 6 검거하지 않은 서장관이나 부윤은 제서유위율(制書有違律)로 논하고, 물간사전(勿揀赦前)한다. **우리나라 경내에서 금지된 물건을 몰래 팔면 사형을 감하여 정배한다.** 7 부윤은 파직한다. 8 사행(使行)이 돌아온 뒤에 금지된 물건을 가지고 있다가 붙잡히거나, 사적인 재화를 가지고 몰래 장사를 하려다 실행하지 못한 경우도 같은 율이다. 고용되어 운반한 사

543 금지된……율 : 장 100 도 3년이다. 철물, 우마(牛馬), 금은, 주옥, 보석, 염초(焰硝), 군기(軍器) 등을 거래하여 죄가 무거우면 교형이다. 《經國大典 刑典 禁制》 본조 10항 참조.

544 강도율(强盜律) : 강도를 행하였으나 재물을 얻지 못하면 모두 장 100 유 3000리이다. 단 재물을 얻으면 수범과 종범을 구분하지 않고 모두 참형이다. 《大明律 刑律 盜賊 强盜》

람은 정배한다. ❾ 금지된 물건을 가지고 있다가 붙잡히면 그 물건은 모두 관에 몰수한다.〈속〉

제10항 **북경에 가거나 교린 관계에 있는 나라에 사신으로 가는 사람이 잡문서(雜文書)를 소지하면 장(杖) 100이다. 금지된 물건을** ❶ 활세포(濶細布), 채문석(綵紋席), 후지(厚紙), 초피(貂皮), 토표피(土豹皮), 해달피(海獺皮) 따위이다. **몰래 팔면 장 100 도(徒) 3년이고, 사안이 무거우면** ❷ 철물(鐵物), 우마(牛馬), 금은(金銀), 주옥(珠玉), 보석(寶石), 염초(焰硝), 군기(軍器) 따위이다. **교형이다.** ❸ 부탁한 경우는 모두 1등급을 줄인다. ❹ 양계(兩界)의 포소(浦所) 및 객관(客館)에서 파는 것도 금지한다.〈경〉

제11항 **사행(使行)의 방물(方物)을 훔쳐서 청나라 사람에게 몰래 팔면 수범과 종범은 사형으로 논하고, 영장(領將)은 장을 치고 정배(定配)한다.** ❶ 통신사가 데리고 간 사람이 일본에 도착하여 공장(供帳) 잡물을 훔치면 율에 따라 처단한다.〈속〉

제12항 **내지(內地)의 물건을 훔쳐 저들의 경내에서 다시 팔면 금지된 물건을 몰래 판 죄에 대한 율로 논하고, 물간사전(勿揀赦前)한다.**〈경〉

제13항 **서북의 변경에서 개시(開市)할 때에** ❶ 지방관과 차사원(差使員)이 회동하여 적간한다. 금지 물품이 있었는데도 적발하지 못했다가 추후에 발각되면 의금부로 잡아다 심문하여 죄목을

정한다. **삼화(蔘貨)를 소지하면 사행(使行) 시에 소지한 경우와 같은 율이다.** 2 체포한 사람을 논상(論賞)한다. **마필(馬匹)을 몰래 팔면 차율(次律)로 논한다.**〈속〉 3 수령이 사시(私市)를 범한 경우도 같다.〈증〉

제14항 **청나라 사람과 교통하면서 장물(贓物)을 서로 합의하여 팔면 사형으로 논한다.** 1 파수장(把守將)과 아전은 무거운 죄에 따라 곤(棍)을 친다.

제15항 **왜관에서 개시(開市)할 때에** 1 훈도·별차(別差)·주원(籌員)[545]·감관·군관이 회동하여 공사(公私) 물화를 수색하여 검사한다. **삼화(蔘貨)를 가지고 몰래 장사하면 수범과 종범을 왜관 앞에서 참(斬)한다.** 2 왜관에 들어가기 전에 체포되거나, 뇌물을 받고 고의로 풀어 주면 엄히 형추하고 다른 도(道)의 극변(極邊)에 정배(定配)한다. 체포·고발한 사람은 논상(論賞)한다. 3 추후에 발각되면 그 당시의 훈도, 별차 이하는 잡아다 심문하여 엄히 처벌하고, 동래 부사(東萊府使)도 잡아다 심문한다. 훈도와 별차 이하가 사정을 알고 있었으면 범인과 더불어 같은 죄이다. 4 향통사(鄕通事) 및 상고(商賈) 등이 왜인과 만나기로 약속하고 몰래 절도(絶島)에 들어가 매매하면 금지된 물건을 몰래 매매한 죄를 처벌하는 예에 따른다. 검거하지 못한 관원은 파직한다.

545 주원(籌員) : 세(稅)를 걷는 산원(算員)이다.

제16항 **왜관의 조시(朝市)에서 각 영읍(營邑) 및 사상선(私商船)이 쌀을 운반하여 매매하거나,** ❶ 각 아문이 공화(公貨)라고 일컬으며 훈도나 별차(別差)에게 공문을 보내는 것은 일절 금한다. **왜인이 가져온 잡물을 포구에서 몰래 거래하면 장(杖) 100 도(徒) 3년이다.** ❷ 실정을 안 통사(通事)도 같은 죄이다.

제17항 **명을 받든 사신(使臣)이 상고(商賈)를 데리고 가면 잡아다 심문하여 엄히 처벌한다.** ❶ 들어갔으면 함부로 군인을 사칭한 죄를 처벌하는 예[546]에 따른다.

제18항 **경성(京城) 10리 안에** ❶ 동쪽으로는 대보동(大菩洞), 수유현(水踰峴), 우이천(牛耳川), 상벌리(上伐里), 하벌리(下伐里), 장위(長位), 송계교(松溪橋)로부터 중량포(中梁浦)에 이르기까지 시내[川]로 경계를 삼는다. 남쪽으로는 중량포, 전관교(箭串橋), 신촌(新村), 두모포(豆毛浦)로부터 용산(龍山)에 이르기까지 시내와 강(江)으로 경계를 삼는다. 북쪽으로는 대보동, 보현봉(普賢峰), 저서현(猪噬峴), 아미산(峨嵋山), 영서역(迎曙驛), 모화관 옛터, 대조리(大棗里)로부터 석관현(石串峴) 서남쪽의 물줄기가 합류하는 지점까지 산등성이로 경계를 삼는다. 서쪽으로는 석관현, 시위동(時威洞), 사천도(沙川渡), 성산(城山), 망원정(望遠亭)으로부터 마포(麻浦)에 이르기까지 시내와 강으로 경계를 삼는다. **들어와 장사 지내면 원릉의 나무를 훔친 죄에 대한 율**

546 함부로……예 : 장 100이다. 《續大典 刑典 禁制》

에 따르고, ❷ 반드시 기한 내에 파서 옮기게 한다. **소나무를 함부로 작벌하면 율에 따라 죄목을 정한다.** ❸ 생소나무 원주(元株) 1그루 이상, 말라 죽은 소나무 원주 2그루 이상이면 장(杖) 100 도(徒) 3년이다. 생소나무의 가지나 잎, 말라 죽은 소나무의 줄기나 가지를 벌목하여 가지면 장 100이다. 이를 덮어 두고 관에 아뢰지 않으면 가장(家長)은 범인과 더불어 같은 죄이다. 범인을 숨겨 주면 원지(遠地)에 정배(定配)한다.〈속〉 ❹ 생소나무 10그루 이상이면 참군(參軍)[547]을 파직하고, 소나무나 잡목(雜木) 50그루 이상이면 잡아다 처리한다. ❺ 산지기가 산 아래에 사는 사람을 대신 세우고, 빙자하여 소나무를 작벌하거나 공갈 협박하여 뇌물을 요구하면 장 100이다. 참군은 잡아다 처리한다.〈속〉〈보〉 ❻ 산지기가 무뢰배들과 계(契)를 만들어 생소나무를 훔쳐 내면 변원(邊遠)에 정배하고, 범인은 율에 따른다.

제19항 공궐(空闕)의 소나무를 작벌하여 훔치면 무기한으로 변원(邊遠)에 정배(定配)한다.

제20항 경성(京城) 안에서 농사지으면 장(杖) 100이다. ❶ 목화밭과 내농포(內農圃)의 미나리밭은 금하지 않는다.〈속〉 ❷ 외남산(外南山)의 산허리보다 높은 지역은 비록 장적(帳籍)에 있는 땅이라

547 참군(參軍) : 사산참군(四山參軍)으로 조선 후기에 서울 주위의 네 산을 지키던 무관 벼슬이다. 1754년(영조30) 사산감역관(四山監役官)을 고친 이름이다.

도 경작을 금한다.〈증〉

제21항 **사산(四山)의 금표(禁標) 안에서 나무뿌리나 잔디 뿌리를 채취하거나, 흙이나 돌을 채굴하여 가지면 생소나무를 작벌하였을 때 처벌하는 예[548]에 따른다.**〈속〉 ❶ 채굴한 돌은 많고 적음을 논하지 않는다. 참군(參軍)은 생소나무 10그루 이상을 작벌하였을 때 처벌하는 율과 같다.〈속〉〈보〉 ❷ 도성 내외의 산에 대해 작벌을 금하는 일을 나누어 관장하는 것은 〈공전〉의 〈잡령(雜令)〉 조에 보인다.〈보〉 **함부로 경작하면 관민의 산장을 강제로 점유한 죄에 대한 율[549]로 논한다.** ❸ 신무문(神武門) 밖이나 백악(白岳) 아래 땅을 파 놓은 곳은 부관(部官)이 적간하고 엄히 금한다.[550]

제22항 **모든 도(道)의 봉산(封山)에 있는 금송(禁松)을 작벌하면 엄중히 논한다.** ❶ 대송(大松) 10그루 이상은 사형으로 논하고, 9그루 이하는 사형을 감하여 정배(定配)한다. 재목(材木) 1그루는 장(杖) 60이고, 10그루는 장 60 도(徒) 1년이고, 30그루 이상은 장 80 도 2년이다. 감관이나 산지기 등이 적발하지 못하면 같

548 생소나무를……예 : 본조 18항 참조.

549 관민의……율 : 장 100 유 3000리이다.《大明律 戶律 田宅 盜賣田宅》

550 신무문(神武門)……금한다 : 숙종조 당시 경복궁에 전각이 없어서 궁으로서의 모습을 갖추지 못하였다. 이때 사람들이 백악 아래나 신무문 북쪽 곳곳에 땅을 파서 지맥을 상하게 하는 일이 많았기 때문에 한성부 관리가 매달 적간하고 그 근처 사는 사람들에게 구역을 할당하여 관리하도록 하였다.《承政院日記 肅宗 6年 閏8月 8日》

은 율이다. 2 생소나무를 작벌한 사람에게 사사롭게 속전을 거둔 수령이나 변장(邊將)은 장(贓)을 계산해서 논한다.

제23항 **소나무 생장에 적합한 산의 선재(船材)를 수신(帥臣)이나 수령이 마음대로 허락하거나 마음대로 작벌하면 사사롭게 군기(軍器)를 판 죄에 대한 율[551]로 논한다.**〈속〉 1 중외(中外)의 공해(公廨)를 수리할 때에도 허락하지 않으며, 수령이 작벌한 나무를 주거나 받으면 잡아다 심문한다. 영문(營門)에서 허락하는 제사(題辭)를 내주면 엄중히 추고한다.〈속〉〈증〉

제24항 **깊고 험준한 산의 금양처(禁養處)로 금표(禁標)를 정한 곳 안에서** 1 산허리를 경계로 삼는다. **함부로 경작하면 송전(松田)을 함부로 경작하였을 때 처벌하는 예에 따른다.**〈속〉 2 관민(官民)의 산장(山場)을 강제로 점유한 죄에 대한 율[552]이다.〈보〉

제25항 **봉표(封標) 안에 전장(田莊)을 설치하면 장(杖) 100 유(流) 3000리이다.** 1 함부로 경작하였는데 산지기나 감관이 고발하면 범인만 처벌하고, 향소(鄕所)에서 고발하면 산지기나 감관은 범인과 같은 죄이고, 수령이나 변장(邊將)이 발각하면 향소 또한 같은 죄이고, 영문(營門)에서 발각하면 수령이나 변장을

551 사사롭게……율 : 장 100에 변원(邊遠)에 충군(充軍)한다.《大明律 兵律 軍政 私賣軍器》

552 관민(官民)의……율 : 장 100 유 3000리이다.《大明律 戶律 田宅 盜賣田宅》

은결(隱結)에 대해 처벌하는 율[553]로 논한다.

제26항 **산허리 위쪽에서 경작하는 것을 금단한다.** ❶ 산허리 아래의 구전(舊田)은 논하지 않는다. 새로 나무를 베고 밭을 만드는 것을 일절 금한다. **수령이 금지하지 못하면 불응위율(不應爲律)[554]로 논한다.**

제27항 **각 관사의 관원이 편복(便服) 차림으로 아문을 출입하면 파직한다.**〈속〉

제28항 **사사로이 관부(官府)를 출입하거나,** ❶ 부모, 자식, 사위, 형제에게는 이 규정을 적용하지 않는다. ❷ 역(驛)은 금지하지 않는다. 침범하여 해를 끼치면 장(杖) 80이다. **부녀자가 절에 가 있거나,** ❸ 비구니 절도 같다. **사족(士族) 부녀(婦女)가 야제(野祭), 산천제(山川祭), 성황제(城隍祭), 사묘제(祠廟祭)를 직접 행하거나, 조관(朝官)이 궁에서 방출된 시녀(侍女)나 무수리를 취(娶)하거나, 문서를 헐어서 다시 종이를 만들거나,** ❹ 모두 장 100이다. 그 종이를 사용한 사람은 2등급을 줄인다. **대소 원인(員**

553 은결(隱結)에……율 : 은루(隱漏)한 실결이 10결 이상이면 3년을 금고(禁錮)하고, 50결 이상이면 5년, 100결 이상이면 10년을 금고한다.《續大典 戶典 收稅》

554 불응위율(不應爲律) : 마땅히 해서는 안 되는데 하면 태 40이다. 율이나 영(令)에 조문은 없지만 이치상 해서는 안 되는 것을 이른다. 사안이 중하면 장 80이다.《大明律 刑律 雜犯 不應爲》

人)**이 홍색·회색·백색 표의**(表衣)**를 입거나,** ❺ 서인(庶人)이 흰 옷을 입는 것은 금하지 않는다.[555] **주기**(酒器) **외에 금·은·청화백자**(青畫白磁)**로 만든 그릇을 쓰거나,** ❻ 서인 남녀에게는 홍의(紅衣)·자의(紫衣)·자대(紫帶), 금·은·청화백자로 만든 주기를 모두 금한다. **궁궐 안에서 배궤**(拜跪)**하거나 배좌**(背坐)**하거나,**[556] ❼ 아전(衙前)이 꿇어앉는 것은 금하지 않는다. **종친의 처나 딸, 당상관의 모**(母)**·처·딸·며느리, 음직을 받을 수 있는 자의 신부**(新婦) **외에 유옥교**(有屋轎)**를 사용하거나, 사찰 외에 진채**(眞彩)**·꽃방석·주칠기**(朱漆器)**·사화봉**(絲花鳳)**을 사용하거나,** ❽ 모두 장 80이다. **헌수**(獻壽)**·혼인·제향 외에 유밀과**(油蜜果)**를 사용하거나, 길거리에서 불공을 드리며 혼을 부르면** ❾ 모두 장60이다. **모두 논죄한다.**

제29항 **분경**(奔競)**하거나,** ㉢ ❶ 도목 정사의 날짜가 정해진 뒤 이조

555 대소……않는다 : 붉은색은 임금의 옷과 가깝고, 회색 계통은 승려의 옷이다. 우리나라는 오행 가운데 목(木)의 성질이므로 고려 때에도 흰색 옷을 입는 것은 마땅하지 않게 생각했으나 정병(正兵)과 서인에게는 금지하지 않았다. 흰색은 곧 귀천을 구별하는 색깔이다.《經國大典註解 後集 刑典 禁制條》

556 궁궐……배좌(背坐)하거나 : 법으로 궐정(闕庭)의 여러 관원이 배좌하거나 배궤할 수 없도록 하여, 지존(至尊)에 가까이 있는 예(禮)로 서로 굽혀야 하는 예를 행하도록 하였다. 삼공이 높기는 하지만 육경(六卿)이나 대료(大僚)의 절을 앉아서 받는 것은 성상을 침노하고 존엄함을 의심하게 하는 혐의가 있으며, 여러 대신이 번거롭고 혼잡하게 절을 하는 것은 또한 지존 가까이에서는 신하들 간에 사사롭게 공경하는 뜻을 감히 펴지 않는 도리가 아니기 때문이다.《肅宗實錄 3年 10月 12日》

나 병조 당상 집에, 도목 정사를 행한 뒤 서경(署經)하기 전에 양사(兩司) 관원의 집에, 동성 육촌, 이성 사촌 이내나 혼인할 집이 아닌데 출입하면 장(杖) 100 유(流) 3000리이다.〈경〉〈속〉 **소나 말을 사적으로 도살하거나,** ❷ 서인(庶人)은 장 100 도(徒) 3년이다. 사대부이면 가장(家長)을 같은 율로 처벌한다. 〈속〉 **도성 안에서 서인(庶人)이 말을 타거나,** ❸ 장 60이다.〈경〉 ❹ 삼의사(三醫司), 역관(譯官), 율관(律官), 일관(日官), 주원(籌員), 사자관(寫字官), 화원(畫員) 등의 잡과 출신 및 전함(前銜)에게는 금하지 않는다. 녹사(錄事)나 금군(禁軍)에게도 금하지 않되, 성안에서 말을 몰고 달리면 붙잡아 병조로 보내 곤(棍)을 친다. **신에게 제사 지내거나,**〈속〉 ❺ 도성 안에서 야제(野祭)를 지내면 장 100이고, 무녀(巫女)도 아울러 논한다.〈경〉 〈보〉 ❻ 경성 안팎에서 지내는 크고 작은 음사(淫祀)도 금하되, 성 밖은 10리로 제한한다. ❼ 고사(告祀)는 금하지 않는다. **모여 술을 마시거나,** ❽ 3인 이상이 안주나 음식을 갖춰 놓고 모여서 마시는 경우이다. ❾ 음식을 제공한 사람만 처벌한다. ❿ 금군에게는 금하지 않는다.[557] 〈속〉 ⓫ 거리에서 주사를 부리는 사람은 장 100이다.〈증〉 **승니(僧尼)가 도성에 함부로 들어오는 것을** ⓬ 장 100을 치고 쇠잔한 고을의 노비로 영구히 소속시킨다. 머물러 살도록 허락한 사람은 제서유위율(制書有違律)

557 금군에게는 금하지 않는다 : 숙종 대에 무사(武士)가 사회(射會)에서 음주하고 요기하는 경우까지 금하여 가난한 금군들이 붙잡혀 납속하는 일이 많아지자, 무사가 사회에서 음주하고 요기하는 것은 일상적인 일로 보아 금리(禁吏)가 단속하지 못하도록 하였다.《承政院日記 肅宗 17年 7月 12日》

로 논한다.〈속〉 13 승인(僧人)의 경우 공적인 일이나 사적인 일을 막론하고 모두 금한다.〈증〉 14 여자아이가 비구니가 된 경우는 죄를 다스리고 환속시킨다. **모두 금단한다. 국상(國喪) 때 음악을 연주하며 기생을 끼고 놀거나,** 15 양인이나 천인을 막론하고 무기한으로 정배(定配)한다. **국기(國忌) 당일 및 치제(致祭)하는 날에 음악을 연주하거나, 당하관이 말안장에 은입사(銀入絲) 장식을 쓰거나, 서인의 분묘 석물(石物)이 규제를 벗어나면** 16 석인(石人)은 쓰지 못하고, 망주석(望柱石)이나 표석(表石)은 2자(尺)를 넘지 못한다. **엄히 금하고 처벌한다.**

제30항 **시장의 가격을 간사한 꾀를 써서 오르게 하는 것, 말(斗)이나 되(升)가 규식에 맞지 않는 것, 목년(木碾)을 쓰거나 질 나쁜 쌀을 유통하는 것, 외상이라 일컬으며 전인(廛人)에게 강제로 물건을 사는 것,**〈속〉 1 평시서에서 모두 주관하되, 범인의 경우 본서(本署)에서 속전을 거두지 못하고 형조에 보고하여 처벌한다. 도고(都庫)나 계방(契坊)은 형배(刑配)한다.〈속〉〈증〉 **전안(廛案)에 소속되지 않고서 난전(亂廛)을 하는 것을** 2 한성부에서 주관하되 시인(市人)이 붙잡아 고발하게 한다. 난전 물건의 절가(折價)가 속전에 미치지 못하면 속전을 거두지 않고 장(杖) 80이다. 여러 궁가(宮家)에 소속된 자가 난전을 한 일이 더욱 심하면 현고(現告)하게 하여 법사(法司)에서 엄히 다스리고, 물건은 관에 몰수한다. 3 사대부의 노복(奴僕)이 난전을 하다가 현장에서 붙잡혔는데, 금리(禁吏)를 구타하거나 전인(廛人)

을 구류(拘留)하고는 전인에게 속전을 다시 징수하면 가장(家長)을 율에 따라 죄목을 정한다.[558] **4** 군문(軍門)의 군병이 직접 만든 물건은 난전으로 단속하지 않는다.〈속〉 **5** 전민(廛民)이 난전이라 일컬으며 지방에 피해를 끼치면 도신(道臣)이 엄히 형추하고, 난전인을 구박하면 장을 치고, 난전은 허용하지 않는다.[559] **6** 난전의 물건은 속공(屬公)하지 않는다. 어기면 제서유위율(制書有違律)로 처벌한다. **7** 호위청에 소속된 자가 난전을 하면 법사에서 곧바로 법에 따라 다스리고, 진래(進來)의 규정은 적용하지 않는다.〈증〉 **모두 금지하고 단속한다.**

제31항 **위로 궁궐에서부터 아래로 여염에 이르기까지 장복(章服)과 융복(戎服) 외에는 토산(土産)이 아니면 입을 수 없다.** **1** 금군(禁軍), 호위 군관(扈衛軍官), 의녀(醫女), 침선비(針線婢)에게는 참의(僭衣)를 금하지 않는다. **사족(士族) 부녀(婦女)의 복식은 한결같이 남편의 작품(爵品)을 따르는 것 외에는**〈속〉 **2**《경국대전》의 법에는 당하관 이하로서 혼인하는 사람이 사라(紗羅),

558 사대부의……정한다 : 사부가(士夫家)의 낭저(廊底) 노복이 난전을 하다가 붙잡혔는데 금리를 구타하여 노복을 빼앗아 가거나, 더러 본가(本家)에서 본래의 전인(廛人)을 구류하고 자신들이 바친 속전을 다시 징수하면 그 가장을 대명률의 제서유위율에 따라 장100에 처한다는 경종 1년(1721)의 승전이다.《承政院日記 景宗 1年 閏6月 20日》《新補受敎輯錄 刑典 禁制》

559 전민(廛民)이……않는다 : 정조는 난전을 잡아가는 법이 지나쳐서 도둑을 다스리는 것과 다름없음을 지적하고 누원(樓院)의 백성도 같은 백성이므로 전인(廛人)이 비록 쫓아내더라도 구박하는 지경에까지는 이르지 않게 하라고 하였다.《承政院日記 正祖 6年 8月 10日》

능단(綾段), 계담(罽毯 털담요나 털방석)을 쓰면 장(杖) 80이다.〈보〉 **대단(大緞)·금수(錦繡)·봉채(鳳釵)·금채(金釵)·옥채(玉釵)·주전(珠鈿)·가환(假鬟)을 쓰지 못한다.** ❸ 신부(新婦)에게는 금하지 않는다.〈속〉 ❹ 사(紗)·단(段)·능(綾)·주(紬)를 막론하고 무늬가 있는 것은 일절 금한다. 범하면 시전 상인도 아울러 사형에 처한다. 역관(譯官)이나 상고(商賈)는 의주(義州)에서 우선 효시한 다음 장계로 보고하고, 물건은 책문(柵門) 밖에서 불태운다.〈증〉 ❺ 관원이나 백성이 집, 수레, 의복, 기물 따위를 규식을 어기고 참람되게 쓴 경우 관직이 있으면 장 100, 관직이 없으면 태(笞) 50이고, 가장을 처벌한다. 금지한 물건은 관에 들인다.[560]〈율〉

제32항 **여염집을 빼앗아 들어가면 도(徒) 3년으로 정배(定配)한다.** ❶ 빌리는 것이라고 일컫는 경우도 같다. ❷ 매달 부관(部官)이 사실 유무를 적간하여 한성부에 보고하고, 한성부에서 입계한다. 덮어 두고 보고하지 않으면 제서유위율(制書有違律)로 논한다. 지방은 관찰사가 조사하여 감죄(勘罪)하게 한다.

제33항 **화랑(花郞),[561] 유녀(遊女) 및 무녀(巫女)가 도성 안에 머물러 있으면 적발하여 논죄한다.** ❶ 화랑이나 유녀는 소재관(所在

560 관원이나……들인다 : 《대명률》〈예율 의제(儀制)〉 복사위식(服舍違式) 조에 있다.

561 화랑(花郞) : 남무(男巫)이다.《中宗實錄 8年 10月 3日》

官)에서 적발하여 양가(良家)의 자녀는 쇠잔한 고을의 노비로 영구히 소속시키고, 공천·사천은 장(杖) 100 유(流) 3000리이다.[562] 2 무녀가 성안에 있으면 일체 찾아서 내보내고, 검거하지 못한 관원은 파출한다.〈속〉 3 무녀를 데리고 살면 삼사(三司)나 다른 관사 소속을 막론하고 형배(刑配)한다.[563]〈증〉

제34항 **삼법사(三法司)는** 1 형조, 사헌부, 한성부이다. **집에서 출금(出禁)[564]할 수 없고, 밤늦게 출금할 수 없고,**〈속〉 2 별육패(別肉牌)[565]는 저녁 무렵 출금하고 심야에 금패(禁牌)를 거둔다.〈보〉 **경성(京城)의 금표(禁標) 밖에서 출금할 수 없다.** 3 난전(亂廛)도 마찬가지이다. **금조(禁條) 외에 다른 조항을 새로 만들어**

562 화랑이나……3000리이다 : 1482년(성종13) "화랑과 유녀 등은 소재관이 단속 적발하여 《대명률》 범간(犯姦) 조에 따라 모두 본죄(本罪)에 1등급을 더하고, 양가(良家)의 여자와 중은 쇠잔한 고을의 노비로 정속(定屬)하라."라는 형조의 수교가 있었다. 이에 따라 양가의 자녀와 중은 율대로 1등급을 더해서 죄를 결단하고 노비로 정속하였으므로 벌이 장 100 유 3000리였으나, 공천·사천은 장 100으로만 논단(論斷)하여 죄는 같은데도 형벌이 달라지는 문제가 있었다. 이에 1513년(중종8) 이후에는 공천·사천일지라도 모두 장 100 유 3000리로 논단하도록 하였다.《中宗實錄 8年 10月 3日》

563 무녀를……형배(刑配)한다 : 1778년(정조2) 삼법사의 하속배(下屬輩)가 무녀를 처로 삼아 살면서 서로 은닉하고 축출하지 않자 한성부에서 거듭 이전의 금령을 신칙하여 삼법사의 하속이 무녀를 처로 삼아 사는 경우 포도청에서 기찰하고 체포해서 법사로 옮겨 조율하고 형배하도록 하였다.《承政院日記 正祖 2年 3月 23日》

564 출금(出禁) : 금패(禁牌)를 내주는 것이다.《承政院日記 英祖 23年 8月 29日》

565 별육패(別肉牌) : 육류를 팔도록 지정한 자 이외의 자가 판매하는 별육을 단속하는 금패이다.

낼 수 없다. 4 구전(舊典)을 엄히 신칙하되 지나치게 하지는 않는다. **시각을 헤아려 정하고 이를 넘을 수 없다.** 5 우선 금조를 거듭 엄히 신칙한 뒤에 출금하며, 매달 여섯 차례 한다. 명절에는 금령을 풀어 준다. **금리(禁吏)가 금령을 빙자하여 멋대로 잡아들이면 장(杖) 100이다.** 6 금리를 사칭하고 여염에서 소란을 일으키면 원지(遠地)에 정배(定配)한다.〈속〉 7 삼법사의 목패(木牌) 외에 지패(紙牌)를 더 만드는 것은 일절 금한다.〈증〉 8 사헌부의 금패(禁牌)는 다음과 같다. 서인(庶人)의 모단(毛段) 족두리나 모단 운두화(雲頭靴), 너울(羅兀) 착용을 단속하는 패, 법사의 하인이 상고(商賈) 등과 어울려 결탁하면서 술 마시는 것을 단속하는 패, 서인이 아내를 취(娶)할 때 사모관대(紗帽冠帶)를 착용하는 것을 단속하는 패가 있으며, 이를 빙자하면 장 100이다. 금·진주·옥으로 만든 가락지를 단속하는 패, 사라(紗羅)나 능단(綾緞) 착용을 단속하는 패, -1 기녀(妓女)나 의녀(醫女)에게는 금하지 않는다.- 새끼 양 가죽이나 붉은 여우 가죽, 족제비 가죽으로 만든 털옷을 단속하는 패, 검은색으로 염색한 여우 가죽이나 당담보(唐獤甫)[566]로 만든 이엄(耳掩)을 단속하는 패, 사립(絲笠)을 단속하는 패, 모시옷을 단속하는 패, 명주옷을 단속하는 패, 자색 허리띠를 단속하는 패, 10새(升) 이상의 베옷을 단속하는 패, 유생 잡직 및 서인 남녀의 은장도를

566 당담보(唐獤甫) : 북경에서 온 흑모피(黑毛皮)를 당담보피(唐覃甫皮)라 하는데 즉 담비 가죽이다. 사람들이 초서(貂鼠)를 쓰지 않고 이 당담보로 휘양을 만드는데 매우 귀하고 값이 비쌌다.《五洲衍文長箋散稿 萬物篇 鳥獸類 獸 貉獾獍辨證說》

단속하는 패, 통훈대부 이하의 은입사(銀入絲) 장식 등자(鐙子) 사용을 단속하는 패 - 2 전마(戰馬)에는 금하지 않는다. - 가 있으며, 이를 빙자하면 장 80이다. 다리가 높은 소반을 단속하는 패, 지혜(紙鞋)를 단속하는 패, 제리(蹄履)[567]를 단속하는 패, 도포를 단속하는 패, 화자(靴子)를 단속하는 패, - 3 기마(騎馬)를 금하지 않는 부류[568] 및 액정서의 하인, 군기시의 별파진(別破陣)에게는 금하지 않는다. - 무사의 도포 착용을 단속하는 패가 있으며, 이를 빙자하면 태(笞) 50이다. 조관(朝官)이나 사인(士人)의 흰색 표의(表衣)를 단속하는 패, 신사(神祀)를 단속하는 패, 소나 말의 도살을 단속하는 패, 3인 이상이 모여서 술 마시는 것을 단속하는 패, 도성 안에서 서인이 말을 타고 다니는 것을 단속하는 패, - 4 도성 밖은 태 50이다. - 승인(僧人)의 성내 체류를 단속하는 패, 난전을 단속하는 패가 있다. 9 형조와 한성부의 금패는 사헌부보다 그 수는 적으나 또 고중(高重)[569]을 단속하는 패가 있는데 이를 빙자하면 장 100이고, 투전(投錢)을 단속하는 패를 빙자하면 1명마다 장 80이다. 10 속전을 거두는 경우 형조와 한성부는 속법(贖法)에 따르고, 사헌부는 속전을 거두는 액수를 줄인다.〈보〉

567 제리(蹄履) : 굽이 달린 나막신인 제극(蹄屐)이다.

568 기마(騎馬)를……부류 : 삼의사(三醫司), 역관(譯官), 율관(律官), 일관(日官), 주원(籌員), 사자관(寫字官), 화원(畫員) 등의 잡과 출신과 전함(前銜), 녹사(錄事)나 금군(禁軍)에게는 금하지 않는다.《典律通補 刑典 禁制》

569 고중(高重) : 섬, 말, 저울, 자의 규격을 법에 어긋나게 올리고 내리며 장단과 경중을 마음대로 조종하는 것이다.《承政院日記 正祖 10年 1月 22日》

제35항 **일체의 조장(條章)이나 금령(禁令)의 경우 서울은 한성부에서, 외방은 모든 고을에서 방을 붙여 널리 알린다.**

제36항 **관리가 성법(成法)[570]을 삼가 지키지 않고 멋대로 자신의 뜻에 따라 옛 법을 가볍게 고치면 율(律)에 따라 논한다.**〈속〉 **1** 관원이나 이전 등이 사심을 품고 조정을 속여 본래 율령의 뜻이 아닌 다른 논의를 거짓으로 내어 성법을 함부로 바꾸어 문란하게 하면 참형이다.[571]〈율〉

제37항 **여장(女裝)을 하고 인가(人家)에 드나들면 장(杖) 100을 치고 절도(絶島)에 정배(定配)한다.**〈속〉

제38항 **사가(私家)에서 하늘에 고하거나, 북두칠성에 절하거나, 칠등(七燈)[572]에 불을 밝혀 신명(神明)을 더럽히면 장(杖) 80이다.** **1** 부녀(婦女)가 이를 범하면 가장을 처벌한다. **2** 관원 및 군민(軍民)의 집에서 처나 딸이 사찰·도관(道觀)·신묘(神廟)에서 향을 피우는 것을 방임하면 태(笞) 40이고, 남편이나 아들을 처

570 성법(成法) : 율(律)과 영(令)이다. 율과 영은 죄명을 정립한 것으로, 단옥(斷獄)에 있어 성법이다. 《大明律集說附例 卷2 32張》

571 관원이나……참형이다 : 《대명률》 〈이율 공식(公式)〉 강독율령(講讀律令) 조에 있다.

572 칠등(七燈) : 해와 달, 수성, 금성, 화성, 목성, 토성이 늘어선 형상을 본뜬 등으로 하늘에 고하고 북두칠성에 절할 때 쓴다. 북두칠성을 본뜬 등이라는 설도 있다. 《大明律集說附例 卷4 4張》《大明律例諺解 卷14 19張》

벌한다.[573] ❸ 법사(法師)[574]나 무당이 사신(邪神)이 내렸다고 가탁하여, 부적을 쓰고 물을 떠 놓고 주문을 외우는 등 일체의 좌도(左道)로 정도를 어지럽히는 술법을 써서 사람들을 선동하고 현혹하면 교형이며, 종범은 장 100 유(流) 3000리이다. 이장(里長)이 알고도 고발하지 않으면 태 40이다.[575]

제39항 **군인이나 백성이 신상(神像)을 꾸미고 신을 맞이하여 새회(賽會)[576]를 하면 장(杖) 100이다.** ❶ 이장(里長)이 알고도 고발하지 않으면 태(笞) 40이다. ❷ 민간에서 봄가을에 하는 의사(義社)[577]는 금하지 않는다.[578] ❸ 악인(樂人)이 역대 제왕, 후비(后妃), 충신, 열사, 선성(先聖), 선현(先賢)의 신상으로 분장하면 장 100이다. 관가나 민가에서 분장을 용인하거나 지시하면 같

573 사가(私家)에서……처벌한다 : 《대명률》 〈예율 제사(祭祀)〉 설독신명(褻瀆神明) 조에 있다.

574 법사(法師) : 사신(邪神)이 내린 남자 무당이 무(巫)이며, 사(師)는 그 술법을 행하는 자이다. 《律條疏議(上) 585쪽》

575 법사(法師)나……40이다 : 《대명률》 〈예율 제사(祭祀)〉 금지사무사술(禁止師巫邪術) 조에 있다.

576 새회(賽會) : 의장(儀仗), 고악(鼓樂), 잡희(雜戲) 등을 갖추고 사당의 신상(神像)을 모시고 나와 동네를 도는 일, 또는 신에게 기도하여 소원대로 되었을 때 감사의 뜻으로 올리는 제사이다. 《大明律例諺解 卷14 28張》

577 의사(義社) : 후손이 없는 넋을 받들기 위하여 민간에서 공동으로 세운 사(社)이다. 또 사일(社日)인 2월과 8월의 무일(戊日)에 모여서 오토(五土)·오곡(五穀)의 신에게 제사 드리고 모여서 술을 마시며 교제하는 의(義)로써 맺어진 것이라고 보는 견해도 있다. 《大明律例諺解 卷14 29張》

578 군인이나……않는다 : 《대명률》 〈예율 제사(祭祀)〉 금지사무사술(禁止師巫邪術) 조에 있다.

은 죄이다.[579]

제40항 **참위(讖緯)·요서(妖書)·요언(妖言)을 지어내거나, 전하거나 이용해서 군중을 현혹하면 모두[580] 참형이다. 요서를 숨겨 두고 관에 보내지 않으면 장(杖) 100 도(徒) 3년이다.[581]** ❶ 도참(圖讖) 등 금지해야 할 서적 및 금이나 옥으로 만든 부신(符信)·옥새 등의 물건을 수장(收藏)하고 있으면 장 100이다. 사사로이 천문을 익히면 죄가 같다.[582] ❷ 음양술사(陰陽術士)가 문무 관원의 집에서 화복(禍福)을 거짓되게 말하면 장 100이다. 성명(星命)을 추산(推算)하거나[583] 점치는 것에는 금지 규정을 적용하지 않는다.[584] 〈율〉

579 악인(樂人)이……죄이다 : 《대명률》〈형률 잡범(雜犯)〉 반주잡극(搬做雜劇) 조에 있다.

580 모두 : 참위, 요서, 요언 모두 민심을 부추기고 미혹시켜 반역을 도모하는 데 뜻이 있으므로 만들거나 전파하여 이용하면 수범과 종범을 구분하지 않고 모두 참한다. 《大淸律輯註(下) 551쪽》

581 참위(讖緯)……3년이다 : 《대명률》〈형률 도적(盜賊)〉 조요서요언(造妖書妖言) 조에 있다.

582 도참(圖讖)……같다 : 《대명률》〈예율 의제(儀制)〉 수장금서급사습천문(收藏禁書及私習天文) 조에 있다.

583 성명(星命)을 추산(推算)하거나 : 성(星)은 태어난 때에 해당하는 별이고, 명(命)은 태어난 연·월·일·시의 간지(干支)이다. 태어난 때에 해당하는 별과 간지를 추산하여 길흉화복을 알아내는 것이다. 《大明律例諺解 卷14 81張》

584 음양술사(陰陽術士)가……않는다 : 《대명률》〈예율 의제(儀制)〉 술사망언화복(術士妄言禍福) 조에 있다.

제27조 잡령(雜令)

제 1 항 **영(令)을 어기면 태(笞) 50이다.** ❶ 영에 금제(禁制)가 있으나 율(律)에는 죄명이 없는 경우이다.[585]

제 2 항 **마땅히 해서는 안 되는데 하면 태(笞) 40이다.** ❶ 율(律)이나 영(令)에 조문은 없지만 이치상 해서는 안 되는 것이다. **사리(事理)가 중하면 장 80이다.**[586] [587]

제 3 항 **제서(制書)[588]를 받들어 시행할 때에 어기면 장(杖) 100이다.** ❶ 제서·영지(令旨)[589]의 뜻을 잘못 이해하여 제대로 시행하지 못하면 각각 3등급을 줄인다. 지체하면 1일에 태(笞) 50이고,

585 영(令)을……경우이다 : 《대명률》〈예율 잡범(雜犯)〉 위령(違令) 조에 있다.

586 사리(事理)가……80이다 : 율이나 영에 비록 죄명은 없으나 사안에는 각각 경중이 있으므로 각각 실정을 헤아려 태형이나 장형으로 처벌한다.

587 마땅히……80이다 : 《대명률》〈형률 잡범(雜犯)〉 불응위(不應爲) 조에 있다.

588 제서(制書) : 천자의 말을 '제(制)'라 하며, '서(書)'는 그 말을 실은 것으로 조(詔)·칙(勅)·차(箚)·유(諭) 따위이다.《大明律集說附例 卷2 32張》《大明律集解附例 474쪽》 제서는 본래는 조서(詔書)라 했으나, 측천무후(則天武后)의 휘(諱)인 조(照)와 음이 같기 때문에 기피하여 제서라 하였다.《譯註日本律令6 143쪽》 율문에서 '제(制)'라고 할 때는 태황태후, 황태후, 황태자의 '영(令)'도 아우른다.《大明律集說附例 卷2 35張》

589 영지(令旨) : 황태자나 황제의 가까운 친족으로서 왕에 봉해진 친왕(親王)의 말을 모두 영지라 한다.《大明律釋義 卷3 2張》 황태자에게는 제서가 없다.《大明律集說附例 卷2 33張》

1일마다 1등급을 더하되 장 100에 그친다. 태자(太子)의 영지도 같다.[590]

제 4 항 **제서(制書)의 내용을 더하거나 덜면 참형이다.** ■ 종범은 장(杖) 100 유(流) 3000리이며, 시행하지 않았으면 1등급을 줄인다. 옮겨 적을 때 실수나 착오를 일으키면 장 100이다. 해당 관사가 알면서도 행하기를 들어주면 더불어 같은 죄이다.[591]

제 5 항 **제서(制書), 기마어보성지(起馬御寶聖旨),[592] 기선부험(起船符驗),[593] 각 아문의 인신(印信), 야순동패(夜巡銅牌)를 버리거나 훼손하면 참형이다.** ■ 유실하거나 착오로 훼손하면 각각 3등급을 줄인다. 수해(水害)·화재·도적으로 인하여 훼손되거나 잃어버린 경우 확실한 증거가 있으면 처벌하지 않고, 찾아내도록 하여 30일 안에 찾아내면 죄를 면한다. 해당 관사가 알고서도 적발하지 않으면 더불어 같은 죄이다.[594] 〈율〉

590 제서(制書)를……같다 : 《대명률》〈이율 공식(公式)〉 제서유위(制書有違) 조에 있다.

591 제서(制書)의……죄이다 : 《대명률》〈형률 사위(詐僞)〉 사위제서(詐僞制書) 조에 있다.

592 기마어보성지(起馬御寶聖旨) : 기마는 말을 내주라는 뜻이고, 어보는 황제의 도장이고, 성지는 황제가 하는 말이다. 따라서 '기마어보성지'란 역마(驛馬)를 징발하여 탈 수 있는 권한을 명시한 어보가 찍힌 증명서이다. 《大明律例諺解 卷6 9~10張》

593 기선부험(起船符驗) : 참선(站船)을 징발할 때 증험으로 삼는 문서로, 비단에 부신(符信)을 찍은 것이다. 《大明律集說附例 卷2 36張》

594 제서(制書)……죄이다 : 《대명률》〈이율 공식(公式)〉 기훼제서인신(棄

제6항 **발졸(撥卒)이 유지(有旨)를 버려두면 사형으로 논한다.** ❶ 해당 수령은 잡아다 처리한다.〈속〉

제7항 **상서(上書) 및 주사(奏事)[595]에 착오로 어명(御名)이나 묘휘(廟諱)를 범하면 장(杖) 80이다. 그 밖의 문서는** ❶ 어전(御前)에 이르지 않는 문서이다. **태(笞) 40이다. 만약 이름이나 자(字)를 지을 때 저촉 되게 하면 장 100이다.** ❷ 어명이나 묘휘와 음이 서로 비슷하거나 두 글자 중 한 글자만 범하면 처벌하지 않는다.[596]

제8항 **상서(上書)나 주사(奏事)에 착오를 일으켜** ❶ '원면(原免)'이라고 말해야 하는데 '불면(不免)'이라고 말하거나, '천석(千石)'이라고 말해야 하는데 '십석(十石)'이라고 말하는 따위이다. **일에 해를 끼치면 장(杖) 60이다.**[597]

제9항 **관문서의 내용을 더하거나 빼면 장(杖) 60이다. 규피(規避)한 바가 있으면 장죄(杖罪) 이상은 본죄(本罪)에 2등급을 더하되,**

毁制書印信) 조에 있다.

595 상서(上書) 및 주사(奏事) : '상서'는 황제에게 글로 아뢰어 특별히 이르도록 하는 것이며, '주사'는 황제를 직접 뵙고 면전에서 아뢰는 것이다. 《律條疏議(上) 141쪽》

596 상서(上書)……않는다 : 《대명률》 〈이율 공식(公式)〉 기훼제서인신(棄毁制書印信) 조에 있다.

597 상서(上書)나……60이다 : 《대명률》 〈이율 공식(公式)〉 상서주사범휘(上書奏事犯諱) 조에 있다.

장 100 유(流) 3000리에 그친다. ❶ 아직 시행하지 않았으면 각각 1등급을 줄인다. 사죄(死罪)를 규피하면 통상적인 율을 따른다. 내용을 더하거나 빼서 지체하거나 착오를 일으킨 죄를 피하고자 하면 태(笞) 40이다.[598] ❷ 관문서를 버리거나 훼손하면 장 100이다. 규피한 바가 있으면 무거운 쪽으로 논한다. 일이 군기(軍機)나 전량(錢糧)에 관계되면 교형이다. 해당 관리가 알고서도 적발하지 않으면 더불어 같은 죄이다. 유실하거나 착오로 훼손하면 각각 3등급을 줄인다. 수해(水害), 화재, 도적으로 인하여 훼손되거나 잃어버린 경우 확실한 증거가 있으면 처벌하지 않는다. 30일 안에 찾으면 죄를 면해 준다.[599] ❸ 관문서의 처리 기한을 넘기면 1일에 이전(吏典)은 태 10이고, 3일마다 1등급을 더하되 태 40에 그친다. 관원은 1등급을 줄인다.[600] ❹ 동료 관원이 판서(判署)를 대신하면 장 80이다. 문안(文案)을 유실한 것으로 인해 새로 만들어 대신 판서하면 1등급을 더한다. 내용을 더하거나 빼거나, 형량을 가볍게 하거나 무겁게 한 죄가 대신 판서한 죄보다 무거우면 무거운 쪽으로 논한다.[601] ❺ 마감(磨勘) 문권(文券)을 숨기거나 누락하여

598 관문서의……40이다 : 《대명률》 〈이율 공식(公式)〉 증감관문서(增減官文書) 조에 있다.

599 관문서를……준다 : 《대명률》 〈이율 공식(公式)〉 기훼제서인신(棄毁制書印信) 조에 있다.

600 관문서의……줄인다 : 《대명률》 〈이율 공식(公式)〉 관문서계정(官文書稽程) 조에 있다.

601 동료……논한다 : 《대명률》 〈이율 공식(公式)〉 동료대판서문안(同僚代判署文案) 조에 있다.

보고하지 않으면 1종(宗)에 태 40이고, 1종마다 1등급을 더하되 장 80에 그친다. 일이 전량(錢糧)에 관계되면 1종에 장 80이고, 1종마다 1등급을 더하되 장 100에 그친다. 규피한 바가 있으면 무거운 쪽으로 논한다. ❻ 관리가 문안을 조작하여 지체나 실착을 회피하면, 전량(錢糧)은 허위로 통관을 내준 죄[602]로 논하고, 형사 사건은 관문서의 내용을 더하거나 뺀 죄로 논한다. 동료 및 관할하는 상급 관사가 알고도 적발하지 않으면 죄가 같다.[603] ❼ 문서를 보낼 때 군마(軍馬)·전량(錢糧)·형사 사건과 같은 중대사의 긴요한 글자를 착오로 잘못 베꼈는데 지우거나 덧붙여 고치면, 이전(吏典)은 태 30이다. 관원이 같은 내용인지를 대조하는 과정에서 실수하면 이전보다 1등급을 줄인다. 군마나 군수품의 수량에 관계된 경우 관원이나 이전은 장 80이다. 규피한 바가 있어 고의로 고치면 관문서의 내용을 더하거나 뺀 죄로 논하고, 시행하지 않았으면 1등급을 줄인다. 이로 인하여 군기(軍機)를 그르치면 고의인지 실수인지 따지지 않고 모두 참형이다. 일상적으로 쓰는 글자를 우연히 잘못 베낀 것은 논하지 않는다.[604] ❽ 육부(六部)에 보고하는 문서에

602 허위로……죄 : 창고에 거두어들인 관의 전량(錢糧) 등의 일체 물건이 부족한데도 감림이나 주수가 유사 관리, 제조 관리와 결탁하여 통관(通關)을 허위로 내주면, 허위로 내준 수량을 계산해서 병장(倂贓)으로 처리하여 모두 감수자도(監守自盜)로 논한다.《大明律 戶律 倉庫 虛出通關硃鈔》

603 마감(磨勘)……같다 :《대명률》〈이율 공식(公式)〉 마감권종(磨勘卷宗) 조에 있다.

604 문서를……않는다 :《대명률》〈이율 공식(公式)〉 증감관문서(增減官文書) 조에 있다.

착오가 있어 일에 해를 끼치면 태 40이고, 그 나머지 아문이면 태 20이다. 문안이 시행할 만하여 일에 해가 되지 않으면 죄를 논하지 않는다.[605] **9** 소속 관사에서 공무를 품신(稟申)하였는데, 담당 관리가 확실히 결정해 주지 않고 모호하게 공문을 보내 공무를 지체하여 그르치면 장 80이다. 소속 관사가 처리할 수 있는 사건을 처리하지 않고 의심하여 품신하면 죄가 같다. 처리할 공무를 이미 확실히 결정하여 공문을 보냈는데도 일을 매듭짓지 못하거나 완전하게 처리하지 못하면 관문서의 처리 기한을 넘긴 죄에 따라 논한다.[606] **10** 각 아문에서 보내는 문서에 인신(印信) 찍는 것을 빠뜨리면 관원과 이전은 장 60이다. 인신을 전혀 찍지 않았으면 장 80이다. 군마나 군수(軍需)에 관계되면 장 100이고, 이로 말미암아 군기를 그르치면 참형이다.[607] **11** 총병장군(總兵將軍)이나 도지휘사사(都指揮使司)의 인신으로서 군마를 동원하거나 군무(軍務)를 처리하기 위해 보내는 공문에 사용하는 것 외에 함부로 비첩(批帖)을 만들어 내어 공무를 빙자해 사사로운 일을 꾀하면 장 100이다.[608]

605 육부(六部)에……않는다 : 《대명률》 〈이율 공식(公式)〉 상서주사범휘(上書奏事犯諱) 조에 있다.

606 소속 관사에서……논한다 : 《대명률》 〈이율 공식(公式)〉 관문서계정(官文書稽程) 조에 있다.

607 각 아문에서……참형이다 : 《대명률》 〈이율 공식(公式)〉 누사인신(漏使印信) 조에 있다.

608 총병장군(總兵將軍)이나……100이다 : 《대명률》 〈이율 공식(公式)〉 천용조병인신(擅用調兵印信) 조에 있다.

제10항 **어전(御前)에 이를 공문을 상사(上司)의 관원이 중도의 체포(遞鋪)**[609]**에서 가로채면 참형이다.** ❶ 포사(鋪司)나 포병(鋪兵)이 고발하여 적발하지 않으면 장(杖) 100이다. 고발하였는데 소재 관사에서 수리(受理)하지 않으면 죄가 같다. ❷ 오군도독부(五軍都督府), 육부(六部), 도찰원(都察院)으로 가는 공문서이면 2등급을 줄인다. 고발하여 적발하지 않거나 수리하지 않으면 또한 2등급을 줄인다.[610]

제11항 **관리가 내관(內官) 및 근시인(近侍人)과 결탁하여 사정을 누설하거나, 의탁하고 이끌어 주면서 폐단을 일으키고 서로 한통속이 되어 임금에게 아뢰면 모두 참형이다.** ❶ 처와 자식은 유(流) 2000리에 안치(安置)한다.[611] ❷ 억울하고 잘못된 일을 하소연한다고 핑계를 대고서 관사의 인신(印信)이 찍힌 봉투를 빌려서 체송(遞送) 체계에 들이면 빌린 자와 빌려준 자는 참형이다.[612]

609 체포(遞鋪) : 《대명률》의 급체포(急遞鋪)이다. 10리 혹은 15리마다 포(鋪)를 두어 공문을 전달하여 보내는 것을 급체포라고 한다. 포마다 포병(鋪兵) 4명을 두어 달려가 공문을 전달하도록 하고, 포사(鋪司) 1명을 두어 포의 전달 사무를 총관(總管)하게 한다. 부·주·현에서는 사리(司吏) 1명을 정원으로 두어 경내의 여러 포를 왕래하며 순시하게 하는데 이를 포장(鋪長)이라 이른다. 《大明律集解附例 1251쪽》《大淸律輯註(上) 524쪽》

610 어전(御前)에……줄인다 : 《대명률》 〈병률 우역(郵驛)〉 요취실봉공문(邀取實封公文) 조에 있다.

611 관리가……안치(安置)한다 : 《대명률》 〈이율 직제(職制)〉 교결근시관원(交結近侍官員) 조에 있다.

612 억울하고……참형이다 : 《대명률강해(大明律講解)》, 《대명률부례(大明

제12항 간사한 사람이 참소하는 말을 아뢰어 부당하게 사람을 죽이게 하면 참형이다.[613]

제13항 주문(奏聞)해야 할 일을 주문하지 않으면 장(杖) 80이다. 상급 관사에 보고해야 하는데 보고하지 않으면 태(笞) 40이다. ■ 이미 주문하거나 상급 관사에 보고한 후 회보(回報)를 기다리지 않고 멋대로 시행하면 주문하지 않거나 보고하지 않은 것과 같다.[614]

제14항 시행하기에 합당하지 않은 일을 공무가 바쁜 틈을 엿보아 모호하게 아뢰어 시행하게 하면 각 아문 관원의 구두 명령을 거짓으로 전달한 죄에 대한 율[615]에 따른다. ■ 규피(規避)한 바가 있으면 무거운 쪽으로 논한다.[616]

律附例)》, 《율조소의(律條疏議)》, 《대명률석의(大明律釋義)》, 《대명률집해부례(大明律集解附例)》, 《대명률부례전석(大明律附例箋釋)》의 〈예율 의제(儀制)〉 상서진언(上書陳言) 조 끝에 추가되어 있는 조문이다.

613 간사한……참형이다 : 《대명률》 〈이율 직제(職制)〉 간당(姦黨) 조에 있다.

614 주문(奏聞)해야……같다 : 《대명률》 〈이율 공식(公式)〉 사응주부주(事應奏不奏) 조에 있다.

615 각……율 : 1품, 2품 아문 관원의 구두 명령을 각 아문에 거짓으로 전달하여 공무를 지시할 때 규피(規避)한 일이 있으면 장 100 도 3년이다. 3품·4품 아문 관원의 구두 명령이면 장 100이고, 5품 이하 아문 관원의 구두 명령이면 장 80이다. 《大明律 刑律 詐僞 詐傳詔旨》

616 시행하기에……논한다 : 《대명률》 〈이율 공식(公式)〉 사응주부주(事應奏不奏) 조에 있다.

제15항 공무 수행을 위해 차정된 자가 관물, 죄수, 축산물을 호송하면서 멋대로 지체하거나 기한을 어기는 경우 1일이면 태(笞) 20이고, 3일마다 1등급을 더하되 태 50에 그친다. ❶ 호송하는 군수품(軍需品)을 군의 출정에 맞추어 공급해야 하는데 기한을 어기면 2등급을 더하되 장(杖) 100에 그친다. 군기(軍機)를 그르치면[617] 참형이다. 만약 착오로 공문에 적힌 행선지를 따르지 않고 다른 곳에 잘못 가서 기한을 어기게 되었으면 2등급을 줄인다. 군무(軍務)에 관련되면 줄이지 않는다. 만약 공문에 적힌 행선지에 착오가 있었기 때문이면 적은 사람을 처벌한다.[618] ❷ 직접 호송하지 않고 타인을 고용하거나, 타인에게 맡겨서 대신 보내면 장 60이다. 이로 인하여 관물이나 가축에 손실을 입히거나 죄수를 놓치면 율에 따라 무거운 쪽으로 논한다. 그 일을 대신 맡았거나 고용된 사람은 1등급을 줄인다. 함께 차정된 사람들이 자기들끼리 서로 대신하면 각각 태 40이다. 재물을 취하면 불왕법(不枉法)으로 논한다. 만약 일에 손실이 생기면 관물에 손실을 입히거나 죄수를 놓칠 때 처벌하는

617 군기(軍機)를 그르치면 : 적과 대치 중에 군수품이 부족하여 군기를 그르치는 것이다. 군정 중에서 군대를 동원하여 외번(外蕃)을 토벌·습격하거나 반역한 도적의 무리를 붙잡는 등의 기밀에 관계되는 중요한 일, 중요한 정세에 대한 정보 등이 군기이다.《大明律 吏律 漏洩軍情大事》

618 공무……처벌한다 :《대명률》〈병률 우역(郵驛)〉 공사응행계정(公事應行稽程) 조에 있다.

율[619]에 따르고, 죄의 등급을 줄이지 않는다.[620]〈율〉

제16항 **성묘(聖廟)의 위판(位版)을 때려 부수거나 훔쳐 내면 모두 참형이다.** ❶ 종범은 장(杖) 100 유(流) 2000리이다. ❷ 위판에 실화(失火)하거나 위판을 사사로이 만들면 장 100 유 2000리이다.

제17항 **전패(殿牌)에 변고를 일으키면 의금부로 이송하여 국청을 설치한다.** ❶ 종범은 경중에 따라 나누어 절도(絶島)나 극변(極邊)에 정배(定配)한다.〈속〉

제18항 **명패(命牌)를 훼손하면 장(杖) 80 도(徒) 2년이다.**〈증〉

제19항 **신명정(申明亭)[621]의** ❶ 교화를 밝혀 선을 권하고 악을 징계하

619 관물에……율 : 관물 운송 책임을 맡은 관원과 물건을 보내는 사람이 보관을 법대로 하지 않아 손실을 초래하면 손실된 물건을 계산하여 좌장(坐贓)으로 논하고, 균등하게 배상하여 관에 들이도록 조치한다.《大明律 戶律 倉庫 轉解官物》 옥졸(獄卒)이 제대로 각찰(覺察)하지 못하여 수인(囚人)을 놓치면 수인의 죄에서 2등급을 줄인다. 옥을 담당하는 관원과 이전(吏典)은 옥졸의 죄에서 3등급을 줄인다.《大明律 刑律 捕亡 主守不覺失囚》

620 직접……않는다 :《대명률》〈병률 우역(郵驛)〉 승차전고기인(承差轉雇寄人) 조에 있다.

621 신명정(申明亭) : 명 태조 주원장(朱元璋)이 1372년(홍무5) 창건하였다. 법조문을 전파하고 이치를 밝히며 권선징악을 권하고 쟁송(爭訟)을 판결하며 형치(刑治)를 보필하는 곳으로, 신명정과 정선정(旌善亭) 두 정자를 두었다.

기 위한 곳이다. **방옥(房屋)을 훼손하거나 판방(板榜)[622]을** ❷ 조정에서 펴는 일을 백성에게 보일 때 쓴다. **훼손하면 장(杖) 100 유(流) 3000리이다.**[623] 〈율〉

제20항 **유생이 수령에게 악쓰며 성묘(聖廟)나 관문(官門) 밖에 모여 곡하면 장(杖) 100 유(流) 3000리이다.** ❶ 통문(通文)에만 참여하였으면 도배(徒配)한다.

제21항 **읍민이 관장(官長)을 향해 포(砲)를 쏘면 변고를 일으킨 곳에서 부대시참(不待時斬)이다.** ❶ 주모자도 같은 율이고, 종범은 사형을 감하여 정배(定配)한다. ❷ 진졸(鎭卒)이나 둔졸(屯卒)이 장령(將領)을 원망하여 도당(徒黨)을 맺어 포를 쏘면 살해하지 않았더라도 효시하고, 종범은 형장을 치고 정배한다.

제22항 **군복(軍服) 차림으로 말을 타고 관문(官門)에서 변고를 일으키면 부대시참(不待時斬)이다.** ❶ 처자(妻子)는 노(奴)로 삼는다. ❷ 군읍(郡邑)의 하인이 한통속이 되어 변고를 일으키고 일제히 흩어졌으면 사형으로 논한다. 종범은 장(杖) 100 유(流) 3000리이고 물간사전(勿揀赦前)한다. 〈속〉

622 판방(板榜) : 널빤지로 된 편액으로, 조정에서 펴는 권선징악의 말이나 흥리제해(興利除害)의 일을 써서 각 아문의 앞에 걸어 놓아 많은 사람이 보고 알 수 있도록 하였다. 《大明律集解附例 1864쪽》

623 신명정(申明亭)의……3000리이다 : 《대명률》 〈형률 잡범(雜犯)〉 절훼신명정(拆毁申明亭) 조에 있다.

제23항 **목민관이 법에 맞지 않게 일을 처리하여 양민을 심하게 동요시켜, 이로 인하여 양민이 무리를 모아 모반(謀反)이나 모반(謀叛)을 일으켜서 성지(城池)를 빼앗기게 되면 참형이다.**[624]

제24항 **타인의 분묘 영역 안의 비석이나 석수(石獸)를 훼손하면 장(杖) 80이다.** ❶ 수리하여 세우게 한다. **타인의 신주(神主)를 훼손하면 장 90이다.**[625] ❷ 영좌(靈座)도 같다. ❸ 부조(父祖)의 신주를 훼손하면 부조의 시신을 훼손하거나 버린 죄를 처벌하는 율에 따르고, 남편의 신주를 훼손하면 존장의 시신을 훼손하거나 버린 죄를 처벌하는 율에 따른다. 비유(卑幼)가 존장의 신주를 훼손하면 존장을 구타한 죄를 처벌하는 율에 따른다.[626]

제25항 **타인의 가옥이나 담장 따위를 훼손하면 수리·건조(建造)에 필요한 비용과 고공전(雇工錢)을 합해 계산하여 좌장(坐贓)으로 논한다.** ❶ 수리하여 세우게 한다. 관의 건물이면 2등급을 더한다. 과실로 훼손하였으면 수리하여 세우게만 하고 처벌하지 않는다.[627]

624 목민관이……참형이다 : 《대명률》 〈병률 군정(軍政)〉 격변양민(激變良民) 조에 있다.

625 타인의 분묘……90이다 : 《대명률》 〈호율 전택(田宅)〉 기훼기물가색등(棄毁器物稼穡等) 조에 있다.

626 영좌(靈座)도……따른다 : 《대명률》 〈호율 전택(田宅)〉 기훼기물가색등(棄毁器物稼穡等) 조 및 〈형률 적도(賊盜)〉 발총(發塚) 조에 있다.

627 타인의……않는다 : 《대명률》 〈호율 전택(田宅)〉 기훼기물가색등(棄毁器物稼穡等) 조에 있다.

제26항 타인의 기물(器物)을 버리거나 훼손하거나, 수목(樹木)이나 농작물을 훼손하거나 작벌하면 절도에 준하여 논한다.[628] ❶ 관물은 2등급을 더한다. 관물을 잃어버리거나 과실로 훼손하면 각각 3등급을 줄이고 수량을 조사하여 추후에 변상하게 한다. 사물(私物)이면 변상하게 하고, 처벌은 하지 않는다.[629] ❷ 타인의 전지(田地)나 과수원에서 채소나 과일 따위를 함부로 먹으면 좌장(坐贓)으로 논한다. 버리거나 훼손하면 죄가 같다. 함부로 가져가거나 –❶ 타인의 소유물 및 관물이 모두 해당한다.– 관의 전지나 과수원의 채소나 과일 및 관에서 만든 술이나 음식을 함부로 먹으면 2등급을 더한다. 주수(主守)가 주거나 알면서도 적발하지 않으면 같은 죄이다. 주수가 가져가면 감수자도(監守自盜)[630]로 논한다.[631]

제27항 관이나 개인의 가축을 풀어놓아 관물이나 사물(私物)을 훼손

628 절도에 준하여 논한다 : 절도를 행하였으나 재물을 얻지 못하면 태 50이고 자자(刺字)는 면해 준다. 재물을 얻었으면 일주위중(一主爲重)과 병장(併贓)으로 논한다.《大明律 刑律 盜賊 竊盜》

629 타인의……않는다 :《대명률》〈호율 전택(田宅)〉 기훼기물가색등(棄毁器物稼穡等) 조에 있다.

630 감수자도(監守自盜) : 감림(監臨)이나 주수(主守) 자신이 창고의 전량이나 그 밖의 물건을 훔치면, 수범과 종범을 구분하지 않고 병장(併贓)으로 논죄한다.《大明律 刑律 盜賊 監守自盜倉庫錢糧》 자세한 내용은 39쪽 주76 참조.

631 타인의 전지(田地)나……논한다 :《대명률》〈호율 전택(田宅)〉 천식전원과과(擅食田園瓜果) 조에 있다.

하거나 먹게 하면 태(笞) 30이다. ❶ 장(贓)이 무거우면[632] 좌장(坐贓)으로 논한다.[633] 과실이면 2등급을 줄인다. 각각 훼손된 물건을 배상하게 한다. 관의 가축이 관물을 훼손하거나 먹으면 그 해당하는 죄만 처벌하는 데 그치고, 배상하는 규정은 적용하지 않는다.[634]

제28항 **고의로 타인의 말이나 소를 죽이면 장(杖) 70 도(徒) 1년 반이다.** ❶ 노새나 나귀이면 장 100이다. 장(贓)을 계산하여 본죄(本罪)보다 무거우면 절도에 준하여 논한다. 다치게 해서 타거나 부릴 수 없게 되거나 돼지나 양 등을 죽이면 줄어든 값을 계산하여 절도에 준하여 논하고, 줄어든 값을 추징한다. 값이 줄지 않았으면 태(笞) 30이다.[635] 과실로 죽이거나 다치게 하

632 장(贓)이 무거우면 : 손상한 가축이나 먹은 물건의 값에 해당하는 형량이 태 30보다 많은 경우이다.

633 좌장(坐贓)으로 논한다 : 관리나 일반인들이 일과 관련 없이 재물을 받으면 좌장으로 죄를 지은 것이다. 각 관련자로부터 받은 재물을 통틀어 계산하여 절반으로 과죄한다. 재물을 준 사람은 5등급을 줄인다.《大明律 刑律 受贓 坐贓致罪》

634 관이나……않는다 :《대명률》〈병률 구목(廏牧)〉 재살우마(宰殺牛馬)조에 있다.

635 줄어든 값을 계산하여……30이다 : 값이 줄었다는 것은 가령 말이나 소 등 가축의 값이 돈 30관(貫)인데 죽어서 10관이 되면 이것은 20관의 값이 줄어든 것이고, 다쳤으나 죽지는 않아 값이 20관이 되면 이것은 10관의 값이 줄어든 것이다. 줄어든 값의 돈을 장(贓)으로 계산하여 또한 절도에 준하여 단죄하며, 범인에게 줄어든 값만큼의 돈을 추징하여 배상하게 한다. 값이 줄지 않았다는 것은 가축의 값이 10관인데 비록 다쳤더라도 값을 매겨보니 그대로 값이 10관인 것으로, 태 30의 죄에 그치고 배상하는 것은 없다.

였으면 처벌하지 않고, 다만 줄어든 값을 추징한다. 종범은 각각 1등급을 줄인다. 시마 이상 친속의 말이나 소를 고의로 죽이면 장 100, 노새나 나귀이면 장 80이다.[636] 돼지나 양 등을 죽이면 줄어든 값을 계산하여 좌장(坐贓)으로 논하되 장 80에 그친다. 과실로 죽이거나 고의로 다치게 한 것이면 처벌하지 않고, 다만 줄어든 값을 추징한다. 관이나 개인의 가축이 관물이나 사물(私物)을 훼손하거나 먹어서 이로 인해 가축을 죽이거나 다치게 하면 -❶ 관물과 사물(私物)을 지키는 사람이다.- 고의로 죽이거나 다치게 한 죄에서 각각 3등급을 줄이고, 줄어든 값을 추징한다. 가축의 주인은 훼손되거나 먹어 버린 물건을 배상한다. ❷ 가축이 사람을 들이받거나 차거나 물려고 해서 가축을 그 자리에서 바로 죽이거나 다치게 하면 처벌하지도 않고 배상하지도 않는다.[637] 〈율〉

제29항 여러 상사(上司) 및 군문(軍門)이 오부(五部)에 분부할 일이 있을 때 관문(關文)은 반드시 한성부를 경유한다.[638]

《大明律 兵律 廄牧 宰殺牛馬》

636 시마……80이다 : 시마 이상 친속의 말, 소, 낙타, 노새, 나귀를 고의로 죽이면 본래의 주인이 자기 가축을 사사로이 도살한 것과 죄가 같아서 말·소는 장 100, 노새·나귀는 장 80이다. 《大明律 兵律 廄牧 宰殺牛馬》

637 고의로 타인의……않는다 : 《대명률》 〈병률 구목(廄牧)〉 재살우마(宰殺牛馬) 조에 있다.

638 여러……경유한다 : 이완(李浣)이 한성부 판윤으로 재직할 때 입계하여 결정된 내용으로, 상사가 한성부를 거치지 않고 곧바로 오부에 감결을 보내거나 패자(牌子)를 내는 행위를 일절 금지하고 부관(部官)도 한성부를 거치지 않은 상사의 분부 내용을 거행하지 말도록 하였다. 《承政院日記 肅宗

제30항 **지방의 감관과 색리는 경사(京司)에서 수색하여 붙잡아 오지 못한다.**〈속〉 ❶ 경기 고을의 이졸(吏卒)이 법을 범하면 경기 감영에 관문을 보내어 죄를 다스리게 하고, 경사에서 직접 수금하지 못한다.〈증〉

제31항 **의친(議親)이나 공신의 친속, 노복(奴僕), 관장(管莊) 및 전갑(佃甲)이 세력을 믿고 양민을 침해하거나 관부(官府)를 능욕하여 범하면 일반인이 저지른 죄에 1등급을 더한다.**[639] [640]〈율〉

제32항 **지방에 있는 종친이 민인(民人)에게 폐단을 끼치면 종부시가 엄히 신칙하여 금단한다.** ❶ 지방에서 멋대로 행동하여 관부(官府)에 폐단을 일으키면 의금부로 잡아다 처리한다. 수령이 즉시 보고하지 않으면 파출한다. ❷ 노비를 추쇄하거나 빚을 징수한다고 핑계 대고 개인 집에서 사람을 결박하고 그 신체에 마구 상해를 입히면 원지(遠地)에 정배(定配)한다.

제33항 **크고 작은 사명(使命)을 받들고서** ❶ 통제사, 병사(兵使), 수사(水使), 영장, 도사도 같다. **노비를 추쇄하거나 빚을 징수하면 관찰사는 적발하는 대로 장계로 보고한다.**

18年 4月 20日》

639 일반인이……더한다 : 교만과 방종을 막고자 해서이다. 《大清律輯註(上) 28쪽》

640 의친(議親)이나……더한다 : 《대명률》 〈명례율〉 응의자지부조유범(應議者之父祖有犯) 조에 있다.

제34항 **액정서의 하인이 남을 침학하며 뇌물을 요구하거나, 각 관사의 이속(吏屬)이 농간을 부리며 뇌물을 받으면 받은 양의 많고 적음을 따지지 않고 법사(法司)에 고소하도록 하고, 장(贓)을 계산하여 논한다.**

제35항 **내수사의 전수노(典守奴) 등이 내수사의 권한을 빙자하여 이익을 취하거나, 민간의 소나 말, 전산(田産)[641]을 함부로 빼앗거나 강제로 매입하면 타인이 이를 진고(陳告)하는 것을 허용한다. 범인은 수금(囚禁)하고 전계(轉啓)[642]하여 제서유위율(制書有違律)[643]로 논한다.** 1 내수사의 관원이 이들과 한통속이 되어 문제를 일으키면 범인의 죄에서 1등급을 내려 처벌한다. 수령이 이를 검거하지 못하면 파출한다.〈속〉

제36항 **각 궁방(宮房)이 도장(導掌)의 임명과 해임, 땔감과 곡식의 운송을 재촉하는 일이 아닌데 도서패자(圖署牌子)로 서울과 지방의 관계자를 침책하면, 해당 궁의 수임(首任)은 형장을 쳐서 정배(定配)한다. 처음으로 일을 저지른 자는 세 차례 엄히 형**

641 전산(田産) : 《대명률》에서는 전지(田地)에 국한하지 않고, 그로부터 생산물이 나올 수 있는 산지·호수·차밭·갈대밭 따위까지 포함한 개념으로 본다. 《律例對照定本明律國字解 190쪽》

642 전계(轉啓) : 내수사에서 직계(直啓)하는 것이 아니라 해당 조(曹)에 보고하여 아뢰게 하는 것이다. 1470년(성종1) 내수사의 모든 공사(公事)를 전계하게 하였다. 《成宗實錄 1年 12月 15日》

643 제서유위율(制書有違律) : 제서를 받들어 시행할 때에 어기면 장 100이다. 황태자의 영지(令旨)를 어기면 같은 죄이다. 《大明律 吏律 公式 制書有違》

추한 뒤 무기한으로 원지(遠地)에 정배(定配)한다. ❶ 이를 숨기고 임금에게 아뢰지 않은 도신(道臣)과 수신(帥臣)은 먼저 파직한 다음 잡아들이고, 수령은 도(徒) 3년으로 정배하며, 5년간 금고(禁錮)한다.〈증〉

제37항 **새로 소속된 사람을 침학하면[644] 장(杖) 60이다.**

제38항 **지방관이 범한 죄는 탐오(貪汚)하거나 백성을 침학하는 경우 외에는 풍문만으로 죄를 들어 논핵(論劾)할 수 없다.**〈경〉

제39항 **서울과 지방에서 뇌물을 주고 청탁하는 것을 금지하도록 특별히 신칙한다.** ❶ 어기면 귀천을 막론하고 무거운 쪽으로 논한다.〈속〉 ❷ 관리나 여러 명색(名色)의 사람들이 법을 굽히고 공무를 청탁하면 태(笞) 50이다. 해당 관리가 들어주어 따랐으면[645]

644 새로……침학하면 : 새로 소속된 사람의 침학을 금하는 것은《경국대전》에 실려 있으나 이후에도 이 폐단은 계속되었다. 이러한 폐단은 육조(六曹)의 낭관과 사관(四館)에서부터 시작되었는데, 육조 중에서는 이조·병조가, 사관 중에서는 예문관이 심하였고, 감찰의 경우도 마찬가지여서 임관되지 않고자 하는 사람도 있었다. 따라서 감찰·사관과 내금위·충찬위 등 각종 군사와 녹사(錄事)·이전(吏典)부터 아래로 공장(工匠)·복례(僕隸) 등의 침학을 금하도록 하였다.《成宗實錄 24年 5月 26日》 사헌부에서 통절하게 금하게 하라는 내용을 사치 금제 절목(奢侈禁制節目)에 포함시켰다.《燕山君日記 4年 6月 15日》

645 해당……따랐으면 : 따랐다는 것은 청탁을 수락하였으나 아직 시행하지는 않은 상태를 가리킨다. 해당 관리가 청탁을 수락하였으면 일이 비록 행해지지 않았더라도 이미 사사로움을 드러낸 것이므로 청탁한 사람과 더불어

같은 죄이고, 청탁한 일이 이미 시행되었으면 장(杖) 100이다. 법을 굽힌 죄가 무거우면 관리가 고의로 타인의 죄를 가볍게 하거나 무겁게 한 죄[646]로 논한다. 타인이나 친속을 위하여 청탁한 것이면 관리의 죄에서 3등급을 줄이고, 자신이 본인의 일을 청탁하면 본죄(本罪)에 1등급을 더한다. 감림관(監臨官)이나 권세 있는 사람이 타인을 위하여 청탁하면 장 100이다. 법을 굽힌 것이 무거우면 관리와 더불어 같은 죄이다. 장(贓)을 받으면 모두 왕법(枉法)으로 논한다.[647] **3** 파직되어 쉬고 있는 관원이나 이전(吏典)이 관아 밖에 있으면서 관아의 일에 간여하거나, 관부(官府)를 손아귀에 쥐고 제 마음대로 휘둘러서 정사를 좀먹거나 백성에게 해를 입히면 장 80이다. 다시 범하면 2등급을 더하고 천사(遷徙)한다. 규피(規避)한 바가 있으면 무거운 쪽으로 논한다.[648] [649] 〈율〉

같은 죄이다.《大明律集說附例 卷8 17張》

646 관리가……죄 : 관사에서 고의로 타인의 죄를 완전히 가볍게 하거나 완전히 무겁게 하면 전죄(全罪)로 논한다.《大明律 刑律 斷獄 官司出入人罪》 자세한 내용은 16쪽 주26 참조.

647 관리나……논한다 :《대명률》〈형률 잡범(雜犯)〉 촉탁공사(囑託公事) 조에 있다.

648 규피(規避)한……논한다 : '규(規)'는 무언가 구하는 바가 있어 행하는 것이고, '피(避)'는 무언가 피하는 바가 있어 숨기는 것이다.《大明律講解 110쪽》 규피한 죄가 장 80에 2등급을 더한 장 100에 천사하는 것보다 무거우면 규피한 죄로 처벌하고, 장 100에 천사하는 것보다 가벼우면 천사하는 죄로 처벌한다.《大明律集說附例 卷2 12~13張》

649 파직되어……논한다 :《대명률》〈이율 직제(職制)〉 남설관리(濫設官吏) 조에 있다.

제40항 **원악향리(元惡鄕吏)는** **1** 수령을 조종하고 농락하면서 권세를 독차지하고 폐단을 일으키는 자, 몰래 뇌물을 받고 역(役)의 부과를 균등하게 하지 않은 자, 세(稅)를 거둘 때에 멋대로 거두고 함부로 사용하는 자, 양민을 함부로 차지하여 숨겨 놓고 사역하는 자, 전장(田莊)을 넓게 마련해 두고 백성을 부려 갈고 씨 뿌리게 하는 자, 마을에서 제멋대로 행동하고 침탈하며 사적인 이익을 도모하는 자, 지위가 높고 권세 있는 자에게 달라붙어 향리의 본역(本役)을 회피하는 자, 향리의 역을 피해 도망하여 촌락에 몰래 숨어 지내는 자, 관의 위엄에 기대어 백성을 침학하는 자, 양가(良家)의 딸이나 관비(官婢)를 첩으로 삼는 자이다. **타인이 진고(陳告)하는 것을 허락하고 처벌한다.** **2** 도형(徒刑)에 해당하는 죄를 범하면 본도(本道)의 잔역(殘驛)의 역리(驛吏)로 영구히 소속시키고, 유형(流刑)에 해당하는 죄를 범하면 다른 도의 잔역 역리로 영구히 소속시킨다. 수령이 알면서도 죄를 따져 밝히지 않으면 제서유위율(制書有違律)로 논한다.〈경〉

제41항 **호강(豪强)한 품관(品官)이 마을에서 위세를 부리며 백성을 침범하고 학대하면 장(杖) 100 유(流) 3000리이다.**

제42항 **북도(北道)의 궁속인(宮屬人) 및 토호(土豪)와 품관(品官)이 함께 거주하는 비부(婢夫)와 고공(雇工) 외에 양인을 불법으로 차지하여 숨겨 두고 사역하면 제서유위율(制書有違律)로 논한다.** **1** 3인 이상이면 장(杖) 100 도(徒) 3년이다. 실정을 알고 있

던 색리·면임(面任)·이임(里任)·겨린(切隣)도 같은 율이다. 궁속인이 죄를 범하면 내수사 별차(別差)를 파출하고, 물간사전(勿揀赦前)한다.

제43항 **지방의 상인이 싣고 오는 짐을 길을 가로막고 억압하여 빼앗아 매매하면 장(杖) 100 도(徒) 3년이다.**

제44항 **향전(鄕戰)[650]을 하는 자는 피차를 막론하고 장(杖) 100을 치고 원지(遠地)에 정배(定配)한다.**

제45항 **집을 부수고 고향에서 쫓아내는 것을 일절 금한다.**〈속〉 ❶ 민가를 억지로 부수면 고의로 방화하여 자기 건물을 태운 죄에 대한 율[651]로 논한다.〈증〉

제46항 **수령이 민가나 민총(民塚)에 가시울타리를 치면 제서유위율(制書有違律)로 논한다.**

650 향전(鄕戰) : 지방에서 벌어지는 분쟁으로, 종중(宗中) 간의 입후(入後), 족보, 항렬 등의 문제나 서얼의 향안(鄕案) 입록(入錄), 지방 유생이나 토호의 향권(鄕權) 장악, 향임(鄕任) 자리 쟁탈, 당습(黨習) 등 다양한 문제로 발생하였다. 세력 간 편싸움의 양상을 보이면서 상소, 소송, 투서, 고발이나 옥사(獄事)로 발전하는 경우가 많았다. 1775년(영조51) 향전은 주로 유생과 향임의 싸움에 말미암는다고 지적하며 이를 엄금하였다.《英祖實錄 51年 3月 1日》

651 고의로……율 : 방화(放火)하여 고의로 자기의 건물을 태우면 장 100이다.《大明律 刑律 雜犯 放火故燒人房屋》

제47항 **수령이 교체될 때에 관리가 그 틈을 타서 관의 재물을 멋대로 써버리면 장(杖) 100 유(流) 3000리이다.** ■ 서원(書員)이 농간을 부려 폐단을 일으키면 원악향리(元惡鄕吏)를 처벌하는 예에 따른다.〈속〉

제48항 **공사(公事)[652]를 사화(私和)하면 범인(犯人)의 죄에서 2등급을 줄이되, 태(笞) 50에 그친다.[653]**

제49항 **자손이 조부모나 부모의 명령을 어기거나 봉양하는 데 모자람이 있으면 장(杖) 100이다.** ■ 조부모나 부모가 직접 고소해야 처벌한다.[654]

제50항 **향당(鄕黨)의 나이에 따른 차례[655]에는 이미 정해진 법식이 있다. 어기면 태(笞) 50이다.[656]**

652 공사(公事) : 발각되어 관에서 처리해야 할 일이다.《大明律附例箋釋 卷26 6張》 혹은 관에 고발된 범죄이다.《刑法大全 律例上 第278條 犯罪私和》

653 공사(公事)를……그친다 : 《대명률》〈형률 잡범(雜犯)〉 사화공사(私和公事) 조에 있다. 본래 범한 죄가 태 50 이하인데 사화하면 2등급을 줄이고, 범한 죄가 장 60 이상 도죄·유죄·사죄인데 사화하면 태 50에 그치는 것이다.

654 자손이……처벌한다 : 《대명률》〈형률 소송(訴訟)〉 자손위범교령(子孫違犯敎令) 조에 있다.

655 나이에 따른 차례 : 민간의 세시(歲時) 연회(宴會)의 의례에서 나이에 따라 위치하는 차례로, 연장자는 앞에 위치하고 연소자는 뒤에 위치하게 한다.《大明律集解附例 993쪽》

656 향당(鄕黨)의……50이다 : 《대명률》〈예율 의제(儀制)〉 향음주례(鄕飮酒禮) 조에 있다.

제51항 **창우(倡優)나 악인(樂人)[657]이 양인 자녀를 사서 창우로 삼거나, 맞아들여 처나 첩으로 삼거나, 혹은 걸양(乞養)하여 자녀로 삼으면 장(杖) 100이다.** ❶ 실정을 알면서도 시집보내거나 팔면 같은 죄이다. 중개한 사람은 1등급을 줄인다. 혼인 예물은 관에 들이고, 자녀는 본종(本宗)으로 돌려보낸다.[658]

제52항 **관리가 창우(娼優)[659]와 자면 장(杖) 60이다.** ❶ 중개한 사람은 1등급을 줄인다. 관원의 자손이 창우와 자면 죄가 같다.[660]

제53항 **재물을 걸고 도박하면 모두 장(杖) 80이다.** ❶ 도박판에 나온 돈이나 재물은 관에 들인다. 도박장을 연 사람도 같은 죄이고, 현장에서 발각되어야만 처벌하며, 직책이 있는 관원은 1등급을 더한다. 음식을 걸고 내기하는 것은 논하지 않는다.[661] 〈율〉

657 창우(倡優)나 악인(樂人) : 창우는 음악, 가무, 잡기(雜伎), 희학(戲謔) 등으로 남을 즐겁게 하는 기예인(技藝人)으로 양인에 비해 지위가 현저히 낮다. 악인은 궁중 음악을 관리하는 관서인 교방사(敎坊司)에 속한 창우이다. 《大明律集解附例 698쪽, 1859쪽》《大明律釋義 卷25 8張, 卷6 12張》

658 창우(倡優)나……돌려보낸다 : 《대명률》〈형률 범간(犯姦)〉 매량위창(買良爲娼) 조에 있다.

659 창우(娼優) : 교방사(敎坊司)의 부녀와 각 주·현에 편제된 악호(樂戶)이다. 《大明律集解附例 1857쪽》

660 관리가……같다 : 《대명률》〈형률 범간(犯姦)〉 관리숙창(官吏宿娼) 조에 있다.

661 재물을……않는다 : 《대명률》〈형률 잡범(雜犯)〉 도박(賭博) 조에 있다.

제54항 **사노비나 전지(田地)를 절이나 무당에게 시주로 바치면 논죄한다.** ❶ 노비와 전지는 속공(屬公)한다.〈경〉

제55항 **여의(女醫)를 뽑아 올리는 것은 3년으로 한정하지 말고, 궐원이 생기는 대로 여러 읍에서 뽑아 정한다.**〈속〉 ❶ 내의원의 여의 22인 중 10인은 차비 여의(差備女醫)라 하고 혜민서(惠民署)의 여의 또한 정해진 수가 있고 상의원의 침선비(針線婢)와 공조의 침선비 또한 정해진 수가 있는데, 외읍(外邑)에서 뽑아 정한다.[662] ❷ 《경국대전》의 법에 "여의는 3년마다 여러 읍의 비(婢) 중에서 나이가 어린 자로 골라 올려보내고, 기술이 완성된 뒤에 본읍(本邑)으로 돌려보낸다. 서울 안 각 관사의 비도 뽑아 정한다."라고 하였다.[663]

제56항 **소를 도살하는 현방(懸房)에서 속전(贖錢)을 거둔다.** ❶ 도성 안은 스무 곳, 도성 밖과 경강(京江)은 각각 한 곳이다. 각 현방마다 매일 소 한 마리를 도살하는데, 달마다 38냥을 거두어서 삼법사(三法司)[664]에 나누어 납부한다.〈보〉 ❷ 국휼(國恤) 때 줄곡

662 혜민서(惠民署)의……정한다 : 《육전조례(六典條例)》에서 관련 인원 규정을 살필 수 있다. 내의원 의녀는 22명, 혜민서 의녀는 31명, 상의원 침선비는 20명, 공조 침선비는 9명이며, 궐원이 생기면 각 해당 관사에서 동남(東南) 사도(四道), 즉 충청도, 경상도, 전라도, 강원도에 관문을 보내어 보충하도록 하였다. 《六典條例 刑曹 掌隷司》

663 경국대전의……하였다 : 《경국대전》〈예전 선상(選上)〉에 있다.

664 삼법사(三法司) : 형조, 사헌부, 한성부로 금제(禁制) 업무에 한정하여 묶인 법사이다.

전에는 도살을 금하되, –❶ 소상(小喪)은 공제(公除) 전이다. – 〈보편〉 도감(都監)의 상탁(床卓)에 사용하는 골회(骨灰)를 얻기 위해 다섯 곳에는 설치를 허락한다. ❸ 양도(兩都), 수원(水原), 광주(廣州) 등의 읍과 다른 도(道)로서 부득이하게 도살을 허락한 곳에서는 5일에 소 한 마리씩을 도살한다. 어기면 관장(官長)을 엄중하게 논한다.

제57항 **각 관사에서 개좌(開坐)하지 못하는 날,** 〈속〉 ❶ 종묘·사직 대제(大祭)의 재계일(齋戒日), 국기(國忌)의 재계일 및 정일(正日), 전좌(殿座), 〈속〉 〈보〉 –❶ 산선(繖扇)과 시위(侍衛)가 들어오지 않으면 개좌한다. 〈보〉 – 동가(動駕)하는 날, 대전(大殿)의 탄신 전후 각 1일, 왕비의 탄신일, 왕세자의 생신일, 친제(親祭)의 재계일 및 정일, 기우제의 재계일, 일식·월식일, 정조시(停朝市)하는 날, 전시(殿試) 개장일(開場日), 죄인에게 형벌을 시행하는 날이다. 〈속〉 ❷ 장악원의 이륙좌기(二六坐起)는 비록 전좌하는 날이라도 행한다. 〈증〉 ❸ 동지에는 용형(用刑)하는 아문은 개좌하지 않는다. **개좌는 하되 용형하지 못하는 날,** ❹ 종묘·사직 대제의 거행일, 석전제(釋奠祭), 기우제, 기설제(祈雪祭), 영제(禜祭), 능(陵)의 속절제(俗節祭), 종묘 이하의 고유제(告由祭) 등을 지내는 날 및 수향일(受香日), 수시로 지내는 별제(別祭), 풍운뇌우제(風雲雷雨祭), 산천제(山川祭), 우제(雩祭), 선농제(先農祭), 선잠제(先蠶祭), 능·전(殿)의 이안제(移安祭)·환안제(還安祭) 등을 지내는 날, 진하일(陳賀日), 삭망일(朔望日), 상현일(上弦日), 하현일(下弦日)이다. **일이 지난 뒤에 개좌하고 용형하는 날,** ❺ 종

묘·사직·영녕전(永寧殿)·영희전(永禧殿)의 봉심하는 날과 개수하는 날, 능을 봉심하는 날, 능상(陵上)에 개사초(改莎草)하는 날, 방방(放榜)하는 날, 정시(庭試) 보이는 날 및 전시(殿試)·전강(殿講) 보이는 날, 영칙(迎勅)·배표(拜表)하는 날, 망궐례를 습의(習儀)하는 날이다. **형살 문서(刑殺文書)를 출입하지 못하는 날,** 6 친제의 재계일 7일 동안이다. **공사(公事)를 출입하지 못하는 날,** 7 친제의 정일 및 그 전 이틀, 국기(國忌)·사기(私忌)의 재계일 및 정일, 기우제의 재계일, 정조시하는 날, 종묘와 능의 봉심·수개하는 날과 개사초를 끝내는 동안 및 일식·월식일, 탄신일이다.〈속〉 8 왕세자의 기신일도 모두 국기일과 같다.[665]〈보〉 9 민사(民事)에 관계된 문서는 비록 재계일과 겹치더라도 승정원에서 여쭈어 들인다.〈증〉 **공사는 출납하되 형옥 아문에서 형장을 쓰지 못하는 날,** 10 탄신 전후 각각 1일이다.〈속〉 11 시약청(侍藥廳)을 설치했을 때에는 시급한 공사는 거행하되 용형하지 않는다.〈보〉 **구기(拘忌)하지 않는 날이 있다.** 12 목멱산(木覓山) 제사, 선무사(宣武祠) 제사, 둑제(纛祭), 관왕묘 제사, 여제(厲祭), 성황발고제(城隍發告祭), 중류제(中霤祭), 개빙사한제(開氷司寒祭) 등을 지내는 날이다.〈속〉 13 공제(公除) 전에는 개좌하지 않고 형살 문서를 아뢰지 않는다. 〈예전〉의 〈상제(喪祭)〉 조에 보인다.〈보〉

665 왕세자의 기신일도……같다 : 왕세자 기신 때의 재계일 및 정일에도 국기일과 같이 공사를 출입하지 않는다.

제58항 **궐내의 각 차비(差備),** ❶ 반감(飯監), 별감(別監)[666] 따위이다. **9품 이상 관원의 근수(跟隨),**[667] 〈경〉 ❷ 궐내의 정해진 인원수는 〈병전〉의 〈잡령(雜令)〉 조에 보인다. 궐외는 인원수를 더한다. 〈보〉 **여러 관사의 차비노(差備奴)와 근수노(跟隨奴),** 〈경〉 ❸ 《경국대전》에는 모두 공천을 선발하여 올려 입역(立役)한다고 하였는데, 지금은 서울 사람으로 차정하여 포(布)를 지급한다. 〈속〉 **병영·수영·대도호부목(大都護府牧)·부(府)·군(郡)·현(縣) 및 향교와 각 역의 노비는 모두 정해진 인원수가 있다.** 〈경〉 〈보〉 ❹ 《경국대전》에 실려 있다.[668] 〈보〉

666 별감(別監) : 궐내에서 잡역에 종사한 부류로서 액정서와 장원서에 속하여 각 궁전에 배치되었다.

667 근수(跟隨) : 대군 이하 종친이나 문무 관원을 수행하는 각 관아의 하례(下隸)이다. 근수노(跟隨奴)라고도 한다.

668 경국대전에 실려 있다 : 《경국대전》 〈형전 외노비(外奴婢)〉에 있다.

제28조 율명(律名)

■1 육전(六典) 가운데 해당 조(條)에 율명이 있는데 그 율이 다른 조에 보이면 "아무 전(典) 아무 조에 보인다."라고 쓰고 율의 내용을 다시 기술하지 않았다. 기은전량(欺隱田糧) 따위처럼 율명만 있고 해당 조나 다른 조에 그 율이 보이지 않으면 그 율을 쓰고 내용을 기술하였다. "장오(贓汚)는 범한 죄의 내용에 따라 조율하여 감죄한다." 및 탐오(貪汚)나 누결(漏結)의 경우, 즉 이는 장오나 은결(隱結)의 부류이므로, 이를 기술하여 분명히 하되 그 내용은 다시 적지 않았다. 나머지 모두 이러한 방식을 따랐다. 다만 본조(本條)에 그 율이 있으면 –■1 가령 〈호전〉의 〈호적(戶籍)〉 조의 "호패(戶牌)를 빌려 차면 누적률(漏籍律)[669]로 논한다."라는 것이 〈호적〉 조 안에 있는 따위이다.– 여기에서 다시 보이지 않았다.

■2 〈병전〉의 〈잡령〉 조의 "실률(失律)로 논한다."라거나 〈공전〉의 〈재식(栽植)〉 조의 "금렵례(禁獵例)로 논한다."[670]라는 것은 애초에 율에 보이지 않으므로 율명에서 뺐다.〈보〉

669 누적률(漏籍律) : 《대명률》 〈호율 호역(戶役)〉 탈루호구(脫漏戶口) 조에 있다.

670 금렵례(禁獵例)로 논한다 : 《대전속록(大典續錄)》에 강무(講武)에 합당한 서산(西山)·홍복산(洪福山)·아차산(峨嵯山) 등 지역에서 사냥을 금지하고, 사렵(私獵)한 사람은 제서유위율(制書有違律)로 논죄한다는 조문이 있다.《大典續錄 兵典 禁獵》

제 1 항 위령(違令 영을 어김)[671]

제 2 항 불응위(不應爲 마땅히 해서는 안 됨)[672]

제 3 항 제서유위(制書有違 제서를 어김)[673]

제 4 항 오훼제서(誤毁制書 제서를 착오로 훼손함)[674]

제 5 항 증감관문서(增減官文書 관문서의 내용을 더하거나 뺌)[675]

671 위령(違令) : 태 50이다. 영(令)에 금제(禁制)가 있으나 율(律)에는 죄명이 없는 경우이다.《大明律 刑律 雜犯 違令》

672 불응위(不應爲) : 마땅히 해서는 안 되는데 하면 태 40이다. 율이나 영(令)에 조문은 없지만 이치상 해서는 안 되는 것이며, 사안이 중하면 장 80이다.《大明律 刑律 雜犯 不應爲》

673 제서유위(制書有違) : 천자의 말을 '제(制)'라 하며 '서(書)'는 그 말을 실은 것으로 조(詔)·칙(勅)·차(箚)·유(諭) 따위이다. 관료들이 준수하여야 할 규범 즉 황제의 명령으로서의 제서이다. 제서를 받들어 시행할 때에 어기면 장 100이다. 황태자나 친왕(親王)의 말을 영지(令旨)라 하며, 황태자의 영지를 어기면 같은 죄이고, 친왕의 영지를 어기면 장 90이다.《大明律 吏律 公式 制書有違》

674 오훼제서(誤毁制書) : 제서, 기마어보성지(起馬御寶聖旨), 기선부험(起船符驗), 각 아문의 인신(印信), 야순동패(夜巡銅牌)를 버리거나 훼손하면 참형이고, 관문서를 버리거나 훼손하면 장 100이다. 제서 등 문건 및 관문서와 같은 것을 단지 착오로 훼손한 것은 부주의한 데서 말미암은 것이므로 버리거나 훼손한 죄에서 3등급을 줄인다.《大明律 吏律 公式 棄毁制書印信》

675 증감관문서(增減官文書) : 장 60이다. 규피(規避)한 바가 있으면 장죄(杖罪) 이상은 각기 본죄(本罪)에 2등급을 더하되 장 100 유 3000리에 그치고, 아직 시행하지 않았으면 각각 1등급을 줄인다.《大明律 吏律 公式 增減官文書》

제 6 항 관문서계정(官文書稽程 관문서의 처리 기한을 넘김)[676] **1** 위의 〈잡령(雜令)〉 조에 보인다.[677]

제 7 항 공거비기인(貢擧非其人 적합하지 않은 사람을 천거함)[678] **1** 〈이전〉의 〈천거(薦擧)〉 조에 보인다.[679]

제 8 항 사불이실(詐不以實 속이고 사실대로 하지 않음)[680]

제 9 항 보상불이실(報上不以實 왕에게 보고하면서 사실대로 하지 않음)[681]

676 관문서계정(官文書稽程) : 1일에 이전(吏典)은 태 10이고, 3일마다 1등급을 더하되 태 40에 그친다. 각 아문에 소속된 관사에서 공무를 품신(稟申)하면 즉시 가부를 상세히 의논하여 명백하게 결정하여 회보해야 한다. 해당 관리가 확실히 결정해 주지 않고 모호하게 공문을 보내 위아래가 서로 핑계대며 미루다가 공무를 그르치면 장 80이다.《大明律 吏律 公式 官文書稽程》

677 위의……보인다 : 본서 〈형전 잡령(雜令)〉 9항 참조.

678 공거비기인(貢擧非其人) : 적합하지 않은 사람을 천거(薦擧)하거나, 재능이 당대에 쓰일 만하여 천거해야 하는데 천거하지 않은 경우 1인이면 장 80이고, 3인마다 1등급을 더하되 장 100에 그친다.《大明律 名例律 貢擧非其人》

679 이전의……보인다 : 《전율통보》 〈이전 천거(薦擧)〉 2항 참조.

680 사불이실(詐不以實) : 대제(對制)나 주사(奏事), 상서(上書)를 할 때 속이고 사실대로 하지 않는 것으로, 장 100 도 3년이다. 비밀로 해야 할 일이 아닌데도 비밀로 해야 할 것이 있다고 거짓말하면 1등급을 더한다.《大明律 刑律 詐僞 對制上書詐不以實》

681 보상불이실(報上不以實) : 제서(制書)를 받들어 추문(推問)하거나 안문(按問)한 사안을 황제(왕)에게 보고하면서 사실대로 하지 않는 것으로, 장 80 도 2년이다. 사안이 무거우면 타인의 죄를 가볍게 하거나 무겁게 한 죄로 논한다.《大明律 刑律 詐僞 對制上書詐不以實》

제10항 **사전각아문언어**(詐傳各衙門言語 각 아문 관원의 구두 명령을 거짓으로 전달함)682

제11항 **도답육부인**(盜踏六部印 육부의 인신을 훔쳐서 찍음)683

제12항 **위조인신**(僞造印信 인신을 위조함)684 **1** 위의 〈사위(詐僞)〉 조에 보인다.685

제13항 **기망**(欺罔) **1** 사불이실(詐不以實)이다.

제14항 **좌장**(坐贓)686

682 사전각아문언어(詐傳各衙門言語) : 구두 명령을 거짓 전달하는 것을 '사전(詐傳)', 문서를 거짓 전달하는 것을 '사위(詐僞)'라 한다. 각 아문 관원의 구두 명령을 거짓으로 전달한 죄는 조지(詔旨)를 거짓으로 전달한 죄에 대한 율[詐傳詔旨]'에 따라 처벌한다.《大明律 吏律 公式 事應奏不奏》

683 도답육부인(盜踏六部印) : 오군도독부(五軍都督府), 육부(六部), 간원관(諫院官), 감찰 어사(監察御史) 및 총병장군(總兵將軍), 도지휘사사(都指揮使司) 그리고 수어(守禦)하는 관군(管軍) 아문의 문서를 위조하거나 서명을 모사하거나 인신(印信)을 도용하면 장 100 유 3000리이다.《大明律 刑律 詐僞 詐僞制書》

684 위조인신(僞造印信) : 여러 아문의 인신(印信)이나 역일(曆日), 부험(符驗), 야순동패(夜巡銅牌), 차인(茶引), 염인(鹽引)을 위조하면 참형이다.《大明律 刑律 詐僞 僞造印信曆日等》

685 위의……보인다 : 본서 〈형전 사위(詐僞)〉 1항 참조.

686 좌장(坐贓) : 관리나 일반인이 일과 관련 없이 재물을 받으면 좌장 즉 장물(贓物)을 받은 것으로 보고, 각 관련자로부터 받은 재물을 통틀어 계산하여 절반으로 과죄한다. 재물을 준 사람은 5등급을 줄인다.《大明律 刑律 受贓 坐贓致罪》

제15항 불왕법(不枉法)[687]

제16항 왕법(枉法)[688] ■1 위의 〈수장(受贓)〉 조에 보인다.[689]

제17항 상인도(常人盜)[690]

제18항 감수자도(監守自盜 감림이나 주수 자신이 훔침)[691] ■1 위의 〈적도(賊

687 불왕법(不枉法) : 장물을 받았으나 법은 굽히지 않은 것 즉 타인에게서 재물을 받았지만 법에 따라 공정하게 처리하는 것이다. 왕법·불왕법은 전적으로 관리에 해당하는 것으로, 관원이나 이전(吏典)이 재물을 받으면 장(贓)을 계산하여 과단(科斷)한다. 유록인(有祿人)이 불왕법장(不枉法贓)이면 각 관련자가 준 재물을 통틀어 계산하여 절반으로 과죄한다.《大明律 刑律 受贓 官吏受財》

688 왕법(枉法) : 관원이나 이전(吏典)이 재물을 받으면 장(贓)을 계산하여 과단(科斷)한다. 무록인(無祿人)은 각각 1등급을 줄인다. 유록인(有祿人)이 왕법장(枉法贓)이면 각 관련자가 준 재물을 통틀어 계산하여 전과(全科)한다.《大明律 刑律 受贓 官吏受財》

689 위의……보인다 : 본서 〈형전 수장(受贓)〉 1항 참조.

690 상인도(常人盜) : 일반인이 창고의 전량이나 그 밖의 물건을 훔친 것으로, 재물을 얻지 못하면 장 60이고 자자(刺字)는 면해 준다. 단 재물을 얻으면 수범과 종범을 구분하지 않고 병장(倂贓)으로 논죄한다. 병장은 가령 10인이 여러 차례에 걸쳐 함께 관전(官錢) 80관(貫)을 훔치면, 비록 각각 장(贓)을 나누어 8관씩을 자기 것으로 삼더라도 통틀어 계산하여 1건으로 삼아 그 10인이 각각 80관을 훔친 죄로 보아 모두 교형이고, 10인이 함께 10관을 훔치면 모두 장 90인 따위이다.《大明律 刑律 盜賊 常人盜倉庫錢糧》

691 감수자도(監守自盜) : 감림(監臨)이나 주수(主守) 자신이 창고의 전량이나 그 밖의 물건을 훔치면 수범과 종범을 구분하지 않고 병장(倂贓)으로 논죄한다.《大明律 刑律 盜賊 監守自盜倉庫錢糧》 병장에 대해서는 위의 주690 참조.

盜)〉 조에 보인다.[692]

제19항 **장오(贓汚)** ■ 왕법(枉法), 불왕법(不枉法), 감수도(監守盜), 좌장(坐贓) 등 범죄의 내용에 따라 조율(照律)하여 감죄(勘罪)한다.

제20항 **탐오(貪汚)** ■ 즉 장오(贓汚)이다.

제21항 **허출통관(虛出通關 통관을 허위로 내줌)[693]** ■ 〈호전〉의 〈창고(倉庫)〉 조에 보인다.[694]

제22항 **국곡투절(國穀偸竊 국곡을 훔침)** ■ 상인도(常人盜), 감수도(監守盜) 등 범한 죄의 내용에 따라 조율(照律)하여 감죄(勘罪)한다.

제23항 **공곡남용(公穀濫用 공곡을 함부로 씀)** ■ 감수자도(監守自盜)이다.

제24항 **나이출납(那移出納 다른 항목으로 전용하여 출납함)[695]** ■ 〈호전〉의

692 위의……보인다 : 본서 〈형전 적도(賊盜)〉 13항 참조.

693 허출통관(虛出通關) : 창고에 거두어들인 관의 전량(錢糧) 등의 일체 물건이 부족한데도 감림이나 주수가 유사 관리, 제조 관리와 결탁하여 통관(通關)을 허위로 내주면, 허위로 내준 수량을 계산해서 병장(併贓)으로 처리하여 모두 감수자도(監守自盜)로 논한다.《大明律 戶律 倉庫 虛出通關硃鈔》

694 호전의……보인다 :《전율통보》〈호전 창고(倉庫)〉 11항 참조.

695 나이출납(那移出納) : 각 아문에서 전량(錢糧) 등의 물건을 수납하거나 지급할 때 이미 문안(文案)과 감합(勘合)이 구비되어 있는데, 만약 감림이나 주수가 정식으로 수납하거나 지급하지 않고 다른 항목으로 전용해서 출납하여 관용(官用)에 충당하면, 모두 장(贓)을 계산해서 감수자도(監守自盜)에

〈창고(倉庫)〉 조에 보인다.[696]

제25항 **환자경고**(還上傾庫 창고에 있던 환자곡을 전부 분급함)[697]

제26항 **번질**(反作) **1** 〈호전〉의 〈조적(糶糴)〉 조에 보인다.[698]

제27항 **저치천대**(儲置擅貸 저치미를 함부로 빌려줌) **1** 〈호전〉의 〈대동(大同)〉 조에 보인다.[699]

제28항 **손괴관물**(損壞官物 관물을 파손함)[700] **1** 좌장(坐贓)한다.[701] **2** 관

준하여 논한다. 《大明律 戶律 倉庫 那移出納》

696 호전의……보인다 : 《전율통보》 〈호전 창고(倉庫)〉 11항 참조.

697 환자경고(還上傾庫) : 유고(留庫)해 둔 환자를 전부 분급(分給)해 버린 경우에 대한 율이다. 창고의 곡식을 모두 분급하면 무기한으로 정배하고, 유고한 절반 중에서 반을 분급하면 3년을 기한으로 도배(徒配)한다. 그 밖에는 섬 수를 논하지 않고 모두 고신(告身)을 빼앗는다. 《大典通編 戶典 倉庫》

698 호전의……보인다 : 《전율통보》 〈호전 조적(糶糴)〉 1항 참조.

699 호전의……보인다 : 《전율통보》 〈호전 대동(大同)〉 1항 참조.

700 손괴관물(損壞官物) : 타인의 기물을 버리거나 훼손하거나, 수목 또는 농작물을 훼손하거나 베면 장(贓)을 계산하여 절도에 준해 논하고 자자(刺字)는 면제한다. 관물이면 2등급을 더한다. 관물을 유실하거나 실수로 훼손하면 각각 3등급을 줄인다. 모두 수량을 조사하여 추징해서 배상하게 한다. 《大明律 戶律 田宅 棄毁器物稼穡等》 관물을 파손하면 기훼관물(棄毁官物)로 논하여 절도죄에 2등급을 더하되 장 100 유 3000리에 그치고, 관물을 유실하면 유실관물(遺失官物)로 논하여 기훼한 데서 3등급을 줄이되 장 80 도 2년에 그친다. 모두 파손하거나 유실한 물건을 추징하여 배상하게 하고 관에 돌려준다. 《大明律集說附例 卷3 87, 88張》

701 좌장(坐贓)한다 : 파손된 관물의 값을 장(贓)으로 보고, 그 액수만큼

물을 손실(損失)한 경우도 같다.

제29항 **훼실관물**(**毁失官物** 관물을 훼손하거나 유실함)[702] ■ 위의 〈잡령(雜令)〉 조에 보인다.[703]

제30항 **은결**(**隱結**) ■ 〈호전〉의 〈연분(年分)〉 조에 보인다.[704]

제31항 **누결**(**漏結**) ■ 즉 은결(隱結)이다.

제32항 **《경국대전》의 망모전결**(**妄冒田結** 전결을 함부로 속임)[705]

제33항 **《속대전》의 망모전결**(**妄冒田結** 전결을 함부로 속임) ■ 〈호전〉의 〈연분(年分)〉 조에 보인다.[706]

제34항 **답험서원루부**(**踏驗書員漏負** 답험하는 서원이 부의 수를 누락함) ■

장으로 계산하는 것이다.

702 훼실관물(毁失官物) : 관물을 실수로 훼손하거나 잃어버린 경우로 관물을 고의로 훼손하거나 버린 것과 다르므로 3등급을 줄여 처벌한다.

703 위의……보인다 : 본서 〈형전 잡령(雜令)〉 26항 참조.

704 호전의……보인다 : 《전율통보》 〈호전 연분(年分)〉 4항 참조.

705 경국대전의 망모전결(妄冒田結) : 만일 전부(佃夫)가 재상(災傷)을 입었다고 함부로 고하거나 해당 이서·권농관·서원(書員)이 한통속이 되어 함부로 속인 경우는 사람들이 고발하는 것을 허락한다. 재상을 입었다고 망령되게 함부로 고한 전(田)은 고발한 사람에게 주고, 화리(花利)는 관에 들인다. 《經國大典 戶典 收稅》

706 호전의……보인다 : 《전율통보》 〈호전 연분(年分)〉 1항 참조.

즉《경국대전》의 망모전결(妄冒田結)이다.

제35항 **기은전량(欺隱田糧** 전량을 속이거나 숨김) **1** 1묘(畝)에서 5묘까지는 태(笞) 40이다. 5묘마다 1등급을 더하되 장(杖) 100에 그친다.[707] 〈율〉

제36항 **전세화수(田稅和水** 전세에 물을 탐) **1** 〈호전〉의 〈조전(漕轉)〉 조에 보인다.[708]

제37항 **제언모경(堤堰冒耕** 제언을 함부로 경작함) **1** 〈호전〉의 〈양전(量田)〉 조에 보인다.[709]

제38항 **불권농상(不勸農桑** 농상을 권장하지 않음)[710]

707 기은전량(欺隱田糧)……그친다 : 전량을 숨기고 보고하지 않아 판적(版籍)에서 빠뜨릴 때 처벌하는 율이다. 그 전토는 관에 들이며, 숨긴 세량(稅糧)은 그 수량만큼 징납(徵納)한다.《大明律 戶律 田宅 欺隱田糧》

708 호전의……보인다 :《전율통보》〈호전 조전(漕轉)〉 6항 참조.

709 호전의……보인다 :《전율통보》〈호전 양전(量田)〉 6항 참조.

710 불권농상(不勸農桑) : 전지를 개간하고 농상(農桑)을 권장하고 감독하는 것은 지방관의 직책이고 이장(里長)의 당연한 임무이다. 따라서 이장이, 자기가 관할하는 지역 내의 판적(版籍)에 기재되어 있어서 세량(稅糧)을 납부해야 하며 역이 부과되는 전지를 이유 없이 황무지로 만들거나, 뽕나무나 삼 따위를 심어야 하는 땅인데 심지 않았을 때는 처벌한다.《大明律 戶律 田宅 荒蕪田地》

제39항 **침점전택**(侵占田宅 전지나 가옥을 침범하여 차지함)[711]

제40항 **강점관민산장**(强占官民山場 관민의 산장을 강제로 점유함)[712] **1** 〈호전〉의 〈잡령(雜令)〉 조에 보인다.[713]

제41항 **은루정구**(隱漏丁口 성정 인구를 숨기거나 누락함) **1** 1구에서 3구까지는 장(杖) 60이다. 3구마다 1등급을 더하되 장 100에 그친다. 연령이 차지 않은 경우 3구에서 5구까지는 태(笞) 40이고, 5구마다 1등급을 더하되 장 70에 그친다.[714] 〈율〉

제42항 **절도**(竊盜)[715]

711 침점전택(侵占田宅) : 타인의 전지(田地)나 가옥을 침범하여 차지하는 경우 전지 1묘나 가옥 1칸 이하는 태 50이고, 전지 5묘나 가옥 3칸마다 1등급을 더하되 장 80 도 2년에 그친다. 《大明律 戶律 田宅 盜賣田宅》

712 강점관민산장(强占官民山場) : 관이나 민의 산지(山地)·호수·차밭·갈대밭 및 금·은·동·주석·철 등의 야장(冶場)을 강점하면 장 100 유 3000리이다. 《大明律 戶律 田宅 盜賣田宅》

713 호전의……보인다 : 《전율통보》〈호전 잡령(雜令)〉 12항 참조.

714 은루정구(隱漏丁口)……그친다 : 자기 호의 성정(成丁) 인구(人口), 즉 성인이 된 남자로서 역을 담당하는 자를 숨기거나 누락하여 호적에 올리지 않거나, 나이를 더하거나 줄이고 거짓으로 노유(老幼)나 폐질(癈疾)로 만들어 역의 차정을 면할 때 가장을 처벌하는 율이다. 《大明律 戶律 戶役 脫漏戶口》

715 절도(竊盜) : 절도를 행하였으나 재물을 얻지 못하면 태 50이고 자자(刺字)는 면해 준다. 재물을 얻었으면 일주위중(一主爲重)과 병장(倂贓)으로 논한다. 《大明律 刑律 盜賊 竊盜》

제43항 **강도**(强盜)[716]

제44항 **명화**(明火 횃불을 밝히고 활동함)[717]

제45항 **백주창탈**(白晝搶奪 대낮에 창탈함)[718]

제46항 **친속상도**(親屬相盜 친속 간에 재물을 훔침)[719] ■1 위의 〈적도(賊盜)〉 조에 보인다.[720]

716 강도(强盜) : 강도를 행하였으나 재물을 얻지 못하면 모두 장 100 유 3000리이다. 단 재물을 얻으면 수범과 종범을 구분하지 않고 모두 참형이다. 《大明律 刑律 盜賊 强盜》

717 명화(明火) : 횃불을 들거나 무기를 손에 들고 주민을 공격하여 재물을 약탈하는 것 등은 모두 강도이다. 《大明律釋義 卷18 13張》 명화적(明火賊) 5명 이상을 체포하여 자복을 받고 계문한 경우 명화적의 처형 여부를 막론하고 체포하도록 일러 주거나 체포한 사람이 출신(出身)이나 한량(閑良)이면 가자(加資)하고, 공천(公賤)이나 사천(私賤)이면 면천(免賤)하고, 향리(鄕吏)나 역리(驛吏)이면 역(役)을 면제한다. 《續大典 刑典 捕盜》 비록 횃불을 밝히고 도적질을 했더라도 패거리가 적고, 도둑질한 물건도 많지 않으며, 사람을 죽이지 않았으면 절도(竊盜)의 예에 따라 절도(絶島)의 노비로 삼는다. 《續大典 刑典 贓盜》

718 백주창탈(白晝搶奪) : 대낮에 타인의 재물을 창탈하면 장 100 도 3년이고, 타인을 상해하면 참형이다. 《大明律 刑律 盜賊 白晝搶奪》

719 친속상도(親屬相盜) : 따로 사는 친속 간에 재물을 훔치면, 기친(期親)은 일반인에서 5등급을 줄이고, 대공(大功)은 4등급을 줄이고, 소공(小功)은 3등급을 줄이고, 시마(緦麻)는 2등급을 줄이고, 무복친(無服親)은 1등급을 줄인다. 모두 자자(刺字)를 면해 준다. 《大明律 刑律 盜賊 親屬相盜》

720 위의……보인다 : 본서 〈형전 적도(賊盜)〉 30항 참조.

제47항 사천용재물(私擅用財物 재물을 사사로이 함부로 씀)[721] ❶ 20관(貫)이면 태(笞) 20이다. 20관마다 1등급을 더하되 장(杖) 100에 그친다.〈율〉

제48항 도대사신어물(盜大祀神御物 대사에서 신이 사용하는 물건을 훔침)[722] ❶ 위의 〈적도(賊盜)〉 조에 보인다.[723]

제49항 도원릉수목(盜園陵樹木 원릉의 수목을 훔침)[724]

제50항 훼기신어물(毁棄神御物 신이 쓰는 물품을 버리거나 훼손함) ❶ 〈예전〉의 〈능묘(陵廟)〉 조에 보인다.[725]

721 사천용재물(私擅用財物) : 동거(同居)하는 비유(卑幼)가 존장(尊長)의 명을 받지 않고 자기 집안의 재물을 사사로이 함부로 쓰는 경우이다.《大明律 戶律 戶役 卑幼私擅用財》

722 도대사신어물(盜大祀神御物) : 대사(大祀)에서 천지 신령이 사용하는 제기(祭器)나 유장(帷帳) 등의 물건을 훔치거나, 제사에 올리는 옥이나 비단, 제물로 바치는 짐승, 제물로 바치는 음식물 따위를 훔치면 모두 참형이다.《大明律 刑律 盜賊 盜大祀神御物》

723 위의……보인다 : 본서 〈형전 적도(賊盜)〉 2항 참조.

724 도원릉수목(盜園陵樹木) : 장 100 도 3년이다.《大明律 刑律 盜賊 盜園陵樹木》

725 예전의……보인다 :《전율통보》〈예전 능묘(陵廟)〉 4항 참조. 대사에서 신이 쓰는 물품을 버리거나 훼손하면 장 100 도 3년이고, 유실(遺失)하거나 실수로 훼손하면 각각 3등급을 줄인 장 70 도 1년 반이라는 규정은 〈제례(祭禮)〉 조에 있다.《전율통보》〈예전 제례(祭禮)〉 31항 참조.

제51항 범월(犯越 국경을 넘음) **1** 위의 〈금제(禁制)〉 조에 보인다.[726]

제52항 잠상(潛商) **1** 한 군데는 〈호전〉의 〈잡세(雜稅)〉 조에 보이고,[727] 또 한 군데는 위의 〈금제(禁制)〉 조에 보인다.[728]

제53항 잠매금물(潛賣禁物 금지된 물건을 몰래 매매함) **1** 위의 〈금제(禁制)〉 조에 보인다.[729]

제54항 투구살(鬪毆殺 다투다 때려 살인함)[730]

제55항 고살(故殺 고의로 살인함)[731]

제56항 과실살(過失殺 과실로 살인함)[732]

726 위의……보인다 : 본서 〈형전 금제(禁制)〉 8항 참조.

727 호전의……보이고 : 《전율통보》〈호전 잡세(雜稅)〉 2항 참조.

728 위의……보인다 : 본서 〈형전 금제(禁制)〉 8항, 9항, 13항, 15항, 16항 참조.

729 위의……보인다 : 본서 〈형전 금제(禁制)〉 10항 참조.

730 투구살(鬪毆殺) : 다투다 때려 살인하면 손, 발, 다른 물건, 쇠붙이를 따지지 않고 모두 교형이다. 《大明律 刑律 人命 鬪毆及故殺人》

731 고살(故殺) : 참형이다. 《大明律 刑律 人命 鬪毆及故殺人》

732 과실살(過失殺) : 과실로 사람을 살상하면 각각 투살상(鬪殺傷) 죄에 준하여 율에 따라 속전(贖錢)을 받아 피해자의 집에 준다. 과실은 귀나 눈으로 미처 듣고 보지 못하거나 생각이 미치지 못한 가운데 일어난 잘못을 이른다. 《大明律 刑律 人命 戲殺誤殺過失殺傷人》

第57항 **예물관인구비**(穢物灌人口鼻 오물을 타인의 입이나 코 안에 부어 넣음)[733]

第58항 **응사천살**(應死擅殺 죽을 죄를 지은 자를 함부로 죽임)[734] ■1 위의 〈살상(殺傷)〉 조에 보인다.[735]

第59항 **사화**(私和) ■1 위의 〈사화(私和)〉 조에 보인다.[736]

第60항 **발총**(發塚)[737]

第61항 **발총미지관곽**(發塚未至棺槨 무덤을 파헤치되 관곽에 이르지 않음)[738]

733 예물관인구비(穢物灌人口鼻) : 타인의 치아 1개 또는 손가락이나 발가락 1개를 부러뜨리거나, 타인의 한쪽 눈을 다치게 하거나, 타인의 귀나 코를 훼손하거나, 타인의 뼈에 금이 가게 하거나, 끓는 물, 불, 구리물, 쇳물로 타인을 상해하면 장 100이다. 오물을 타인의 입이나 코 안에 부어 넣으면 죄가 또한 같다.《大明律 刑律 鬪毆 鬪毆》

734 응사천살(應死擅殺) : 죄인이 본래 죽을죄를 지었어도 함부로 죽이면 장 100이다.《大明律 刑律 捕亡 罪人拒捕》

735 위의……보인다 : 본서 〈형전 살상(殺傷)〉 68항 참조.

736 위의……보인다 : 본서 〈형전 살상(殺傷)〉 2절 사화(私和) 참조.

737 발총(發塚) : 무덤을 파헤쳐 관곽(棺槨)을 드러내면 장 100 유 3000리이고, 관곽을 연 뒤 시신을 드러내면 교형이다. 파헤치되 관곽에 이르지 않으면 장 100 도 3년이다.《大明律 刑律 盜賊 發塚》

738 발총미지관곽(發塚未至棺槨) : 장 100 도 3년이다.《大明律 刑律 盜賊 發塚》

제62항 발총현관곽(發塚見棺槨 무덤을 파헤쳐 관곽을 드러냄)[739]

제63항 훼시(毁屍 시신을 훼손함)[740] ■1 위의 〈발총(發塚)〉 조에 보인다.[741]

제64항 방화연소관민방옥(放火延燒官民房屋 방화하여 관이나 민간의 건물을 태움)[742]

제65항 고소자기방옥(故燒自己房屋 고의로 방화하여 자기 건물을 태움)[743] ■1 위의 〈실화(失火)〉 조에 보인다.[744]

제66항 평치타인묘위전원(平治他人墓爲田園 타인의 무덤을 평평하게 하여 농경지로 만듦)[745]

739 발총현관곽(發塚見棺槨) : 무덤을 파헤쳐 관곽을 드러내면 장 100 유 3000리이고, 관곽을 연 뒤 시신을 드러내면 교형이다. 《大明律 刑律 盜賊 發塚》

740 훼시(毁屍) : 타인의 시신을 훼손하거나 시신을 물속에 버리면 각각 장 100 유 3000리이다. 《大明律 刑律 盜賊 發塚》

741 위의……보인다 : 본서 〈형전 발총(發塚)〉 3항 참조.

742 방화연소관민방옥(放火延燒官民房屋) : 방화로 불이 번져 관이나 민의 건물, 청사, 창고, 쌓아 둔 관의 물건을 태우면 모두 참형이다. 《大明律 刑律 雜犯 放火故燒人房屋》

743 고소자기방옥(故燒自己房屋) : 방화(放火)하여 고의로 자기 건물을 태우면 장 100이다. 불이 번져서 관이나 민간의 건물 및 쌓아 둔 물건을 태우면 장 100 도 3년이다. 《大明律 刑律 雜犯 放火故燒人房屋》

744 위의……보인다 : 본서 〈형전 실화(失火)〉 1항 참조.

745 평치타인묘위전원(平治他人墓爲田園) : 장 100이다. 《大明律 刑律 盜賊

제67항 지비오결(知非誤決 잘못인 줄 알면서도 법리에 어긋나게 판결함) ❶ 위의 〈청리(聽理)〉 조에 보인다.[746]

제68항 고출입인(故出入人 고의로 타인의 죄를 가볍게 하거나 무겁게 함)[747]

제69항 실출입인(失出入人 실수로 타인의 죄를 가볍게 하거나 무겁게 함) ❶ 위의 〈추단(推斷)〉 조에 보인다.[748]

제70항 남형(濫刑) ❶ 위의 〈용형(用刑)〉 조에 보인다.[749]

제71항 장닉죄인(藏匿罪人 죄인을 숨겨 줌)[750]

發塚》

746 위의……보인다 : 본서 〈형전 청리(聽理)〉 6항 참조.

747 고출입인(故出入人) : 관사에서 고의로 타인의 죄를 완전히 가볍게 하거나 완전히 무겁게 하면 전죄(全罪)로 논한다. 《大明律 刑律 斷獄 官司出入人罪》 완전히 가볍게 한다는 것은 유죄를 무죄로 하는 것이며, 완전히 무겁게 한다는 것은 무죄를 유죄로 하는 것이다. 전죄로 논하는 것은 무죄로 만들기 전의 원래의 죄, 혹은 무죄에서 유죄로 만들어 낸 죄의 형량대로 부가형을 포함하여 온전히 과죄한다는 뜻이다. 《大清律輯註(下) 1013쪽》

748 위의……보인다 : 본서 〈형전 추단(推斷)〉 30항 참조.

749 위의……보인다 : 본서 〈형전 용형(用刑)〉 15항 참조.

750 장닉죄인(藏匿罪人) : 어떤 사람이 죄를 범한 사실이 드러나 관사에서 사람을 차정하여 추적해서 잡도록 한 것을 알면서도 집에 숨겨 둔 채 체포하도록 고발하지 않거나, 길을 안내하거나 옷이나 식량을 주어서 몸을 숨겨 피하도록 하는 것이다. 《大明律 刑律 捕亡 知情藏匿罪人》

제72항 **불각실수**(不覺失囚 제대로 각찰하지 못하여 수인을 놓침)[751]

제73항 **죄인거포**(罪人拒捕 죄인이 체포에 저항함) **1** 위의 〈도망(逃亡)〉 조에 보인다.[752]

제74항 **실수**(失囚 수인을 놓침) **1** 즉 불각실수(不覺失囚)이다.

제75항 **월소**(越訴 관할하는 관사를 뛰어넘어 상급 관사에 호소함) **1** 함부로 외람되게 상언(上言)하면 장(杖) 100이다. 상사(上司)에 호소하면 태(笞) 50이다.[753]

제76항 **무인**(誣人 타인을 무고함) **1** 위의 〈소고(訴告)〉 조에 보인다.[754]

제77항 **무고평인**(誣告平人 죄없는 사람을 무고함) **1** 즉 무인(誣人)이다.

751 불각실수(不覺失囚) : 옥졸(獄卒)이 제대로 각찰(覺察)하지 못하여 수인(囚人)을 놓치면 수인의 죄에서 2등급을 줄이고, 옥을 담당하는 관원과 이전(吏典)은 옥졸의 죄에서 3등급을 줄인다. 《大明律 刑律 捕亡 主守不覺失囚》

752 위의……보인다 : 본서 〈형전 도망(逃亡)〉 8항 참조.

753 월소(越訴)……50이다 : 군인(軍人)이나 민인(民人)의 사송(詞訟)은 모두 반드시 아래로부터 위로 진고(陳告)한다. 자신을 관할하는 관사를 뛰어넘어 멋대로 상급 관사에 나아가 호소하면 태 50이다. 황제의 행차를 맞이하거나 등문고(登聞鼓)를 쳐서 호소하였는데 사실이 아니면 장 100이다. 《大明律 刑律 訴訟 越訴》

754 위의……보인다 : 본서 〈형전 소고(訴告)〉 8항 참조.

제78항 **호강**(豪强) **1** 위의 〈잡령(雜令)〉 조에 보인다.[755]

제79항 **토호**(土豪) **1** 즉 호강(豪强)이다.

제80항 **원악향리**(元惡鄕吏)[756]

제81항 **원악향리불능금제**(元惡鄕吏不能禁制 원악향리를 금하지 못함) **1** 위의 〈잡령(雜令)〉 조에 보인다.[757]

제82항 **비리호송**(非理好訟 이치에 맞지 않는 일로 소송하기를 좋아함) **1** 《속대전》에 규정된, 이치에 맞지 않는 일로 소송하면[非理立訟] 처벌하는 율에 따라 장(杖) 100 유(流) 3000리이다.[758]

755 위의……보인다 : 본서 〈형전 잡령(雜令)〉 41항 참조.

756 원악향리(元惡鄕吏) : 한 고을의 구실아치로 수령을 조종하고 농락하면서 권세를 독차지하고 폐단을 일으키는 자, 몰래 뇌물을 받고 역(役)의 부과를 균등하게 하지 않는 자, 세(稅)를 거둘 때에 멋대로 거두고 함부로 사용하는 자, 양민을 불법으로 차지하여 숨겨 놓고 사역하는 자, 전장(田莊)을 넓게 마련해 두고 백성을 부려 갈고 씨 뿌리게 하는 자, 마을에서 제멋대로 행동하고 침탈하며 사적인 이익을 도모하는 자, 지위가 높고 권세가 있는 자에게 달라붙어 향리의 본역을 회피하는 자, 향리의 역을 피해 도망하여 촌락에 몰래 숨어 지내는 자, 관의 위엄에 기대어 백성을 침학하는 자, 양가(良家)의 딸이나 관비(官婢)를 첩으로 삼는 자이다. 《經國大典 刑典 元惡鄕吏》

757 위의……보인다 : 본서 〈형전 잡령(雜令)〉 40항 참조.

758 속대전에……3000리이다 : 《속대전》 〈형전 소원(訴冤)〉에 있다.

제83항 **거집타인노비**(據執他人奴婢 타인의 노비를 차지함)[759]

제84항 **결후잉집**(決後仍執 판결 후에도 계속 남의 소유를 차지함) **1** 위의 〈청리(聽理)〉 조에 보인다.[760]

제85항 **사채대봉전토**(私債代捧田土 사채를 전토로 대신 받음) **1** 위의 〈징채(徵債)〉 조에 보인다.[761]

제86항 **여가탈입**(閭家奪入 여염집을 빼앗아 들어감) **1** 위의 〈금제(禁制)〉 조에 보인다.[762]

제87항 **압량위천**(壓良爲賤 양인을 억압하여 천인으로 만듦) **1** 양인을 유취(誘取)하거나 약매(略賣)하였을 때 처벌하는 율에 비부(比附)하여 장(杖) 100 유(流) 3000리이다.[763]

759 거집타인노비(據執他人奴婢) : 타인의 노비를 차지하고 있으면 장 100 도 3년이고, 역가(役價)를 징수하여 주인에게 준다. 《經國大典 刑典 私賤》

760 위의……보인다 : 본서 〈형전 청리(聽理)〉 20항 참조.

761 위의……보인다 : 본서 〈형전 징채(徵債)〉 5항 참조.

762 위의……보인다 : 본서 〈형전 금제(禁制)〉 32항 참조.

763 압량위천(壓良爲賤)……3000리이다 : 방략(方略)을 써서 양인을 유취하거나 양인을 약매하여 노비가 되게 하면 모두 장 100 유 3000리이고, 처·첩이나 자·손이 되게 하면 장 100 도 3년이다. 이로 인하여 타인을 상해하면 교형이고, 타인을 죽이면 참형이다. 약유(略誘)되거나 약매된 사람은 처벌하지 않고 부모에게 보내 주어 모두 모여 살게 한다. 《大明律 刑律 賊盜 略人略賣人》

제88항 **모점양민**(冒占良民 함부로 양민을 차지함) ■ 위의 〈잡령(雜令)〉 조에 보인다.[764]

제89항 **반주**(叛主 주인을 배반함) ■ 위의 〈사천(私賤)〉 조에 보인다.[765]

제90항 **도피차역**(逃避差役 역의 차정을 도피함) ■ 〈호전〉의 〈요역(徭役)〉 조에 보인다.[766]

제91항 **남기**(濫騎 역마를 함부로 탐) ■ 〈병전〉의 〈역마(驛馬)〉 조에 보인다.[767]

제92항 **난입과장**(闌入科場 함부로 과거 시험장에 들어감) ■ 〈예전〉의 〈제과(諸科)〉 조에 보인다.[768] 멋대로 과거 시험장에 들어가는 것[濫入]은 〈병전〉의 〈제과(諸科)〉 조에 보인다.[769]

제93항 **과장용정**(科場用情 과거 시험장에서 사사로운 정리에 따름) ■ 《대전통편》에 규정된, 과거 시험장에서 간계(奸計)를 부린 자를 처

764 위의……보인다 : 본서 〈형전 잡령(雜令)〉 40항 참조.
765 위의……보인다 : 본서 〈형전 사천(私賤)〉 7항 참조.
766 호전의……보인다 : 《전율통보》 〈호전 요역(徭役)〉 7항 참조.
767 병전의……보인다 : 《전율통보》 〈병전 역마(驛馬)〉 6항 참조.
768 예전의……보인다 : 《전율통보》 〈예전 제과(諸科)〉 29항 참조.
769 멋대로……보인다 : 《전율통보》 〈병전 제과(諸科)〉 10항 참조.

벌하는 율[770]에 따른다. 〈병전〉의 〈제과(諸科)〉 조에 보인다.[771]

제94항 **누설군기**(**漏洩軍機** 군사 기밀을 누설함) ■1 〈병전〉의 〈잡령(雜令)〉 조에 보인다.[772]

제95항 **사유군기**(**私有軍器** 사사롭게 군기를 소유함)[773]

제96항 **사매군기**(**私賣軍器** 사사롭게 군기를 팖) ■1 〈병전〉의 〈군기(軍器)〉 조에 보인다.[774]

제97항 **사월모도관진**(**私越冒度關津** 관이나 진을 사도, 월도, 모도함) ■1 통행증 없이 사도(私度)하면 장(杖) 80이다. 관(關)에서 문을 거치지 않거나 진(津)에서 나루를 거치지 않고 월도(越度)하면 장

770 대전통편에……율 : 본래의 조문은 《속대전》에서 마련되었으나, 《대전통편》에서 "과거 시험장에서 간계를 부리면 변원(邊遠)에 충군(充軍)한다. 사사로운 정리에 따른 차비관(差備官)은 세 차례 엄히 형장을 친 뒤에 종신토록 절도(絶島)의 수군(水軍)으로 충정(充定)하고, 감적소(監的所)의 척량 서리(尺量書吏)는 세 차례 엄히 형장을 친 뒤에 종신토록 절도(絶島)의 노(奴)로 삼는다."라는 조문이 증보되었다. 《大典通編 兵典 武科》

771 병전의……보인다 : 《전율통보》 〈병전 제과(諸科)〉 10항 참조.

772 병전의……보인다 : 《전율통보》 〈병전 잡령(雜令)〉 1항 참조.

773 사유군기(私有軍器) : 민간에서 사람이나 말의 갑옷, 방패, 화통, 화포, 기둑(旗纛), 호대(號帶) 따위의 금하는 군기를 사사로이 소유하는 것이다. 활, 화살, 창, 칼, 쇠뇌 및 어차(魚叉), 화차(禾叉) 등은 금지하는 규정을 적용하지 않는다. 《大明律 兵律 軍政 私藏應禁軍器》

774 병전의……보인다 : 《전율통보》 〈병전 군기(軍器)〉 9항 참조.

90이다. 변경의 관(關)이나 요새를 월도하면 장 100 도(徒) 3년이다. 이로 인하여 변경 밖으로 나가면 교형이다. 파수하는 사람이 고의로 묵인하면 더불어 같은 죄이다. 검문을 제대로 하지 못하면 각각 3등급을 줄이되 장 100에 그친다. 군병(軍兵)은 또 1등급을 줄인다. 통행증은 있으나 남의 이름을 사칭해 관(關)이나 진(津)을 넘으면 장 80이다.[775] 〈율〉

775 사월모도관진(私越冒度關津)……80이다 : 《대명률》 〈병률 관진(關津)〉 사월모도관진(私越冒度關津) 조에 있다.

제29조 명례(名例)[776]

❶ 명례는 곧 《대명률(大明律)》의 목록으로, 단지 《대명률》의 예(例)라 할 수 있다. "동료(同僚)"나 "공범(共犯)" 및 "이상"이나 "이하"라고 범범하게 말한 것과 "문무관(文武官)"이라고 범범하게 말한 세 조(條)는 여러 책에서 통용될 수 있으므로 아래에 붙이고 아울러 그 내용을 기술하였다. 명나라 관명(官名)의 경우도 참조할 만한 것은 뜻으로 헤아려서 말미에 기록하였으나, 애초에 정확한 근거가 있지 않으니 다시 자세히 살펴보아야 할 것이다.〈보〉

제 1 항 "모두[皆]"라고 말하였으면 죄에 수범(手犯)과 종범(從犯)을 구분하지 않고,[777] "모두"라고 말하지 않았으면 수범과 종범을 구분하는 법을 따른다.[778]

776 명례(名例) : 형명법례(刑名法例)를 줄인 말로, 명(名)은 오형(五刑)에 상당하는 죄명(罪名)이며 예(例)는 오형을 적용하는 법례(法例)이다. 율문에 설정된 죄명과 형벌의 상호 관계를 규정한 모든 율문의 준칙(準則)으로 총칙(總則)에 해당하기 때문에 《대명률》에서 육전(六典)의 첫머리에 배치하였으며, 모두 47조로 이루어져 있다.

777 모두[皆]라고……않고 : 수범과 종범을 나누지 않고 같은 등급으로 과죄(科罪)한다는 뜻이다. 가령 감림(監臨)이나 주수(主守)의 직역을 수행하는 이들이 뜻을 같이하여 자신들이 감수하는 관의 물건을 훔칠 경우 병장(併贓)으로 논하여 40관의 관수(貫數)가 차면 모두 참형에 처하는 따위를 이른다.《大明律 例分八字之義》

778 모두라고……따른다 : 《대명률》〈명례율(名例律)〉 공범죄분수종(共犯罪分首從) 조에 있다.

제 2 항 **"더한다[加]"라고 일컫거나 "줄인다[減]"라고 일컫는 것은 본죄(本罪)에서 더하거나 줄이는 것이다. 다만 2등급의 사죄(死罪)[779]와 3등급의 유죄(流罪)[780]는 각각 똑같이 하나로 간주하여 줄인다.** ❶ 사죄(死罪)를 범하였을 때 1등급을 줄이면 유(流) 3000리로 처벌하고, 2등급을 줄이면 도(徒) 3년으로 처벌하며, 유죄(流罪)를 범하였을 때 1등급을 줄이면 도(徒) 3년으로 처벌하는 것을 말한다. ❷ 죄를 더하여도 장 100 유 3000리에 그치며, 죄를 더하여 사죄(死罪)에 이르게 할 수 없다. 본조(本條)에서 "죄를 더하여 사죄(死罪)에 든다."라고 할 때는 본조를 따른다.[781] [782]

제 3 항 **"기친(期親)"이라고 일컫거나 "조부모(祖父母)"라고 일컬으면 증조부모나 고조부모의 경우도 같게 본다.[783] "손(孫)"이라고**

779 2등급의 사죄(死罪) : 교형(絞刑)과 참형(斬刑)이다. 《大明律 五刑之圖 五刑名義》

780 3등급의 유죄(流罪) : 유(流) 2000리, 2500리, 3000리이다. 《大明律 五刑之圖 五刑名義》

781 본조(本條)에서……따른다 : 죄를 더하여 교형에 들 때 죄를 더하여 참형에 이르게 할 수 없다. 《大明律 名例律 加減罪例》

782 더한다[加]라고……따른다 : 《대명률》 〈명례율(名例律)〉 가감죄례(加減罪例) 조에 있다.

783 증조부모나……본다 : 증조부모나 고조부모 모두 골육의 친족으로서의 윤리가 중하므로 조부모와 같이 보고 기친은 아니지만 기친과 같이 논하는 것이다. 예를 들면 기친 존장의 부음을 듣고 숨기고 거애하지 않으면 장 80인데, 고조부모·증조부모의 부음을 듣고 그렇게 하면 역시 장 80이다. 《大清律輯註(上) 107~108쪽》

일컬으면 증손(曾孫)이나 현손(玄孫)의 경우도 같게 본다. 적손(嫡孫)이 조부(祖父)를 이으면[784] **조부모를 부모와 같게 본다. 적모(嫡母), 계모(繼母), 자모(慈母), 양모(養母)**[785]**는 친모(親母)와 같게 본다.**[786] **"자(子)"라고 일컬으면 아들과 딸을 같게 본다.** ■ 만약 재물로 산 의남(義男)으로서 은양(恩養)되고 배우자가 있으면 자손과 같다. 은양된 지 오래지 않고 배우자가 없으면 고공(雇工)으로 논하는 예에 따른다.[787]

제4항 **"더불어 같은 죄[與同罪]"라고 일컫는 경우, 죄가 사죄(死罪)에 이르면 1등급을 줄여 장(杖) 100 유(流) 3000리에 그친다. 재물을 받고 고의로 죄인을 놓아주면 "더불어 같은 죄"라고 하더라도 전과(全科)한다.**[788] ■ 사죄(死罪)에 이르면 교형이다.

784 적손(嫡孫)이 조부(祖父)를 이으면 : 아버지가 죽어 적장손이 조상의 제사를 받드는 것을 말한다. 《大明律集解附例 357쪽》

785 계모(繼母), 자모(慈母), 양모(養母) : 계모는 아버지의 후처이고, 자모는 어머니가 죽은 후 아버지의 명으로 자신을 기른 아버지의 다른 첩이다. 양모는 어릴 때 타인에게 과방(過房)된 사람 곧 타인의 후사(後嗣)가 된 사람의 소후모(所後母)이다. 《大明律 三父八母服圖》

786 친모(親母)와 같게 본다 : 적모·계모·자모·양모가 죽으면 모두 삼년복을 입으며, 범한 것이 있으면 친모를 범한 율과 같이 처벌한다. 다만 개가하여 의절하였으면 법에 줄이는 바가 있다. 《大明律集說附例 卷1 64張》

787 기친(期親)이라고……따른다 : 《대명률》 〈명례율(名例律)〉 칭기친조부모(稱期親祖父母) 조에 있다.

788 재물을……전과(全科)한다 : '전과'는 율문에 정해진 형량대로 온전히 과죄하는 것이다. 가령 죄인을 붙잡아야 하는 사람이 재물을 받고 죄인을 고의로 놓아주거나, 주수(主守)가 죄수를 고의로 놓아주고 재물을 받으면 각각 죄수와 더불어 같은 죄이다. 《大明律 刑律 捕亡 應捕人追捕罪人》 이때 죄수의

모반(謀反), 모대역(謀大逆), 모반(謀叛)한 자를 고의로 놓아주면 본율(本律)에 따른다.[789]

제5항 왕법(枉法)에 "준(準)하여"[790] 논한다거나[準枉法論] 도적에 "준하여" 논한다고[準盜論] 일컫는 따위 역시 장(杖) 100에 유(流) 3000리에 그친다.[791]

제6항 왕법(枉法)"으로"[792] 논한다거나 도적"으로" 논한다고 일컫는 따위는 진범(眞犯)과 같으며, 교형이나 참형은 모두 본율(本

죄가 사죄(死罪)이면 놓아준 사람의 형량은 더불어 같은 죄를 적용하는 예대로 할 때 1등급을 줄여 장 100 유 3000리에 그쳐야 하지만 재물을 받았기 때문에 본래 형량대로 전과하여 사형에 처한다는 뜻이다.《大明律集說附例 卷1 65張》

789 모반(謀反)……따른다 : 모반(謀反)·모대역(謀大逆)의 죄를 지은 자를 고의로 놓아주면 모반대역(謀反大逆) 본율에 따라 참형에 처한다.《大明律 刑律 盜賊 謀反大逆》 모반(謀叛)의 죄를 지은 자를 고의로 놓아주면 모반(謀叛) 본율에 따라 교형에 처한다.《大明律 刑律 盜賊 謀叛》《大淸律輯註(上) 110쪽》

790 준(準)하여 : '준한다'는 것은 진범과 차이가 있다는 뜻이다. 가령 왕법에 '준한다'거나 도적에 '준하는' 것으로 논할 때 다만 그 죄에 준할 뿐 제명(除名)하거나 자자(刺字)하는 예를 적용하지 않고, 사죄(死罪)에 이를지라도 죄는 장 100 유 3000리에 그치는 것을 이른다.《大明律 例分八字之義》

791 왕법(枉法)에……그친다 : 《대명률》 〈명례율(名例律)〉 칭여동죄(稱與同罪) 조에 있다.

792 왕법(枉法)으로 : '으로[以] 논한다'는 것은 진범과 같이 논한다는 뜻이다. 가령 감수(監守)가 관의 물건을 팔면 실제 훔친 것과 다르지 않기 때문에 왕법(枉法)'으로' 논하거나 도적'으로' 논하여 모두 제명하거나 자자(刺字)하며, 죄가 참형이나 교형에 이르면 아울러 전과(全科)한다.《大明律 例分八字之義》

律)에 따른다.[793]

제 7 항 **"1일"이라고 일컫는 것은 100각(刻)으로 하고,[794] "1년"이라고 일컫는 것은 360일로 하고, "사람의 나이[人年]"를 일컫는 것은 호적으로 정한다. "무리[衆]"라고 일컬으면 3인 이상이고,[795] "모의[謀]"라고 일컬으면 2인 이상이다.[796]**

제 8 항 **"도사(道士)"나 "여관(女冠)"이라고 일컬으면 비구[僧]나 비구니[尼]도 똑같이 해당된다. 이들의 수업사(受業師)[797]에 대한 관**

793 왕법(枉法)으로……따른다 : 《대명률》〈명례율(名例律)〉 칭여동죄(稱與同罪) 조에 있다.

794 1일이라고……하고 : 1시간마다 8각이 있으므로 자시부터 해시까지 12시이면 96각이나, 자시·오시·묘시·유시인 사정(四正)은 1시간에 1각이 더 많아서 100각이 된다.《律條疏議(上) 240쪽》 율문의 1일은 이 100각을 기준으로 한다.《大明律集說附例 卷1 68張》 이를테면 인명 사건의 보고(保辜) 기한이 30일인데 비록 29일 99각에 죽더라도 역시 기한 내 죽은 것으로 보아 처벌하는 것이다.《大明律集解附例 365쪽》 공역(工役)을 계산할 때는 아침부터 저물 때까지를 1일로 한다.《大明律 名例律 稱日者以百刻》 정부(丁夫)나 잡장(雜匠)이 일할 때는 밤은 쉬는 시간이므로 율문에서 공역을 계산할 때, 아침부터 저녁까지를 하루로 삼고 밤은 계산하지 않으며 반드시 100각을 한도로 할 필요는 없다.《大明律 戶律 戶役 私役部民夫匠》《大明律集說附例 卷1 68張》

795 무리[衆]라고……이상이고 : 가령 무리를 모아 중도에서 차인(差人)을 때리고 죄수를 탈취하였을 경우 무리가 반드시 3인 이상이어야 처벌할 수 있다.《大明律 刑律 盜賊 劫囚》《大明律集說附例 卷1 68張》

796 1일이라고……이상이다 : 《대명률》〈명례율(名例律)〉 칭일자이백각(稱日者以百刻) 조에 있다.

797 수업사(受業師) : 절이나 도관(道觀)에서 직접 경전이나 교리를 이어받아 스승으로 삼기에 합당한 자를 이른다.《大明律 名例律 稱道士女冠》

계는 백숙 부모에 대한 관계와 같고,[798] 수업사의 제자(弟子)에 대한 관계는 백숙 부모의 조카에 대한 관계와 같다.[799] [800]

제9항 **봉관(封官)이나 증관(贈官)[801]은 정관(正官)과 같게 대우한다.[802] [803]**

제10항 **재물을 공공연하게 취하거나[公取], 몰래 취하면[竊取] 모두 도(盜)이다.[804]**

798 이들의……같고 : 가령 속인(俗人)이 자신의 백숙 부모를 욕하면 장 60 도 1년인데, 도사·여관·비구·비구니가 그 스승을 욕하면 역시 장 60 도 1년에 처하는 것과 같은 따위이다.《大明律集說附例 卷1 69張》

799 수업사의……같다 : 가령 속인(俗人)이 자신의 조카를 때려서 죽이면 장 100 도 3년인데, 도사·여관·비구·비구니가 수업사의 제자를 죽이면 역시 장 100 도 3년인 것과 같은 따위이다.《大明律 刑律 鬪毆 毆期親尊長》《大明律集說附例 卷1 69張》

800 도사(道士)나……같다 : 《대명률》〈명례율(名例律)〉 칭도사여관(稱道士女冠) 조에 있다.

801 봉관(封官)이나 증관(贈官) : 은전(恩典)이 부모에게 더해질 때 생전에 더해지면 '봉(封)'이라 하고, 사후에 더해지면 '증(贈)'이라 한다.《大明律集解附例 246쪽》

802 정관(正官)과 같게 대우한다 : 모두 현임 정관(正官)과 같은 복식을 하고, 장사(葬事)·제사(祭事)·비갈(碑碣) 따위를 현임관의 제도처럼 할 수 있다.《律條疏議(上) 147쪽》

803 봉관(封官)이나……대우한다 : 《대명률》〈명례율(名例律)〉 이리거관(以理去官) 조에 있다.

804 재물을……도(盜)이다 : 《대명률》〈형률 도적(盜賊)〉 공취절취개위도(公取竊取皆爲盜) 조에 있다. 공취(公取)는 도둑질하는 사람이 공공연히 그 재물을 얻는 것이며, 절취(竊取)는 몸을 숨기고 얼굴을 가린 채 몰래 그 재물을 얻는 것이다. 모두 도(盜)라 한다.

제11항 **준 자와 받은 자 모두에게 죄가 되는 장물(贓物) 및 범금물(犯禁物)[805]은 관에 들인다. 협박하여 얻거나 부당하게 요구한 장물은 주인에게 돌려준다.[806]**

제12항 **장물(贓物)의 액수를 계산할 때는 죄를 범한 지역과 범행 당시의 평균 물가를 기준으로 해서 계산하여 죄목을 정한다. 고임전(雇賃錢)을 계산할 때에는 하루에 동전 60문(文)으로 하되, 본래의 가격을 넘을 수 없다.**〈율〉[807]

제13항 **동료(同僚)가 함께 공죄(公罪)를 범하면[808] 당상관이 있는 아문에서는 행수(行首)가 장관(長官)이 되고, 차관(次官) 이하가 좌이관(佐貳官)이 되고, 당하관이 수령관(首領官)이 된다.** 1 성균관과 같은 아문에서는 7품 이하관이 수령관이 된다. **당상관이 없는 아문에서는 행수가 장관이 되고, 차관 이하가 좌이관**

805 범금물(犯禁物) : 마땅히 금해야 할 병기 및 금서(禁書) 따위로, 사가(私家)의 소유가 금지된 물건이다. 사람이나 말의 갑옷, 금서, 천문 관측 도구, 천문서, 도참서, 역대 제왕의 도상(圖像)이나 금옥(金玉)으로 만든 부절(符節)·어새(御璽) 등이다.《大明律 名例律 給沒贓物》《大明律附例(上) 175쪽》)

806 준……돌려준다 :《대명률》〈명례율(名例律)〉 급몰장물(給沒贓物) 조에 있다.

807 장물(贓物)의……없다 :《대명률》〈명례율(名例律)〉 급몰장물(給沒贓物) 조에 있다.

808 동료(同僚)가……범하면 : 동료 관원과 이전(吏典)이 문안에 연명으로 서명하고 공무를 판단함에 착오는 있으나 사사로운 의도나 불공정함이 없는 경우이다.《大明律 名例律 同僚犯公罪》

이 되고, 7품 이하가 수령관이 된다.[809] 두 등급의 관원만 있는 곳에서는 장관과 수령관으로만 나누고, 같은 등급의 관원만 있는 곳에서는 수령관으로만 논하고, 무록관(無祿官)이 있는 곳에서는 녹관(祿官)도 통틀어 계산한다.[810 811] 〈경〉

제14항 "도배(徒配)"라고 일컬으면 도(徒) 3년으로 정배하는 것이고, "정배(定配)"라고 일컬으면 무기한으로 정배하는 것이고, "장을 치다[決杖]"라고 일컬으면 장 100을 치는 것이고, "태를 치다[決笞]"라고 일컬으면 태 50을 치는 것이다.

제15항 대체로 "이상(以上)", "이하(以下)"라고 하는 것은 나이로써 말하는 것이니, 《대명률》에 이른바 70세 이상, 15세 이하라

809 당상관이 있는……된다 : 이전(吏典)을 수범(首犯)으로 하여 수령관은 이전의 죄에서 1등급을 줄이고, 좌이관은 수령관의 죄에서 1등급을 줄이고, 장관은 좌이관의 죄에서 1등급을 줄이는 것이다. 《大明律 名例律 同僚犯公罪》 당상관이 있는 아문은 육조, 당상관이 없는 아문은 봉상시 같은 유이다. 《世宗實錄 17年 6月 24日》

810 두……계산한다 : 오부와 같은 유의 두 등급만 있는 곳은 정관(正官) 및 수령관으로, 궁직(宮直) 같은 유의 같은 등급의 관원만 있고 차관(次官)이 없는 곳은 수령관으로만 논하도록 하였고, 혜민국(惠民局)과 같이 제거(提擧)와 별좌(別坐)가 있는 곳은 녹관을 통틀어 계산하도록 하였다. 위의 경우 모두 이전(吏典)을 수범으로 하고, 등급을 나누어 차례로 줄인다. 《世宗實錄 17年 6月 24日》

811 동료(同僚)가……계산한다 : 1435년(세종17) 대소 관리의 죄를 정할 때에 중국의 사등 관리(四等官吏)의 체감(遞減)하는 법에 따라 처벌하도록 하교하여 형조와 상정소(詳定所)에서 관련 규정을 마련하였다. 《世宗實錄 17年 6月 24日》《經國大典 刑典 推斷》

는 것[812]은 곧 70세부터, 15세부터 계산하는 것을 말한다. 나머지도 모두 이를 따른다.

제16항 "문무관(文武官)"이라고 말하는 경우 음관(蔭官)도 해당된다.

제17항 명나라의 천호(千戶)는 우리나라의 천총(千摠)과 같고, 백호(百戶)는 우리나라의 초관(哨官)과 같다. 총병장군(總兵將軍)은 즉 병사를 거느리고 싸우거나 수비하는 장수이다. 수어관(守禦官)은 우리나라의 방어사(防禦使) 이하의 부류와 같다. 지휘사(指揮使)는 우리나라의 병사(兵使)나 수사(水使)의 부류와 같다. 도지휘사(都指揮使)는 우리나라의 통제사(統制使)나 통어사(統禦使)의 부류와 같다. 포정사(布政使) 및 안찰사(按察使)는 우리나라의 감사(監司)와 같다. 도독부(都督府)는 우리나라의 옛날 도총부(都摠府)와 같다. 찰원(察院 도찰원)은 우리나라의 사헌부와 같다. 사보(四輔) 1 좌보궐(左補闕), 우습유(右拾遺), 사간(司諫), 입언(立言)이다. 가운데 보궐(補闕)·습유(拾遺)는 우리나라의 옥당(玉堂)과 같고, 사간(司諫)·입언(立言)은 우리나라의 사간(司諫)·정언(正言)과 같다.〈보〉

812 대명률에……것 : "70세 이상이나 15세 이하 및 폐질(癈疾)인 사람이 유죄(流罪) 이하의 죄를 범하면 속전을 받는다."라는 조문이나 "팔의(八議)에 해당하는 사람, 70세 이상이나 15세 이하 및 폐질인 사람은 모두 고신하기에 합당하지 않으니 모두 여러 증인에 의거하여 죄를 정한다."라는 조문 등이다.《大明律 名例律 老小癈疾收贖, 刑律 斷獄 老幼不拷訊》

曲律通補

전율통보 공전

제6권

공전 목록(工典目錄)

공전(工典)

1 속아문(屬衙門)은 상의원(尙衣院), 선공감(繕工監), 장원서(掌苑署), 조지서(造紙署), 와서(瓦署)이다.〈경〉

제1조 교로(橋路)

제1항 **도성(都城) 내 도로는** **1** 대로(大路)는 너비 56자(尺), -1 영조척(營造尺)이다.- 중로(中路)는 16자, 소로(小路)는 11자, 양편의 수구(水溝)의 너비는 각각 2자이다.〈경〉 **공조와 한성부에서 수치(修治)하고 도랑과 교량은 준천사에서 수축(修築)한다.**〈경〉〈증〉 **2** 송기교(松杞橋)로부터 장통교(長通橋)에 이르는 사이는 훈련도감, 장통교로부터 태평교(太平橋)에 이르는 사이는 금위영, 태평교로부터 영도교(永渡橋)에 이르는 사이는 어영청이 맡고 사산참군(四山參軍)이 나누어 관장하여 순시한다. 도랑에 모래가 쌓이거나 석축이 파손된 곳은 준천사에 보고한다.〈증〉 **3** 천(川)과 지(池)와 성장(城墻)은 근방에 사는 사람에게 나누어 주어 관리한다. **지방의 도로에는 10리마다 소후(小堠)를 세우고 30리마다 대후(大堠)를 세운다.**〈경〉 **4** 후(堠)는 속칭 장생(長栍 장승)이니 이수(里數)와 지명을 새긴다.〈경〉〈보〉 **5** 6자는 -2 주척(周尺)이다.- 1보(步)이고 360보는 1리이고 30리는 1식(息)이다.〈속〉

제2항 **교량이나 도로는 농한기에 늘 수리한다.** ❶ 파손되어 통행하는 데에 방해가 되면 관리는 태(笞) 30이고, 교량을 만들어야 하는데 만들지 않거나 나룻배를 배치해 두어야 하는데 배치하지 않으면 태 40이다.[1]

제3항 **거리나 도로를 침범해 점거하고서 집을 짓거나 원포(園圃)를 만들면 장(杖) 60이고,** ❶ 복구하게 한다. **담장을 뚫어 오물을 길거리로 내보내면 태(笞) 40이다.** ❷ 물을 흘려 버리는 것은 논하지 않는다.[2] 〈율〉 ❸ 도성 안의 도로를 침범하여 점거하거나 파내거나 도로에 오물을 버리면 본부(本部)의 관리 및 관령(管領)을 아울러 처벌한다.〈경〉

1 교량이나……40이다 : 《대명률》 〈공률 하방(河防)〉 수리교량도로(修理橋梁道路) 조에 있다.

2 거리나……않는다 : 《대명률》 〈공률 하방(河防)〉 침점가도(侵占街道) 조에 있다.

제2조 영선(營繕)

제1항 **자문감(紫門監), 구영선(九營繕)은** [1] 선공감의 관원을 1인씩 나누어 차출한다. **궐내와 궐외의 수리를 관장한다.** [2] 자문감은 시어소(時御所) 각 전(殿)·각 당(堂), 내각사(內各司)의 공해(公廨)에 대한 보수 및 차비문(差備門) 내 각종 사용 기물의 제작을 관장한다. [3] 구영선 가운데 일소(一所)는 종묘, 선잠단(先蠶壇) 상하, 비변사, 기로소, 첨성대(瞻星臺), -[1] 관상감 내에 있다.- 전옥서, 우순청(右巡廳), 숙정문(肅靖門), 이간수구문(二間水口門)을 관장한다.〈속〉 [4] 이소(二所)는 사직, 덕흥대원군(德興大院君)의 사당, 저경궁(儲慶宮), 서단(西壇), -[2] 양화진(楊花津) 곁에 있다.- 남관왕묘(南關王廟), 의금부, 의금부 상하 당직, 돈녕부 조방(朝房), 서활인서(西活人署), 광지영(廣智營), 여수영(旅帥營), -[3] 위장소(衛將所)에 있다.- 동대문(東大門)을 관장한다. 〈속〉〈증〉〈보〉 [5] 삼소(三所)는 영희전(永禧殿), 육상궁(毓祥宮), 어의궁(於義宮), 창의궁(彰義宮), 중추부, 예조, 봉상시, 선인문(宣仁門) 밖의 의정부 조방, 종각(鍾閣), 남대문(南大門)을 관장한다. [6] 사소(四所)는 대빈궁(大嬪宮), 광명전(光明殿), 한강단(漢江壇), -[4] 나루 곁에 있다.- 방림원(芳林苑), -[5] 개양문(開陽門) 남쪽에 있다.- 사헌부, 사간원, 중학(中學), 돈화문(敦化門) 밖의 의정부 조방, 모화관(慕華館), 오간수구문(五間水口門), 안현(鞍峴)을 관장한다. [7] 오소(五所)는 경희궁(慶熙宮)의 십이별당(十二別堂), 연호궁(延祜宮), 우단(雩壇), 향교동(鄕校洞)의 본궁(本宮), 거동(車洞) 비각(碑閣), 함춘원(含春苑), -[6] 홍화문(弘化門) 동쪽이

다. - 방마원(放馬苑), -7 선인문(宣仁門) 월변(越邊)에 있다. - 돈녕부, 남학(南學), 좌순청(左巡廳), 홍문관 조방, 역마영(驛馬營), 광희문(光熙門)을 관장한다.〈속〉〈증〉 8 육소(六所)는 장생전(長生殿), 남단(南壇), -8 곧 풍운뇌우단(風雲雷雨壇)이다. - 상림원(上林苑), -9 경추문(景秋門) 서쪽에 있다. - 의정부, 의빈부, 훈련원, 규장각 조방, 남별영(南別營), 서영(西營), 유하정(流霞亭), 목멱당(木覓堂), -10 목멱산(木覓山)에 있다. - 창의문(彰義門)을 관장한다.〈속〉〈증〉〈보〉 9 칠소(七所)는 선농단(先農壇), 사한단(司寒壇), 둑소(纛所), 동관왕묘(東關王廟), 성균관, 동학(東學), 중추부 조방, 태평관(太平館), 혜화문(惠化門)을 관장한다.〈속〉〈증〉 10 팔소(八所)는 경모궁(景慕宮), 경복궁(景福宮), 북단(北壇), -11 곧 북교(北郊)이다. - 여단(厲壇), 선무사(宣武祠), 종친부, 경희궁 내각사(內各司), 서학(西學), 동활인서(東活人署), 의정부 상하 조방, 남영(南營), 북일영(北一營), -12 무덕문(武德門) 밖에 있다. - 우모자취가가(牛毛煮取假家), -13 내섬시 안에 있다. - 소의문(昭義門)을 관장한다. 11 구소(九所)는 융복전(隆福殿), 정업원(淨業院) 비각, -14 동문(東門) 밖에 있다. - 이조, 종부시, 종친부 조방, 사간원 조방, 집춘영(集春營), 궐외 군보(闕外軍堡), 돈의문(敦義門)을 관장한다.〈속〉〈증〉〈보〉 12 북한산성(北漢山城) 행궁(行宮)은 총융청에 소속시킨다.〈증〉 **모든 영선(營繕)할 곳은 해당 관원이 본사(本司) 관원과 함께 조사한다.**〈속〉 13 대내(大內)에서 시급하게 개수할 적에 공사가 거대하고 기간이 촉박하면 구영선에서 공사를 분담하여 함께 일한다.〈증〉 14 영선할 적에 숫자를 부풀려 거짓으로 보고한 경우 파직한다.〈속〉 15 언제부터 언제까지의 수리한 연조(年條)를 기록해 두며, 3년 안에 무너지면 공사한 해당 장인은 법에 따라 다스리고 감독 관원은 논책한다.〈증〉

제2항 **궐내 각 관사에서는 사계삭(四季朔)마다 병조의 입직 당상과 낭관, 호조 낭관, 4소(所) 위장(衛將)[3]이 순찰하고 계문한다.** ❶ 경희궁(慶熙宮)은 매년 봄가을 마지막 달 1일에 호조 낭관과 위장이 순찰한다.〈보〉

제3항 **지방의 공해(公廨)는 장계로 보고한 뒤에 영선한다.** ❶ 수리는 관찰사에게만 보고하고 지방의 인리(人吏)와 일수(日守) 및 관노(官奴)로 하여금 부역하게 한다. ❷ 원우(院宇)는 부근의 백성을 정하여 원주(院主)로 삼고 수리하게 한다. 대로(大路)·중로(中路)·소로(小路)로 나누고 호수(戶數)를 정한다.[4]〈경〉

제4항 **공해(公廨), 창고(倉庫), 국(局), 원(院), 관(官)에 속한 건물이 파손되면 즉시 수리한다. 이를 어기면 태(笞) 40이다.** ❶ 이로

3 4소(所) 위장(衛將) : 동소(東所), 서소(西所), 남소(南所), 북소(北所)의 위장이다.

4 원우(院宇)는……정한다 : 《경국대전》〈공전 원우(院宇)〉에 있다. 대로는 서울에서 개성부(開城府)·죽산(竹山)·직산(稷山)·포천(抱川)까지이고 5호(戶)를 원주(院主)로 정하며, 중로는 서울에서 양근(楊根)까지, 죽산에서 상주(尙州)까지, 진천(鎭川)에서 성주(星州)까지, 직산에서 전주(全州)까지, 개성부에서 중화(中和)까지, 포천에서 회양(淮陽)까지이고 3호를 원주로 정하며, 나머지 소로는 2호를 원주로 정한다.

인하여 관물(官物)을 파손하면 율(律)에 따라 죄목을 정하고 배상하게 한다.[5] 〈율〉

5 공해(公廨)……한다 : 《대명률》 〈공률 영조(營造)〉 수리창고(修理倉庫) 조에 있다.

제3조 도량형(度量衡)

제1항 여러 관사와 여러 읍(邑)의 도량형은 공조가 제작하여 낙인한다.〈경〉

제2항 길이와 무게의 제도는 황종(黃鍾)을 준용하고, 부피의 제도는 공용이나 사용이나 호조의 말(斗)과 되(升)를 준용한다.〈경〉〈증〉

❶ 길이는 10리(釐)를 1푼(分), 10푼을 1치(寸), 10치를 1자(尺), 10자를 1장(丈)으로 한다. 주척(周尺)을 황종척(黃鍾尺)으로 환산하면 주척 1자는 6치 6리에 해당하고, 영조척(營造尺)을 황종척으로 환산하면 8치 9푼 9리에 해당하고, 조례기척(造禮器尺)을 황종척으로 환산하면 8치 2푼 2리에 해당하고, 포백척(布帛尺)을 황종척으로 환산하면 1자 3치 4푼 8리에 해당한다. 〈경〉 -❶ 척도(尺圖)는 〈별편(別編)〉에 보인다.〈보〉- ❷ 무게는 황종의 관(管)을 이용하는데 그곳에 채운 물의 무게가 88푼(分)이다. 10리(釐)를 1푼, 10푼을 1돈(錢), 10돈을 1냥(兩), 16냥을 1근(斤)으로 한다. 대칭(大秤)은 100근이고, 중칭(中秤)은 30근 혹은 7근이고, 소칭(小秤)은 3근 혹은 1근이다. ❸ 부피는 10사(勺)를 1홉(合), 10홉을 1되, 10되를 1말, 15말을 소곡(小斛) 또는 평석(平石), 20말을 대곡(大斛) 또는 전석(全石)으로 한다.〈경〉 ❹ 호조의 동곡(銅斛)은 입구가 세로 1자 9치, -❷ 영조척이다.- 너비 1자 2치 8푼, 높이 1자 1치 7푼, 바닥이 세로 2자 2치 4푼, 너비가 1자 5치 6푼이다. 말은 둘레가 8치 8푼, 높이가 3치이다. 되는 세로가 5치 9푼, 너비가 2치 2푼, 높이가 1치 8푼이다.

〈보〉 **5** 군문(軍門)의 대곡도 호조의 곡(斛 휘)을 따른다.〈증〉

제3항 매 추분일에 서울은 공조가, 지방은 영(營)과 진(鎭)에서 공사(公私)의 말과 곡(斛)을 거두어 다시 평교(平校)하여 낙인한다.

1 법대로 제작하지 않은 경우와 낙인 자국이 명확하지 않은 경우는 위령률(違令律)[6]로 논한다.〈속〉 **2** 말과 되를 간민(奸民)이 사적으로 늘리거나 줄이는 경우가 있으면 엄히 다스리고 해당 서(署)의 관원은 제서유위율(制書有違律)[7]로 논한다.〈증〉 **3** 곡(斛), 말, 저울, 자를 규격에 맞지 않게 사사로이 시장에서 사용하거나 관(官)에서 내려 준 곡, 말, 저울, 자를 늘리거나 줄이면 장(杖) 60이다. 공장(工匠)도 같은 죄이다. **4** 창고를 담당하는 관리가 관에서 내려 준 곡, 말, 저울, 자를 사사로이 늘리거나 줄여 관물(官物)을 거두거나 지불할 때 공정하게 하지 않으면 장 100이다. 증감한 물건은 장물(贓物)로 계산하여 죄가 무거우면 좌장(坐贓)[8]으로 논한다. 이로 인하여 얻은 물건을 자

6 위령률(違令律) : 《대명률》 〈형률 잡범(雜犯)〉 위령(違令) 조의 율로, "영(令)을 어기면 태 50이다."라고 하였다.

7 제서유위율(制書有違律) : 《대명률》 〈이율 공식(公式)〉 제서유위(制書有違) 조의 율로, "제서를 받들어 시행할 때에 어기면 장 100이다."라고 하였다.

8 좌장(坐贓) : 《대명률》 〈형률 수장(受贓)〉 좌장치죄(坐贓致罪) 조에, "관리나 일반인이 일과 관련 없이 재물을 받으면 좌장으로 죄를 지은 것이다. 각 관련자로부터 받은 재물을 통틀어 계산하여 절반으로 과죄한다. 재물을 준 사람은 5등급을 줄인다. 받은 재물이 1관 이하이면 태 20이고……40관이면 장 60이고……100관이면 장 60 도 1년이고……500관 이상이면 장 100 도 3년이다."라고 하였다.

기 것으로 삼으면 감수자도(監守自盜)[9]로 논한다. 공장은 장 80이다. 감림관(監臨官)이 알면서도 적발하지 않으면 범인과 죄가 같다. 잘못을 발각하지 못하면 3등급을 줄이되, 장 100에 그친다.[10] 〈율〉

9 감수자도(監守自盜) : 《대명률》 〈형률 도적(盜賊)〉 감수자도창고전량(監守自盜倉庫錢糧) 조에 있다. 감림(監臨)이나 주수(主守) 자신이 창고의 돈이나 식량이나 그 밖의 물건을 훔치면, 수범과 종범을 구분하지 않고 병장(併贓)으로 논죄한다. 병장은 10인이 여러 차례에 걸쳐 함께 관전(官錢) 40관(貫)을 훔치면, 비록 각각 4관씩 나누어 자신의 것으로 삼더라도 통틀어 계산하여 1건으로 삼아 그 10인은 각각 40관을 훔친 죄로 보아 모두 참형이고, 10인이 함께 5관을 훔치면 모두 장 100인 따위이다.

10 곡(斛)……그친다 : 《대명률》 〈호율 시전(市廛)〉 사조곡두칭척(私造斛斗秤尺) 조에 있다.

제 4 조 주거(舟車)

제 1 항 각 진(津)의 관선(官船)은 액수를 정하여 문안(文案)에 기록하고 별장이 검사하여 살핀다.〈속〉 ❶ 삼전도(三田渡) 3척, 송파(松坡) 9척, 광진(廣津) 4척, 신천(新川) 2척, 한강(漢江) 10척, 서빙고 5척, 노량(露梁) 10척, 동작(銅雀) 5척, 양화도(楊花渡) 9척, 공암(孔巖) 5척, 철곶(鐵串) 1척이다. 삼전도 별장이 송파, 광진, 신천을 겸하여 관할하고 수어청에 소속된다. 한강 별장이 서빙고를 겸하여 관할하고 훈국에 소속된다. 노량 별장이 동작을 겸하여 관할하고 금위영에 소속된다. 양화도 별장이 공암, 철곶을 겸하여 관할하고 어영청에 소속된다. 4개 진의 별장 또한 균역청에 소속되어 왕래하는 공사(公私)의 선척을 구검(句檢)하게 하고, 매년 조선(漕船)의 퇴재(退材)[11]를 주어 배를 개조하는 데 보태도록 한다.〈속〉〈증〉〈보〉 ❷ 파주(坡州), 임진(臨津)은 총융청에 소속되고, 또한 균역청에서 매년 돈을 주어 배를 개조하는 데 보태도록 한다.〈속〉〈보〉 ❸ 균역청에서 세(稅)를 걷은 뒤로 모든 배는 균역청에 소속되고, 공조가 낙인하고 배를 점고하는 규정과 관찰사가 세초(歲抄)에 계문하는 법은 모두 폐지하였다.[12]〈증〉 ❹ 삼군문과 각 도의 면세선(免稅船)은 〈호전〉의 〈균역(均役)〉 조에 보인다.[13] 그 외 《속대전》에 기재된 종친부

11 조선(漕船)의 퇴재(退材) : 선박의 사용 연한이 다 되어 물러난 배에서 뜯어낸 재목을 가리킨다. 《承政院日記 英祖 30年 6月 12日》

12 균역청에서……폐지하였다 : 《대전통편》 〈공전 주거(舟車)〉에 있다.

13 삼군문과……보인다 : 《전율통보》 〈호전 균역(均役)〉 5항 참조.

등의 부서 및 내사(內司)와 각 궁방의 시초(柴草) 운반선은 모두 빌려 쓰게 한다.〈증〉〈보〉 5《경국대전》 법에 "해선(海船)은 길이 42자-1 영조척(營造尺)이다.-너비 18자 9치 이상을 대선(大船)이라 하고, 길이 33자 6치 너비 13자 6치 이상을 중선(中船)이라 하고, 길이 18자 9치 너비 6자 3치 이상을 소선(小船)이라 한다. 강선(江船)은 길이 50자 너비 10자 3치 이상을 대선이라 하고, 길이 46자 너비 9자 이상을 중선이라 하고, 길이 41자 너비 8자 이상을 소선이라 한다. 어선(魚船)의 척수도 같다. 모두 5년이 되면 수리하고 10년이 되면 개조(改造)한다."라고 하였다.〈보〉

제 2 항 **진선(津船 나룻배)을 그대로 타고 가 함부로 다른 곳을 건넌 경우는 대부(大夫)와 사서인(士庶人)을 막론하고 정배율(定配律)로 논한다.** 1 선주(船主)가 즉시 관에 고하지 않은 경우도 같은 죄이다.

제 3 항 **각 진(津)을 지나가거나 왕래하는 배가 침몰하는데 다른 뱃사람이 즉시 구제하지 않으면 선주(船主), 진부(津夫)는 장(杖) 100이다.** 1 별장은 엄하게 곤(棍)을 친다.〈속〉

제 4 항 **관(關)이나 진(津)을 왕래하는 배를 즉시 검문하여 통행하게 하지 않고서 이유 없이 가로막으면 1일에 태(笞) 20이고, 1일마다 1등급을 더하되 태 50에 그친다.**[14]

14 관(關)이나……그친다 :《대명률》〈병률 관진(關津)〉 관진유난(關津留

제5항 사공이 풍랑을 만나면 사람을 태워 건너는 것을 허락하지 않는다. 어기면 태(笞) 40이다. ❶ 풍랑을 고려하지 않고 고의로 배를 띄워 강 가운데서 배를 멈추고 뱃삯을 강제로 요구하면 장(杖) 80이다. 이로 인해 사람을 살상하면 고의로 살상한 것[15]으로 논한다.[16] 〈율〉

제6항 공용(公用)과 사용(私用)의 수레는 한성부에서 낙인하고 문안(文案)에 등록한다. 〈속〉 ❶ 군문(軍門)과 준천사의 모래 운반 수레는 그렇게 하지 않는다. 〈증〉 ❷ 타인의 수레를 함부로 등록한 경우는 가장과 관리를 제서유위율(制書有違律)[17]로 논한다. 〈속〉 ❸ 서울의 모인(募人)이 차계(車契)를 결성하여 국역을 지는 경우 한성부에 소속시켜 한거(漢車)라고 명명한다. ❹ 《경국대전》 법에 "여러 관사, 여러 읍(邑), 여러 역(驛)에는 수레를 두어 물건을 수송한다."라고 하였다. 〈보〉

제7항 관(官)의 수레나 배를 사사로이 빌려쓰거나 빌린 것을 다시 다른 사람에게 빌려주면 ❶ 가게, 집, 연자매 따위도 같다. **태(笞) 50이다. 그 날짜를 조사하여 빌려 쓴 값을 추징해서 관**

難) 조에 있다.

15 고의로 살상한 것 : 《대명률》 〈형률 인명(人命)〉 투구급고살인(鬪毆及故殺人) 조에 "고의로 죽이면 참형이다."라고 하였다.

16 사공이……논한다 : 《대명률》 〈병률 관진(關津)〉 관진유난(關津留難) 조에 있다.

17 제서유위율(制書有違律) : 《대명률》 〈이율 공식(公式)〉 제서유위(制書有違) 조의 율로, "제서를 받들어 시행할 때에 어기면 장 100이다."라고 하였다.

에 귀속시킨다. 빌려 쓴 값을 계산하여 죄가 무거우면 좌장(坐贓)[18]으로 논하되 1등급을 더한다.[19]

제8항 **관(官)의 수레나 배를 타는 경우 사적으로 싣는 물건은 입고 있는 의복과 휴대하는 병장기를 제외하고 30근을 넘을 수 없다. 어기면 10근에 태(笞) 10이고, 20근마다 1등급을 더하되 장(杖) 70에 그친다.** 1 부탁을 받아 다른 사람의 물건을 실으면 부탁한 사람도 같은 죄이다. 그 물건은 관에 귀속시킨다. 해당 관사에서 알고도 묵인하면 같은 죄이다.[20] 〈율〉

18 좌장(坐贓) : 《대명률》〈형률 수장(受贓)〉 좌장치죄(坐贓致罪) 조에 있다. 자세한 내용은 330쪽 주8 참조.

19 관(官)의……더한다 : 《대명률》〈호율 전택(田宅)〉 사차관거선(私借官車船) 조에 있다.

20 관(官)의……죄이다 : 《대명률》〈병률 우역(郵驛)〉 승관축산거선부사물(乘官畜產車船附私物) 조에 있다.

제5조 재식(栽植)

제1항 **매년 봄과 겨울에** ❶ 2월과 10월이다. **사산(四山)을 관리하는 책임을 분담받은 자에게** ❷ 분담받은 곳이 없으면 방리(坊里) 사람이 담당한다. **소나무와 잡목을 심게 하고,** ❸ 어긴 자는 처벌한다. ❹ 비변사에 있는 해송자(海松子)를 벌거벗은 산기슭에 많이 심는다. **매달 공조의 낭관이 순행하면서 살펴보고 벌목을 금지한다.**〈속〉 ❺ 외방 고을 사람이 소나무 1000그루를 사적으로 심어 재목을 만들었을 경우 수령이 직접 살펴본 다음 관찰사에게 보고하여 논상(論賞)한다.〈증〉 ❻ 안면곶(安眠串), 변산(邊山) 및 다른 해도(海島)는 매년 봄에 어린 소나무를 심거나 종자를 뿌리고, 세초(歲抄) 때 심은 숫자를 갖추어 계문한다. 이를 어겼을 경우 산지기는 장(杖) 80이고, 해당 관리는 장 60이다.〈경〉 ❼ 강화(江華) 연변에는 매년 해송(海松)을 파종하고, 탱자를 심은 숫자까지 함께 별단(別單)에 기록하여 보고한다.〈증〉

제2항 **수령은 백성에게 뽕나무를 심게 한 다음 공조에 보고하여 성안(成案)하고, 허실을 상고하여 상벌을 준다.**

제3항 **행행(幸行)할 때 왕이 머문 곳과 강무(講武)하거나 활쏘기를 연습하는 장소는 관할 고을로 하여금 잡목을 심고 불을 사용하는 것과 벌목을 금지하게 한다.**〈속〉 ❶ 왕이 머문 곳에는 경계를 정하고, 이곳을 침범하여 경작하는 것을 엄히 금한다.〈증〉

제4항 **장원서의 경외(京外) 과원(果園)에는 원지기(苑直)를 정해 관리하게 하고 관원이 왕래하며 살핀다.** 1 강화(江華), 남양(南陽), 개성부(開城府)에는 장원서의 노(奴)를 보내고, 과천(果川), 고양(高陽), 양주(楊州), 부평(富平)은 부근에 사는 백성을 분정(分定)하여 관리하게 한다.

제5항 **제주 3읍(濟州三邑)의 희귀한 과실나무는 그곳에 거주하는 백성이 재배하게 하고 근만(勤慢)을 살펴 상벌을 시행한다.** 1 당감자(唐柑子), 당유자(唐柚子), 유감(乳柑), 동정귤(洞庭橘)을 재배하는 양의 많고 적음에 따라 복호(復戶)해 주거나 면포(綿布)를 상으로 내려 준다. 상을 받은 뒤에 신경 써서 기르지 않아 말라 죽게 한 경우에는 본역(本役)으로 환원하고 상포(賞布)도 돌려받는다. 그리고 매년 세초(歲抄) 때 계문한다.⟨속⟩

제6항 **여러 고을의 옻나무, 뽕나무 그리고 과실나무의 그루 수와 닥나무 밭, 왕골 밭 그리고 전죽(箭竹)이 생산되는 곳은 장부를 만들어 공조, 본도(本道), 본읍(本邑)에 보관하고, 재배하여 기르도록 한다.**⟨경⟩ 1 잠실(蠶室) 근방 지역에는 여러 관사와 민호(民戶)에 뽕나무를 심어 재배하도록 한다. 장원서의 과실나무는 심거나 접붙인 그루 수를 장부에 기록하고, 여러 관사의 관사 안에 있는 뽕나무와 과실나무도 장부에 기록한다. 여러 관사와 지방 고을의 오동나무, 여러 지역의 전죽, 제주(濟州)의 비자나무·노(櫨)나무·산유자나무·이년목(二年木), 경상도와 전라도 연해 고을의 감나무·귤나무·유자나무를 재배하고 간수

하고 검찰하는 방법은 《경국대전》에 실려 있다.〈보〉

제7항 **압도(鴨島),**〈속〉 ❶ 고양(高陽)에 있다.〈보〉 **율도(栗島)에**〈속〉 ❷ 금천(衿川)에 있다.〈보〉 **소나 말을 방목해서 기르는 경우에는 본래의 주인을 위령률(違令律)[21]로 논죄한다.** ❸ 용산(龍山), 한강(漢江) 등지의 과원(果園)을 짓밟아 손해를 끼치는 자는 금렵례(禁獵例)에 따라 논한다.[22]〈속〉

21 위령률(違令律) : 《대명률》 〈형률 잡범(雜犯)〉 위령(違令) 조의 율로, "영(令)을 어기면 태 50이다."라고 하였다.

22 용산(龍山)……논한다 : 처벌은 《대명률》의 제서유위율(制書有違律)에 따라 장 100이다. 《增補典錄通考 刑典 禁制》

제 6 조 공장(工匠)

제 1 항 **각 관사의 장인(匠人)에 대해 공장안(工匠案)을 만들어 공조와 본사(本司)에 보관한다. 가장 긴요한 일을 담당한 장인에 궐원이 생긴 경우에는 합당한 사람으로 채워 넣는다.**⟨속⟩ ❶ 군사, 보솔(保率), 관속(官屬), 공천(公賤)은 구애하지 않지만 사천(私賤)은 소속시키지 않는다.⟨경⟩⟨속⟩ ❷ 나이가 60이 되면 역에서 면제한다.⟨경⟩ ❸ 공조의 공장은 한결같이 《경국대전》에 정해진 인원수를 따르고, 정해진 인원수 이외에 대신 공급하는 것은 허용하지 않는다. 다른 관사도 같다.[23] ❹ 재주가 숙련되지 않은 사람은 기간을 정해 기술을 전습하도록 하는데, 부지런히 하지 않는 경우에는 가르치는 장인까지 위령률(違令律)에 따라 논죄한다. 또한 해당 관사의 관원이 장인을 데리고 가서 다른 일을 시킬 수 없다.⟨속⟩

제 2 항 **상의원의 궁인(弓人)과 시인(矢人)은 취재(取才)를 통해 선발한다.** ❶ 자기 향리(鄕里)에 살고 있지 않는 자가 들어오는 것을 허락하지 않는다.⟨증⟩

제 3 항 **사옹원의 사기장(沙器匠) 자손은 다른 역에 충정(充定)하지 않고서 대대로 그 업(業)을 전수하도록 한다.**

23 공조의……같다 : 《속대전》 〈형전 공천(公賤)〉에 있다.

제 4 항 옹기점 장인은 군병이나 공천(公賤), 사천(私賤)을 막론하고 옹기 만드는 것을 직업으로 하면 공조에서 세를 거둔다.

제 5 항 무쇠 장인의 경우 한잡인(閑雜人)이 화로를 설치한 곳을 공조에서 척간(擲奸)하여 장부에 기록한다. 1 군병은 장인의 인원수에 옮겨 충정(充定)할 수 없으므로 이를 어기면 난전례(亂廛例)에 따라 죄목을 정한다.[24] 〈속〉 2 20인에서 25인까지는 대야(大冶)가 되고, 15인 이상은 중야(中冶)가 되고, 14인 이하는 소야(小冶)가 된다.[25]

제 6 항 은그릇, 주석그릇, 놋쇠그릇, 구리그릇에는 모두 무게와 만든 연월일을 새긴다.[26] 〈경〉

제 7 항 만드는 일을 법대로 하지 않으면 태(笞) 40이다. 1 군기(軍器)를 만드는 데 법대로 하지 않거나 비단을 직조하는 데 거칠게 짜면 태 50이다. 어용(御用)에 바치는 물건이면 2등급을 더한다. 국(局)의 관원은 공장(工匠)에서 1등급을 줄이며, 제조 관리(提調官吏)는 국의 관원에서 또 1등급을 줄인다.[27] 〈율〉

24 군병은……정한다 : 난전례에 따른 군병에 대한 처벌은 《대명률》의 불응위율(不應爲律)에 따라 장 80이다. 《新補受敎輯錄 工典 工匠》《속대전》에서 난전에 대한 처벌 조문은 〈형전 금제(禁制)〉에 보인다.

25 20인에서……된다 : 《경국대전》 〈공전 경공장(京工匠)〉에 있다.

26 은그릇……새긴다 : 《경국대전》 〈공전 잡령(雜令)〉에 있다.

27 만드는 일을……줄인다 : 《대명률》 〈공률 영조(營造)〉 조작불여법(造作不如法) 조에 있다. 제조 관리(提調官吏)는 감림하거나 감독하는 관원이다.

제8항 **임금이 나누어 주는 책의 장황(粧績)을 법대로 하지 않으면 교서관 장무관(校書館掌務官)은 만드는 일을 법대로 하지 않은 율로 논한다.** ■1 어용(御用)에 바치는 책이면 2등급을 더한다.[28]

제9항 **자문지(咨文紙)와 표지(表紙)를 조잡하게 만든 장인은 첫 번째에 장(杖) 80이고, 한 차례마다 장 10을 더하되 장 100에 그친다.**[29]〈속〉

제10항 **만든 기와가 지나치게 품질이 나빠 규격에 맞지 않으면 중하게 논한다.** ■1 사요(私窯)의 경우는 논죄한 뒤에 해당 기와를 관청에서 몰수한다. 삭목(槊木 기와 틀)은 공조에서 전서(篆書)로 낙인하여 표시를 한다.[30]〈경〉

제11항 **물건을 만드는 국(局)과 원(院)의 두목(頭目)이나 공장(工匠)이 재료를 많이 소모하였다고 하면서 빼돌려 자기 것으로 삼으면 감수자도(監守自盜)[31]로 논한다.** ■1 물건은 추징하여 관에 돌

《大淸律輯註(下), 1057쪽》

28 임금이……더한다 : 교서관 장무관에 대한 처벌은 태 40이다. 어용에 바치는 책이면 2등급을 더하므로, 처벌은 장 60이 된다.

29 자문지(咨文紙)와……그친다 : 《속대전》〈공전 잡령(雜令)〉에 있다.

30 만든……한다 : 《경국대전》〈공전 잡령(雜令)〉에 있다.

31 감수자도(監守自盜) : 《대명률》〈형률 도적(盜賊)〉 감수자도창고전량(監守自盜倉庫錢糧) 조에 있다. 감림(監臨)이나 주수(主守) 자신이 창고의 돈이나 식량이나 그 밖의 물건을 훔치면, 수범과 종범을 구분하지 않고 병장(併贓)으로 논죄한다. 자세한 내용은 331쪽 주9 참조.

려준다. ❷ 관리가 실정을 알면서도 한통속이 되면 더불어 같은 죄이다. 잘못을 발각하지 못하면 3등급을 줄이되, 장 100에 그친다.[32]

제12항 **감림(監臨)하거나 주수(主守)하는 관리가 자기 물건을 가지고 관국(官局)에 들어가서 비단을 짜면 장(杖) 60이다.** ❶ 비단은 관청에 소속시킨다. ❷ 공장(工匠)은 태(笞) 50이다. 국(局)의 관리가 알면서도 적발하지 않으면 같은 죄이다. 잘못을 발각하지 못하면 3등급을 줄인다.[33] 〈율〉 ❸ 여러 관사에서는 사적인 일로 멋대로 공장(工匠)을 침해해서는 안 된다.[34] 〈증〉

32 물건을……그친다 : 《대명률》 〈공률 영조(營造)〉 모파물료(冒破物料) 조에 있다.

33 감림(監臨)하거나……줄인다 : 《대명률》 〈공률 영조(營造)〉 대조단필(帶造段疋) 조에 있다.

34 여러……된다 : 《대전통편》 〈공전 잡령(雜令)〉에 있다.

제7조 잡령(雜令)

제1항 사산참군(四山參軍)이 사산을 나누어 관장하여 나무를 베는 것을 적발하고, 금기(禁忌)해야 할 중요한 곳에는 금표(禁標)를 세운다. ㊄ ㊃ ❶ 도성 안의 금기해야 할 중요한 곳 전체에 금표를 세운다. 그리고 성외(城外)의 경우 현무 주산(玄武主山)에 금표를 세우며, 동쪽 방면으로 중요한 외청룡(外靑龍)인 석가점(釋迦岾) 안쪽 사을한(沙乙閑) 남쪽 가장자리에서부터 적유현(狄踰峴)과 광평대군(廣平大君) 집 북쪽 고개를 넘어 선잠단(先蠶壇)에 이르기까지, 보제원(普濟院) 서쪽 건너편에서부터 안암동(安巖洞)·저방동(猪房洞)·동대문(東大門) 밖에 이르기까지는 모두 산등성마루 안팎에 금표를 세우며, 서쪽 방면으로 중요한 외백호(外白虎)인 모화관(慕華館) 뒤쪽에서부터 사현(沙峴)과 사축서(司畜署)·고개를 넘어 청파(靑坡) 뒤쪽에 이르기까지는 산등성마루 안쪽에 금표를 세우며, 주작 안산(朱雀案山) 남산(南山) 외면(外面)인 남대문 성 밖에서부터 전생서 뒤쪽을 넘어가서 벌아현(伐兒峴)에 이르기까지, 벌아현 동쪽에서부터 두모포(豆毛浦) 뒷산·왕십리(往十里) 뒷산으로 가서 잇따라 수구(水口)에 이르기까지는 산등성마루 안팎에 모두 금표를 세운다. ❷ 집터가 산에 의지하여 있는 곳은 관상감으로 하여금 그 산등성마루나 산기슭을 살펴보게 하여 궁궐이 내려다보여 금기해야 할 곳은 떼어 주지 않으며, 함부로 받아 집을 지은 자는 치죄(治罪)하고 그 집은 철거한다. ㊄ ❸ 도성 내외의 산에 금표를 세우고 인근 사람들에게 나누어 맡도록 하며 산지기

를 정하여 살펴 지키게 한다.[35] 〈경〉 ❹ 도성 내외의 산에서 나무를 베거나 석재(石材)를 떠내는 일에 대한 것은 삼군문(三軍門)에 나누어 소속시켜 엄하게 금지한다. 창의문(彰義門) 바깥은 총융청에 소속시켜 금지하고 보호하게 한다.[36] 〈증〉 ❺ 나무를 베거나 돌을 채취한 자는 장(杖) 90이고, 나누어 주어 관리를 맡은 사람과 산지기는 장 80이고, 해당 관원은 장 60이다. 나무와 돌은 관에서 몰수한다. 나무는 나무를 벤 자로 하여금 베어낸 수만큼 심게 한다.[37] 〈경〉

제 2 항 사옹원에서 자기(磁器)를 구워 만들어 매년 봄가을에 진상한다. ❶ 광주(廣州), 양구(楊口), 진주(晉州), 곤양(昆陽) 등 번토(燔土)로 쓰기에 가장 알맞은 지역에서 흙을 채취한다. ❷ 자기를 구울 때 쓰기 위해 벤 나무에 대해 그 지역 고을에는 30분의 1을 세금으로 내고, 경유하는 고을에는 세금을 내지 않는다. 이를 어기면 수령은 잡아다 처리하고 감관과 색리는 장(杖)을 치고 정배(定配)한다. ❸ 사옹원에서 강물에 띄워 내리는 뗏목에 대한 세금을 거두어들일 때 내수사의 목물(木物)이나 염초청(焰硝廳)의 토목(吐木)을 막론하고 10분의 1을 세금으로 거둔다. ❹ 세금을 거두어들일 때 만약 유용한 목재를 가져간 경우 감관은 장을 치고 원지(遠地)에 정배(定配)하며 번관(燔官)은 장률

35 도성 내외의 산에……한다 : 《경국대전》 〈공전 재식(栽植)〉에 있다.
36 도성 내외의 산에서……한다 : 《대전통편》 〈공전 재식(栽植)〉에 있다.
37 나무를 베거나……한다 : 《경국대전》 〈공전 재식(栽植)〉에 있다.

(贓律)로 논한다.〈속〉 **5** 번관이 별도로 자기를 구워서 정교하게 만든 경우에는 감처(勘處)한다. **6** 광주(廣州)에 있는 번원(燔院)의 시장(柴場)과 산전(山田)은 지방관이 직접 답사하여 조사한 다음 세금을 거두어들이게 해서 민폐를 없앤다.〈증〉

제 3 항 공용지(公用紙)는 지나치게 두껍게 만드는 것을 금한다. **1** 각 관사에서 이를 따르지 않을 경우에는 추고하고 파직한다. **2** 궐내외의 여러 상사(上司)에서 사용하는 종이는 장흥고와 풍저창(豐儲倉)에서 매월 1일에 정해진 법식대로 진배(進排)한다. 이를 어기면 관원은 파직하고 하리(下吏)는 치죄(治罪)한다. **3** 저주지(楮注紙)는 길이 1자 6치, 너비 1자 4치로 한다. 저상지(楮常紙)는 길이 1자 1치, 너비 1자로 한다.〈속〉 **4** 계목지(啓目紙)와 초주지(草注紙)는 1권의 무게를 11냥 이상으로 하며, 차초주지(次草注紙)는 9냥 이상으로 하며, 공사지(公事紙)는 6냥 이상으로 하며, 관교지(官敎紙)는 4근 이상으로 하며, 상품도련지(上品搗鍊紙)는 6근 이상으로 하며, 도련저주지(搗鍊楮注紙)는 2근 이상으로 한다. 대호지(大好紙)와 백면지(白綿紙)는 길이 2자 4치 5푼, 너비 1자 7치 5푼, 무게 3근 14냥으로 한다. 소호지(小好紙)는 길이 2자 2치 5푼, 너비 1자 5치 5푼, 무게 2근 5냥으로 한다.〈증〉

제 4 항 동가(動駕)하거나 전좌(殿座)할 때 횃불을 세우는 일은 무상으로 진배(進排)한다.〈보〉 **1** 능행(陵幸) 때 횃불을 세우는 일은 한성부에서 정비한 길까지 하고, 나머지는 외읍(外邑)에 소속시

킨다.[38] 〈증〉 ❷ 대신(大臣)의 망거(望炬)도 무상이다. 〈보〉 ❸ 승전(承傳)하는 중관(中官)의 망거를 대신하여 싸리나무를 진배할 때에 조종(操縱)하여 다른 사람에게 폐를 끼치면 해당 중관과 신칙하지 못한 해당 관사의 당상과 낭관은 감죄(勘罪)한다.[39] 〈증〉 ❹ 숯은 15말이 1섬이고 매 섬은 150근이다.

제5항 **해서에 상정법(詳定法)을 시행한 이후에는 무쇠 기물(器物) 또한 공인(貢人)이 값을 받고 기물을 갖추어 납부한다.** ❶ 종묘, 사직, 능침(陵寢), 여러 상사(上司)에서 사용하는 무쇠 기물을 해서에 납부하도록 부과한 경우 본도(本道)에서 그 가미(價米)를 납부하고 선혜청에서 공인을 정하여 값을 내주고 기물을 갖추어 납부하게 한다.[40] 〈속〉 ❷ 《경국대전》에 "여러 읍(邑)의 철이 생산되는 곳에 야장(冶場)을 두고 공장(工匠)의 명부(名簿)를 만들어서 공조, 본도(本道), 본읍(本邑)에 보관하며 제련하여 상납하게 한다.[41] 보물이 생산되는 곳도 공장의 명부를 만들어서 공조, 본도, 본읍에 보관하여 간수한다.[42]"라는 법이 있다. 〈보〉

38 능행(陵幸)……소속시킨다 : 《대전통편》 〈공전 경역리(京役吏)〉에 있다.
39 승전(承傳)하는……감죄(勘罪)한다 : 《대전통편》 〈공전 경역리(京役吏)〉에 있다.
40 해서에 상정법(詳定法)을……한다 : 《속대전》 〈공전 공장(工匠)〉에 있다.
41 여러 읍(邑)의……한다 : 《경국대전》 〈공전 철장(鐵場)〉에 있다.
42 보물이……간수한다 : 《경국대전》 〈공전 보물(寶物)〉에 있다.

제6항 땔감을 사용하는 여러 관사에서는 물가에 시장(柴場)을 지급한다. ❶ 상의원·사복시·군기시·예빈시·내수사는 모두 주위 20리이고, 내자시·내섬시·선공감·전생서·사축서는 모두 15리이고, 사포서는 5리이다.[43] ⟨경⟩ ❷ 봉상시의 파평산(坡平山)은 시장을 혁파하고 호조와 선혜청에서 땔감값을 지급한다.[44] ⟨속⟩ ❸ 성균관의 시장은 주위 20리에 푯말을 세우고 나누어 준다.[45] 양근(楊根)의 연양리(淵陽里)에서부터 여주(驪州)와 광주(廣州) 경계까지이다.[46] ⟨속⟩⟨증⟩

제7항 신궁가(新宮家)의 시장(柴場)은 한 곳만 허락한다. ❶ 산림이나 천택(川澤)을 절수(折受)하였다가 민폐 때문에 혁파한 곳은 비변사에서 장부에 기록해 둔다. 새로 절수하는 문서는 계하받은 다음 비변사에서 장부의 기록을 고찰하여 문제가 없을 경우에는 서경(署經)하여 비로소 절수를 허락한다. 이를 어기면 해당 주관 당상은 논죄하여 파직한다.[47] ❷ 궁방(宮房) 시장 안의 산지기는 20호에 한정해서 해당 궁방에 소속시킨다.[48] ⟨속⟩

제8항 사사로이 시장(柴場)이나 초장(草場)을 점거할 경우 장(杖) 80

43 땔감을……5리이다 : 《경국대전》 〈공전 시장(柴場)〉에 있다.
44 봉상시의……지급한다 : 《속대전》 〈공전 시장(柴場)〉에 있다.
45 성균관의……준다 : 《속대전》 〈공전 시장(柴場)〉에 있다.
46 양근(楊根)의……경계까지이다 : 《대전통편》 〈공전 시장(柴場)〉에 있다.
47 신궁가(新宮家)의……파직한다 : 《속대전》 〈호전 어염(魚鹽)〉에 있다.
48 궁방(宮房)……소속시킨다 : 《속대전》 〈공전 시장(柴場)〉에 있다.

이다.[49] 〈경〉

제 9 항 **감림(監臨)하거나 주수(主守)하는 사람이 관 소유의 의복이나 기물 따위를 빌려 쓰거나 그것을 다른 사람에게 빌려주거나 다른 사람이 그것을 빌리면 태(笞) 50이다.** ❶ 10일 경과하면 각각 좌장(坐贓)으로 논하되 2등급을 줄인다. 손실이 있으면 관물을 훼손하거나 잃어버렸을 때 적용하는 율[50]에 따르고 추징하여 배상하게 한다.[51] 〈율〉 ❷ 선공감에서 진배(進排)하는 죽삭(竹索)과 장목(長木)을 사사로이 다른 사람에게 빌려준 자는 감죄(勘罪)한다. 〈증〉

제10항 **불법으로 영조(營造)하거나 제때가 아닌데 영조하면 사람을 부리는 데 들어간 고공전(雇工錢)을 계산하여 좌장(坐贓)으로 논한다.**[52]

제11항 **영조(營造)할 때 재물이나 인부(人夫)의 수량에 대해 사실대로**

49 사사로이……80이다 : 《경국대전》 〈형전 금제(禁制)〉에 있다.

50 관물을……율 : 《대명률》 〈호율 전택(田宅)〉 기훼기물가색등(棄毁器物稼穡等) 조의 율로, "타인의 기물을 버리거나 훼손한 경우, 수목 또는 농작물을 훼손하거나 벤 경우에는 장(贓)을 계산하여 절도에 준해 논하고 자자(刺字)는 면제한다. 관물(官物)이면 2등급을 더한다. 관물을 유실하거나 실수로 훼손하면 각각 3등급을 줄인다."라고 하였다.

51 감림(監臨)하거나……한다 : 《대명률》 〈호율 창고(倉庫)〉 사차관물(私借官物) 조에 있다.

52 불법으로……논한다 : 《대명률》 〈공률 영조(營造)〉 천조작(擅造作) 조에 있다.

신청하지 않으면 태(笞) 50이다. ■ 이미 재물을 손실하였거나 인력을 허비하였으면 손실한 재물값과 허비한 고공전(雇工錢)을 계산하여 죄가 무거우면 좌장(坐贓)으로 논한다.[53] 〈율〉

제12항 **선공감의 두 제조에게 사정이 있으면 시급한 계목(啓目)은 공조에서 거행한다.** 〈증〉

제13항 **여러 공장(工匠)은 모두 정원(定員)이 있다.** ■ 《경국대전》 법에는 공조와 각 관사 및 각 도(道), 각 읍(邑)에 소속된 공장의 명색(名色)과 액수(額數)가 있으나, 《대전통편》에 "경공장(京工匠)의 신구(新舊) 명색이 서로 다르고 액수의 가감(加減)이 정해져 있지 않다. 공조에 공장의 명부(名簿)를 보관하는 법이 폐지되어 행해지지 않고 있다.[54] 외공장(外工匠) 역시 본도(本道)에 장부를 보관하는 규정이 없고 관아에서 사역(使役)할 일이 있으면 민간의 공장을 고용한다.[55]"라고 하였다. 그러므로 지금은 《경국대전》에 따라 단지 그 명색만 총괄하여 〈별편(別編)〉에 기록한다. 〈보〉

53 영조(營造)할……논한다 : 《대명률》 〈공률(工律) 영조(營造)〉 천조작(擅造作) 조에 있다.

54 경공장(京工匠)의……있다 : 《대전통편》 〈공전 경공장(京工匠)〉에 있다.

55 외공장(外工匠)……고용한다 : 《대전통편》 〈공전 외공장(外工匠)〉에 있다.

엮은이

구윤명(具允明)

1711(숙종37)~1797(정조21). 조선 후기 문신으로 자는 사정(士貞)이고 호는 겸산(兼山)이며 본관은 능성(綾城)이다. 능천부원군(綾川府院君) 구인후(具仁垕)의 봉사손으로 습봉(襲封)하여 능은군(綾恩君)이 되었다. 1743년(영조19) 정시문과에 급제하고 관직이 판서에 이르렀다. 왕실의 훈척(勳戚)이면서 문재(文才)도 뛰어나 영조의 어제편차인(御製編次人)으로 선발되었다. 부친 구택규(具宅奎)에게서 물려받은 가학(家學)을 계승하여《증수무원록(增修無冤錄)》을 중수(重修)하고 언해(諺解)하였으며《전율통보(典律通補)》를 편찬하였다.

옮긴이

조윤선(趙允旋)

성균관대학교에서 학사를 고려대학교 대학원에서 석·박사 학위를 받았다. 민족문화추진회 연수과정을 졸업하였다. 한국고전번역원에 재직 중이다.《조선 후기 소송 연구》,《조선시대 생활사 4집》(공저),《조선후기사 연구의 현황과 과제》(공저) 등의 저서와《국역 승정원일기》,《국역 추안급국안》,《국역 대명률직해》,《국역 영정모사도감의궤(影幀摹寫都監儀軌)》 등의 역서가 있다.

소진희(蘇珍熙)

세종대학교 국어국문학과를 졸업하고 민족문화추진회 국역연수원 상임연구부를 졸업하였다. 한국고전번역원에 재직 중이다.《승정원일기》,《일기청등록》 번역에 참여하였다.

전율통보 형전 공전

구윤명 엮음 | **조윤선 소진희** 옮김

2022년 12월 31일 초판 1쇄 발행

발행인 신승운 | **발행처** 한국고전번역원
등록 2008.3.12.제25100-2018-000049호
주소 (03310) 서울시 은평구 진관1로 85
전화 02-350-4800 | **팩스** 02-350-4994 | **홈페이지** www.itkc.or.kr

연구총괄 권헌준 | **연구기획** 김지민 | **자문** 정선용

책임편집 하현주 | **편집진행** 김지수
교정 이계숙 임유경 | **디자인** 은희주 | **제작** 조은지
인쇄 사단법인 에스디워크

값 30,000원
ISBN 978-89-284-0990-7 94360
978-89-284-0987-7 (세트)